AF475184

L'IDÉAL MORAL

ENSEIGNEMENT SECONDAIRE

(PROGRAMME DU 31 MAI 1902)

ENSEIGNEMENT MORAL

CLASSE DE QUATRIÈME

DIVISION A ET B.

La sincérité. — La franchise et l'esprit de ruse. — La véracité et le mensonge. — Être et paraître. — L'hypocrisie (p. 100).

Le courage. — Le brave et le lâche. — Énergie et mollesse. — Persévérance et caprice. — Courage contre la souffrance, contre le plaisir. — Courage de résister à l'opinion par respect pour sa conscience ; courage de reconnaître ses torts, de s'accuser. — La faiblesse morale (p. 109).

La délicatesse morale. — Le dégoût des plaisirs grossiers (p. 90).

La probité. — Le vol, la fraude et les passe-droits. — Le respect des engagements. — La probité de l'écolier (p. 144).

La bonté. — L'affection pour les parents, pour les frères. — Bonne camaraderie. — L'amitié. — La politesse. — La pitié et la cruauté. — La générosité. — La bonté envers les animaux (p. 136).

L'éducation de soi-même. — Le sentiment de la dignité morale distingué du point d'honneur. — Le gouvernement de soi-même. — La fermeté de caractère et le désintéressement. — L'autorité intérieure de la conscience et le respect de la règle. — L'homme de devoir (p. 40 et 90).

CLASSE DE TROISIÈME

DIVISION A ET B.

La solidarité. — Action et réaction des individus les uns sur les autres. — Ce que l'individu reçoit de la société ; répercussion de ses actes dans le milieu social. — Les devoirs qui résultent de la solidarité. — Obligations créées par l'instruction que l'on a reçue (p. 56 et 65).

Justice et fraternité sociale. — Les droits de l'individu. — La liberté de penser ; la tolérance (p. 201). — L'assistance (p. 188).

La famille. — Rôle social et moral de la famille (p. 136).

La profession. — L'obligation morale et sociale du travail. — Le travail professionnel comme fonction sociale. — Les vertus professionnelles. — Esprit d'initiative et esprit d'association (p. 212).

La nation. — L'idée de patrie. — Éducation du patriotisme : le sentiment de la patrie dans l'accomplissement de nos devoirs professionnels (p. 24).

L'État et les lois. — La légalité. — Les fonctions de l'État. — La démocratie et les principes de 1789 (p. 169, 177, 188, 201).

L'Humanité. — Les relations des nations entre elles : justice internationale. — La civilisation humaine (p. 252).

Liberté individuelle et discipline sociale. — Le bon citoyen (p. 231).

COLLECTION ALCIDE PICARD

L'IDÉAL MORAL

PROGRAMME : Récits, Entretiens, Lectures méthodiques propres à fortifier les sentiments favorables au développement moral et à combattre les tendances contraires. OUVRAGE terminé par la Déclaration des Droits de l'Homme et du Citoyen expliquée article par article.

AUTEUR

L. LE CHEVALLIER

Agrégé de Philosophie

Inspecteur d'Académie

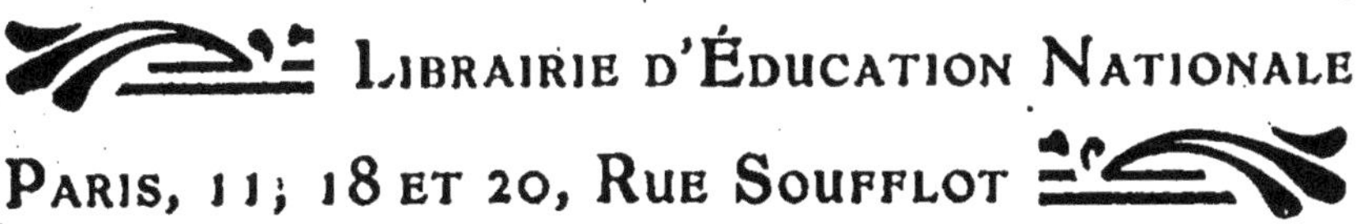

LIBRAIRIE D'ÉDUCATION NATIONALE

PARIS, 11, 18 ET 20, RUE SOUFFLOT

PRÉFACE

En écrivant ce petit livre, l'auteur s'est inspiré d'une double préoccupation. Il a voulu exposer en termes simples, accessibles à de jeunes intelligences, une doctrine morale assez complète et assez ferme pour donner à la vie l'appui et la direction qui lui sont indispensables. Il a tenu à constituer cette doctrine sur les seules données de la raison et de la science, en l'affranchissant de toute conception surnaturelle ou métaphysique ; à la mettre pleinement d'accord avec les aspirations de l'esprit moderne, avec l'idéal de paix, de justice et de fraternité que nous commençons à entrevoir et dont la réalisation progressive ne peut être attendue que d'hommes à la conscience éclairée et à la volonté libre.

Il croit pouvoir compter sur le concours des maîtres de la jeunesse qui ne se laisseront pas effrayer par la crainte un peu chimérique de rebuter l'élève en abordant avec lui les graves problèmes qui dominent toute la vie morale et sociale. L'enfant s'intéresse plus qu'on ne le pense communément à ces hautes questions, pourvu qu'on les dépouille de tout appareil mystique ou trop prétentieusement scientifique. Son esprit curieux et enclin à sortir des bornes étroites de la réalité qui l'enveloppe est sensible au charme des grandes leçons qui lui découvrent les vastes horizons de la vie et de la destinée humaine.

N'est-ce pas dès le premier âge que les croyances religieuses ou traditionnelles s'offrent à lui et le captivent ? Si nous voulons qu'il devienne plus tard un homme et un citoyen, n'attendons pas pour l'éclairer sur les devoirs que lui impose cette double mission, que ses idées soient arrêtées, que ses habitudes soient prises et que les inéluctables exigences de la vie l'aient détourné de la recherche désintéressée du vrai pour l'absorber dans les travaux journaliers et les préoccupations pratiques.

Les lectures qui accompagnent chacune des leçons ont été choisies dans la même pensée. Ce sont de belles pages, toutes imprégnées d'une même inspiration. Elles fourniront aux maîtres, s'ils veulent bien y joindre le commentaire indispensable de la parole vivante, l'occasion d'éveiller dans l'esprit et dans le cœur de leurs élèves les idées et les sentiments qui font les consciences droites, les volontés fermes et qui engendrent toutes les vertus civiques.

INTRODUCTION

OBJET DE LA SCIENCE MORALE

Parmi les problèmes que la nature offre à notre étude et que la science a pour objet de résoudre, il en est un qui sollicite plus vivement notre attention et dont l'intérêt s'impose également à tous : c'est le problème de la destinée humaine.

Jetés par les hasards de la naissance dans un monde où notre vie s'écoule au milieu d'obscurités et d'épreuves sans nombre, que nous faut-il penser du rôle que nous sommes appelés à y remplir ? Qu'avons-nous à attendre ou à espérer de cette vie qui nous a été donnée ? Quel prix convient-il d'y attacher ? Quel usage devons-nous en faire ?

Ce sont là des questions singulièrement graves, et qui ne sauraient nous laisser indifférents. Si la science est précieuse, quand elle nous explique les propriétés et les lois du monde qui nous entoure, combien l'est-elle plus encore, quand elle nous permet de nous connaître nous-mêmes, de pénétrer, dans la mesure de notre intelligence, les mystères de notre destinée, quand elle nous éclaire sur le but à poursuivre et sur la voie qui peut nous y mener ?

L'étude de ces graves problèmes peut assurément paraître bien sévère et bien difficile. Et notre paresse s'accommoderait aisément des solutions toutes faites que nous offre la tradition. Mais nous serions inexcusables de nous montrer moins exigeants quand il s'agit de nous-mêmes, de notre avenir, de notre vie tout entière, que nous ne le sommes dans les questions qui intéressent le monde extérieur. Est-ce que nous nous contentons alors d'admettre sans contrôle et sans réflexion ce qui se dit autour de nous ? Est-ce que nous nous en rapportons aveuglément aux idées et aux croyances des siècles passés ? Nous voulons voir et étudier, raisonner et comprendre. Nous cherchons à aller toujours plus loin dans l'explication de la nature ; et la science ne cesse de découvrir des lois nouvelles, d'étendre nos connaissances et de reculer les bornes du mystère.

En ferons-nous moins pour ce qui concerne la vie et la destinée de l'homme ? La raison qui a réalisé tant de conquêtes, qui a expliqué tant de phénomènes autrefois réputés inexplicables, qui a mis au service de l'humanité tant de merveilleuses découvertes, se proclamera-t-elle impuissante à nous rien révéler de ce qui nous intéresse par-dessus tout ?

Si vous abordez cette étude avec le désir sincère de connaître la vérité, avec la résolution bien arrêtée d'aller à elle sans crainte et sans arrière-pensée, de lui sacrifier, s'il est nécessaire, des croyances ou des habitudes qui peuvent vous être chères, vous ne tarderez pas à vous convaincre que les lois de notre vie morale sont accessibles à la raison humaine, aussi bien que celles du monde extérieur.

Vous reconnaîtrez en même temps que la science morale, si austère qu'elle vous paraisse au premier abord, est au fond pleine de charme, pourvu qu'on y apporte un peu de bonne volonté. Il suffit de la bien comprendre pour s'y attacher. Vous ne regretterez ni les efforts qu'elle vous aura coûtés, ni les sacrifices qu'elle pourra vous demander, quand vous aurez découvert qu'elle seule peut faire de vous des hommes honnêtes et de bons citoyens.

L'IDÉAL MORAL

PREMIÈRE PARTIE

LA LOI MORALE

CHAPITRE PREMIER

L'ÉVOLUTION DE L'HUMANITÉ

LA RAISON A PERMIS A L'HOMME DE S'ÉLEVER PAR DEGRÉS DE LA BARBARIE A LA CIVILISATION.

1. **L'homme est supérieur à tous les êtres qui l'entourent.** — Considérez la place que l'homme occupe dans la nature. Ne semble-t-il pas que le monde est son domaine? La terre lui appartient; il en exploite à son profit toutes les richesses, il lui fait produire tout ce dont il a besoin pour l'entretien de sa vie. Il dompte et utilise les forces naturelles, l'air, l'eau, le feu, l'électricité. Les animaux eux-mêmes sont ses serviteurs. Rien n'échappe à son empire.

N'est-il pas d'ailleurs un être à part, singulièrement supérieur à tous ceux qui l'entourent? S'il partage avec l'animal les besoins et les fonctions de la vie matérielle, il ne vit pas comme lui uniquement pour les satisfaire. Seul, il cherche à s'instruire, à pénétrer les mystères de la nature ; seul, il est capable de réfléchir et de raisonner ; seul, il est doué de la parole. Seul, il progresse ; il conçoit un idéal, et travaille sans cesse en vue d'en préparer la réalisation. Seul, il vit d'une vie intellectuelle et morale.

Mais cette supériorité, cette souveraineté qui fait de l'homme un être privilégié, il ne la tient pas de la nature, ou du moins il n'a pas reçu d'elle tous les avantages qu'elle lui assure ; il les a conquis au prix de longs et pénibles efforts. Ils sont le fruit de son activité et de son travail.

2. Triste condition de l'humanité primitive. — Si les premières origines de l'espèce humaine nous demeurent inconnues, nous savons du moins avec certitude que la vie de nos premiers ancêtres était encore plus barbare et plus misérable que celle même des peuplades sauvages qui subsistent de nos jours dans quelques régions déshéritées de l'Afrique ou de l'Océanie.

Ne connaissant rien de la nature ni de ses lois les plus simples, ignorant les propriétés des corps qui les entouraient, ils vivaient comme isolés dans le monde, où tout était pour eux mystère, objet d'inquiétude et de terreur. Leurs jours se passaient tout entiers à faire la guerre aux animaux, dont la chair constituait leur seule nourriture. Faibles d'ailleurs, et dépourvus de tout moyen naturel d'attaque ou de défense, ils n'avaient, pour lutter contre les plus terribles de ces animaux, que des armes grossières, des morceaux de silex ou des branches d'arbres. Comme unique abri, des huttes informes, ou plus souvent des cavernes humides et obscures ; aucun autre vêtement que la peau des bêtes tuées à la chasse.

3. L'homme primitif était à peine supérieur à la brute. — Ajoutez à cela que l'homme lui-même était pour l'homme l'ennemi le plus redoutable. Entre les individus comme entre les tribus, la guerre était permanente; le plus faible se voyait chaque jour dépouillé par le plus fort. Et sans doute le plus souvent les vaincus étaient massacrés et mangés par les vainqueurs, comme il arrive encore chez quelques races demeurées anthropophages.

Dans une existence aussi précaire, aucune place n'était faite à ce qui peut embellir et réjouir la vie ; pas d'autre préoccupation que celle d'assouvir la faim et de se protéger contre des périls sans cesse renaissants. L'homme était alors à peine supérieur à la brute.

4. La raison a rendu l'homme maître de la nature. — Comment donc cet être si misérable, si faible, si dénué de tout, a-t-il pu devenir le maître du monde ? C'est que seul il possédait la raison, le pouvoir d'observer et de réfléchir, de connaître la nature et de se connaître lui-même. C'est grâce à la raison qu'il a conquis l'empire sur tous les autres êtres, et qu'il s'est élevé peu à peu de la barbarie à la civilisation.

En apprenant, par l'observation et l'expérience, à connaître les éléments naturels et leurs propriétés, les lois qui règlent l'enchaînement des phénomènes, il a pu diriger sa propre conduite en conformité avec ces lois, et plus tard même en modifier les effets à son profit. Il s'est enrichi de mille objets, tirant de la terre les métaux et les transformant pour les appliquer aux usages les plus divers. Les forces mêmes contre lesquelles il avait à lutter sont devenues pour lui des auxiliaires. Il a régularisé le cours des fleuves ; il a construit des routes et multiplié les moyens de communication.

Il s'est mis à cultiver la terre, se procurant ainsi des ressources nouvelles et abondantes. Il a créé des instruments qui lui ont rendu le travail plus facile et plus productif. Pour se protéger contre le froid et la pluie, il s'est construit des maisons et s'est couvert de vêtements chauds et commodes.

Il a détruit les animaux féroces ou les a contraints de reculer devant lui ; il a dompté les autres et en a fait ses serviteurs.

5. L'homme s'est amélioré lui-même. — En même temps, au désordre, aux luttes meurtrières des premiers âges, ont succédé des mœurs plus douces et plus pacifiques. Les hommes ont appris à échanger entre eux les produits du sol et ceux de leur industrie. Ils se sont soumis à des lois acceptées par tous dans l'intérêt commun.

Une fois les besoins naturels satisfaits et la sécurité assurée, l'homme a pu s'adonner à d'autres soins, embellir sa demeure et construire des villes, cultiver son esprit, rechercher les satisfactions plus élevées que procurent la connaissance de la vérité, la vue du beau et la pratique de la vertu. Il est devenu ainsi un être si profondément différent de ses premiers ancêtres, qu'on a vraiment peine à croire que l'un est le descendant de l'autre.

6. La civilisation est l'œuvre de la science. -- Cette transformation dont l'histoire nous retrace les périodes successives, et dont il est possible de suivre le progrès par les objets que chaque génération d'hommes a laissés après elle, depuis les outils de pierre des âges préhistoriques jusqu'aux monuments, aux machines et aux livres légués par la série des siècles plus rapprochés de nous, est tout entière l'œuvre de la raison.

En appliquant son intelligence aux mystères de la nature l'homme est parvenu peu à peu à les pénétrer, à acquérir tout cet ensemble de connaissances qui constitue la science. Et chacun des progrès de la science, en accroissant son pouvoir sur la nature, lui a permis d'introduire dans sa vie de nouveaux perfectionnements, de nouvelles améliorations.

7. Le progrès est indéfini.—Maintenant encore, chaque

jour ne fait-il pas éclore de nouvelles conquêtes de l'intelligence de l'homme et de son industrie sur la nature ? Songez que le dernier siècle a vu créer les chemins de fer, le télégraphe électrique et le téléphone. L'industrie s'est transformée par l'emploi de machines d'une puissance et d'une ingéniosité merveilleuses. Dans l'ordre des sciences physiques et naturelles, des découvertes de la plus haute importance ont été faites et d'immenses résultats acquis. Les travaux de Pasteur ont rénové la médecine ; la découverte de propriétés de la matière jusqu'ici insoupçonnées et de corps doués de pouvoirs étranges ouvre à l'esprit humain des horizons indéfinis.

8. L'œuvre de la civilisation n'est pas achevée. — Certes, notre civilisation est encore bien imparfaite ; il s'en faut de beaucoup qu'elle ait fait disparaître du monde toute misère, toute souffrance et toute injustice. Il serait pourtant absurde de contester ses bienfaits. Si l'on compare la vie de l'homme civilisé, de celui même qui ne possède que la moindre partie des avantages de l'organisation sociale, la vie de l'ouvrier des champs ou de la ville, à celle du sauvage ou des hommes de l'âge de pierre, n'y a-t-il pas un abîme entre les deux ?

D'ailleurs, c'est encore à la raison qu'il faut demander le remède aux misères et aux iniquités de la société actuelle. C'est elle qui, en éclairant les esprits, en dissipant les préjugés, en mettant en pleine lumière les abus, ouvrira la voie à de nouveaux progrès, et nous rapprochera peu à peu de l'idéal que déjà elle nous permet d'entrevoir.

9. Il faut avoir confiance dans la raison. — Il ne faut donc jamais écouter ceux qui médisent ou qui doutent de la science et de la raison. Il suffirait à l'homme d'obéir en toute occasion à la voix de la raison pour faire disparaître à tout jamais du monde l'injustice et tous ceux de nos maux qui ne résultent pas, comme la maladie et la mort, des nécessités inéluctables de la nature.

C'est par l'étude, par l'effort réfléchi et persévérant, que l'homme est sorti de la barbarie ; c'est en continuant de s'instruire qu'il redressera les erreurs et corrigera les vices de la société actuelle.

Son esprit plus éclairé, sa volonté devenue plus ferme et plus assurée, lui permettront de poursuivre, avec une nouvelle énergie, avec une conscience bien nette du but à atteindre, l'œuvre de progrès et de civilisation. Ainsi se réalisera peu à peu, grâce au concours de toutes les intelligences et de toutes les bonnes volontés, une société meilleure, toute pénétrée de sagesse, de justice et de fraternité.

LECTURES

1. — LES PREMIERS AGES DE L'HUMANITÉ.

Les hommes étaient alors plus rudes, comme la terre même qui les avait enfantés. Ils ne redoutaient ni la chaleur, ni le froid, ni les changements de nourriture ou la maladie. Pendant d'innombrables années, ils menaient çà et là une vie errante à la façon des animaux sauvages.

Ils ne savaient pas encore diriger la charrue, planter et tailler les arbres. Pour apaiser leur faim, ils se contentaient des produits naturels du sol, fécondé par le soleil et la pluie. Les sources et les fleuves apaisaient leur soif. La nuit, ils cherchaient un refuge au fond des forêts.

Ils n'avaient pas encore appris à traiter les métaux par le feu, à préparer la peau des bêtes pour se revêtir de leurs dépouilles. Nus, ils habitaient les bois et les cavernes pour se protéger contre les vents et la pluie.

Ils ne cherchaient pas le bien commun ; ils n'étaient retenus ni par la morale, ni par les lois. Chacun s'emparait librement de la proie que lui offrait le hasard. Leurs mains robustes et leurs pieds agiles leur permettaient d'attaquer les hôtes sauvages des forêts. Ils leur lançaient des pierres ou les frappaient d'une pesante massue.

Souvent ils en étaient victorieux, mais parfois ils devaient fuir jusque dans leurs cavernes. L'approche redoutable des animaux féroces troublait fréquemment leur sommeil. Chassés de leur abri par le sanglier et le lion redoutable, ils abandonnaient leur asile et fuyaient tremblants dans la nuit.

Beaucoup d'entre eux, surpris par leurs cruels ennemis, étaient broyés tout vivants sous leurs terribles dents. Ils remplissaient de leurs cris les monts et les forêts et voyaient leurs membres pleins de vie s'engloutir dans une tombe vivante.

Ceux qui pouvaient fuir, le corps déchiré, saisissaient de leurs mains tremblantes leurs hideuses blessures et leurs plaintes affreuses invoquaient la mort jusqu'à ce que leurs membres fussent dévorés par les vers cruels. Car ils manquaient de tout secours, ignorant l'art de soigner les blessures.

Plus tard, quand l'homme eut appris à élever des cabanes, à préparer la peau des bêtes et à se servir du feu, quand il eut uni sa vie à celle de la femme, quand il connut les joies d'une chaste union et vit en naître une génération nouvelle, alors ses mœurs commencèrent à s'adoucir. Les douces caresses des enfants fléchirent bientôt la farouche rudesse des pères. Ceux dont les demeures étaient voisines s'unirent des nœuds de l'amitié ; on proscrivit le vol et la violence, on protégea les femmes et les enfants. La concorde ne pouvait naître aussitôt entre tous, mais les meilleurs et les plus nombreux respectèrent le pacte conclu. Sans cet accord, le genre humain eût depuis longtemps disparu et n'aurait pu se propager jusqu'à nous à travers toute la suite des siècles.

LUCRÈCE (1), *De la Nature.*

---

(1) Lucrèce, philosophe romain de la secte d'Épicure, s'est attaché, dans son poème sur la Nature, à combattre toutes les superstitions.

2. — CONFIANCE DANS LA RAISON.

Hommes de peu de foi, quels miracles nouveaux vous faut-il donc pour vous donner confiance ! Regardez en arrière et considérez l'immensité du chemin parcouru depuis que la vie organisée parut sur ce globe. Comptez que l'homme est le dernier-né des enfants de la terre. Estimez la distance qui vous sépare du primitif de Néanderthal (1). Supposez que vous êtes à mi-chemin de votre évolution ascendante, et voyez ce qui vous reste à acquérir et à connaître...

D'ailleurs, à votre aise ! Souhaitez, si vous le pouvez, le retour à l'inconscience de la monère (2) et à l'insensibilité du cristal. Mais non, vous ne le pouvez : vous êtes les prisonniers de votre destin, les otages de votre gloire. Il vous serait plus facile, dès aujourd'hui, de réaliser les rêves les plus audacieux, de recréer un dieu réel, de rebâtir un paradis dans les cieux et de vous y abîmer tous dans une éternité de délices, que de revenir seulement à la période des cavernes. Homme, quoi que tu fasses, tu es la proie de l'idéal, et il t'emportera malgré toi toujours plus loin, toujours plus haut. Semblable au pêcheur du conte arabe, tu as délivré le génie colossal qui était renfermé dans une fiole minuscule : ton cerveau. Et si tu n'es le maître de ton génie, il te servira malgré toi. Mais non, tu ne résisteras point. Tu prendras conscience de la poussée inconsciente de toute chose vers la perfection. Tes faibles organes, tu en augmenteras la force et le nombre. Tes os eux-mêmes seront renouvelés par des chimies qu'on n'ose encore prévoir. Tu parviendras, si tu le veux, et il faudra bien que tu le veuilles, à des longévités qui dépasseront celles des mythes hébreux. Ton organisme renouvelé connaîtra d'autres moyens de nutrition et de moins grossières jouissances. Et, tandis que tu conquerras le temps, tu conquerras aussi l'espace. Si tu ne

---

(1) L'homme primitif dont le crâne a été trouvé à Néanderthal, près de Dusseldorf (Prusse rhénane), appartenait à la race de Canstadt, la plus ancienne qui nous soit connue.

(2) La *monère* est le plus simple des êtres vivants. C'est une petite boule mucilagineuse ou visqueuse, presque invisible à l'œil nu.

trouves le moyen de rallumer le soleil qui s'éteint, ou de t'en allumer d'autres, tu quitteras cet univers vieilli et, colon ailé, tu peupleras les espaces sidéraux.

Plus haut, encore plus haut! Quoi! tes ancêtres, ces grossières brutes, ont rêvé des dieux que notre mentalité dépasse à peine, et tu ne pourrais être le dieu que tu peux concevoir! Encore une fois, si la lâcheté de cœur et d'esprit te tient, regarde en arrière. Tu veux l'infini de temps et d'espace. Tu l'auras. Oui, tout ce que tu imagines, tu le pourras. Ton rêve se projettera en réalités splendides d'où tu t'élanceras encore plus loin, encore plus haut. Ivre de puissance, tu ne seras pas rassasié encore : tu ne le seras jamais. Toujours tu désireras et toujours, entends-tu, la satisfaction engendrera de nouveaux désirs. L'infini est ton domaine, puisque tu sais qu'il existe. Chacune de tes conquêtes en appellera d'autres, et si tu meurs, c'est que, lassé enfin, tu auras voulu l'anéantissement glorieux de tout dans le magnifique désespoir de jamais étreindre l'absolu.

FOURNIÈRE, *L'Idéalisme social.*
(Alcan, éditeur.)

CHAPITRE II

LA SCIENCE ET LA MORALITÉ

LA RAISON, EN RENDANT L'HOMME CAPABLE DE PRÉVOIR L'AVENIR ET D'Y ADAPTER SES ACTES, FAIT DE LUI UN ÊTRE MORAL.

1. Le progrès a sa source dans l'expérience et la réflexion. — Par la puissance de la raison, l'homme est devenu peu à peu maître du monde et de sa destinée. Il a transformé la nature; il l'a soumise à sa volonté et assujettie à ses besoins. Il s'est perfectionné lui-même, il est devenu plus fort, plus habile, plus intelligent et meilleur. Il a assuré sa vie contre les dangers de toute espèce qui la menaçaient; il l'a faite plus douce et plus belle. En un mot il a créé la civilisation.

Comment a-t-il pu obtenir de tels résultats? Il nous faut chercher à connaître les conditions qui ont rendu possible dans le passé l'évolution de l'humanité vers une existence meilleure et plus parfaite, si nous voulons à notre tour poursuivre l'œuvre commune de progrès et de civilisation, si nous voulons aussi nous mettre en garde contre les erreurs ou les fautes qui trop souvent en ont compromis ou retardé le succès.

Le principe de tout progrès se trouve dans le pouvoir qu'a l'homme d'acquérir de l'expérience et de réfléchir sur l'ordre et l'enchaînement des événements naturels.

2. Pourquoi l'homme est-il supérieur à l'animal ? — Assurément, l'homme n'est pas le seul être capable de connaître ce qui l'entoure. Les animaux ont, eux aussi, des organes qui leur permettent de voir ce qui se passe, de distinguer les objets les uns des autres. Cela est évident, puisqu'ils recherchent ce qui leur est bon et qu'ils évitent ce qui pourrait leur nuire. Mais ils n'observent pas, parce qu'ils ne sont pas capables d'attention ni de réflexion ; ils n'acquièrent pas d'expérience, parce qu'ils ne comparent pas entre eux les différents faits dont ils peuvent être témoins.

Il en est tout autrement de l'homme. Chaque fois qu'un objet quelconque vient à frapper ses sens, il le considère, l'examine, s'efforce de le comprendre et de saisir le lien qui le rattache à ce qu'il a pu déjà voir ou connaître antérieurement. Tandis que les animaux ne demandent à leurs sensations que les indications indispensables à la conservation de leur vie, l'homme s'applique à les étudier, à les expliquer et à en déterminer les rapports.

3. L'homme observe les phénomènes naturels et en dégage les lois. — Voyez l'enfant, même tout jeune. A peine est-il en état de distinguer ce qui l'entoure, que déjà son œil se fixe et interroge, ses mains cherchent à saisir et à palper. Manifestement, il y a déjà chez lui de la curiosité, le désir de savoir et de comprendre. Dès qu'il est capable de parler, il questionne ; il veut connaître les raisons et l'explication des choses.

L'observation attentive des faits, l'étude et la comparaison de leurs caractères et de l'ordre dans lequel ils se succèdent, amènent bien vite l'homme à reconnaître qu'il y a entre eux des rapports naturels et constants, et lui donnent, dans une certaine mesure, le moyen d'en prévoir le retour. C'est ainsi, par exemple, qu'il a appris à compter sur la succession régulière des jours et des saisons, et par suite de tous les phénomènes qui en dérivent. Il a établi des lois que l'expérience résultant d'observations répétées lui a permis de vérifier, et de l'ensemble de ces lois il a peu à peu constitué la science de la nature.

4. Seul l'homme prévoit l'avenir et le prépare. — Une fois en possession de ces lois, il lui a suffi de les appliquer à sa propre conduite pour être à même de reconnaître et de calculer les conséquences de ses actes, au moment même où il se préparait à les accomplir. Il a pu de la sorte les choisir et les régler en vue de résultats qu'il désirait obtenir, d'avantages qu'il savait devoir en découler. De la succession prévue des saisons, de l'observation du mode de croissance et de reproduction des plantes, il a dégagé le moyen de faire produire au sol les aliments nécessaires à sa subsistance. Il a appris à confier à la terre, convenablement préparée, le grain qui germera pour les moissons à venir.

5. C'est parce qu'il prévoit l'avenir que l'homme est supérieur à l'animal. — C'est donc de cette faculté que possède l'homme de connaître ce qui n'est pas encore et de le préparer qu'est né le progrès ; et c'est de ce merveilleux pouvoir qu'il tient son incomparable supériorité sur tous les autres êtres de la nature.

Le chien mange quand il a faim ; il fuit devant le danger, il obéit à la voix de son maître, mais le présent seul existe pour lui. L'homme agit le plus souvent en vue d'événements plus ou moins éloignés. Maintes fois, il lui arrive de sacrifier un plaisir ou une satisfaction du moment pour s'assurer plus tard un bien précieux. Il n'hésite pas à s'imposer de la fatigue pour se procurer un avantage ultérieur, pour se fabriquer des outils, pour se construire une demeure. Il obéit encore à la même préoccupation, quand il épargne et réserve pour l'avenir une partie des produits de son travail.

6. L'homme réfléchit et délibère avant d'agir. — La possibilité de prévoir les conséquences plus ou moins éloignées qui doivent naturellement découler de nos actions présentes introduit dans notre vie un élément nouveau. Seul, en effet, l'homme réfléchit et délibère avant d'agir. Il envisage les divers partis qui s'offrent à lui et se demande ce qui pourra lui arriver, suivant qu'il se sera décidé dans un sens ou dans un autre. Il se représente les effets que l'expérience passée lui permet d'attendre de l'acte qu'il se dispose à accomplir ; il les juge plus ou moins conformes à ses besoins ou à ses désirs, et il y trouve, par suite, autant de motifs ou de raisons d'agir ou de s'abstenir. La réflexion, en l'éclairant sur l'avenir, le met ainsi à même de reconnaître le parti qu'il convient de choisir.

Considérez ce qui se passe en votre esprit, quand vous avez une décision à prendre au sujet d'une affaire de quelque importance. S'agit-il, par exemple, de choisir une profession ? Vous commencez par étudier les diverses alternatives qui peuvent se présenter ; vous passez en revue les avantages et aussi les inconvénients que vous semble offrir chacune des carrières auxquelles vous pourriez songer. Vous méditez longuement à ce sujet ; vous prenez des renseignements, vous demandez des conseils ; et lorsqu'enfin vous vous croyez complètement éclairé, vous arrêtez votre résolution.

7. L'homme adapte ses actions au but qu'il se propose d'atteindre. — Dès lors, la décision prise, le choix fait, vous disposez toute votre conduite, vous concentrez tous vos efforts, en vue d'assurer le succès du dessein que vous avez formé. Vous dirigez vos études, vous vous soumettez à une préparation toute spéciale, suivant les nécessités de votre future profession. Et c'est ainsi que vous devenez capable de la mieux remplir un jour.

Il en est de même de tous les actes de la vie humaine, de tous ceux du moins qui sont accomplis avec réflexion. Ils sont toujours adaptés à un but, ils servent à obtenir un résultat; ils sont pour nous autant de moyens de nous préparer une vie meilleure, plus facile, plus heureuse et plus utile.

Le fait d'agir sans but ou sans motif est tellement en contradiction avec le caractère d'un homme raisonnable que nous n'hésitons pas à juger qu'un homme est frappé de folie, lorsque ses actes nous paraissent dépourvus de tout motif concevable, qu'il rit ou qu'il se fâche, parle ou chante, sans savoir pourquoi.

8. C'est la pensée de l'avenir qui règle notre conduite. — Le caractère propre et distinctif de l'être doué de raison est donc d'agir en toute circonstance en vue d'un motif, d'un bien à obtenir ou d'un progrès à réaliser. Il choisit parmi les divers partis qui s'offrent à lui celui que l'expérience et le raisonnement lui signalent comme le meilleur et le plus convenable. Il règle sa conduite, non plus seulement d'après des conditions présentes, pour obéir aux besoins ou aux nécessités du moment, mais en s'inspirant de la connaissance qu'il a des événements à venir. Il sait, au besoin, résister à la séduction d'un plaisir, s'imposer une gêne ou une privation quand il comprend qu'il est bon et raisonnable de le faire.

9. La volonté éclairée par la raison réalise le progrès. — Ainsi éclairé par la raison sur les conséquences naturelles de ses actes, l'homme a pu les calculer et les disposer, en vue d'obtenir les résultats que son expérience lui faisait entrevoir comme les plus désirables. En adaptant sa conduite tout à la fois à ses besoins et aux conditions qui résultent du milieu où il vit, il s'est élevé par degrés à une existence meilleure et plus parfaite. A mesure qu'il croissait en intelligence et en sagesse, qu'il arrivait à mieux connaître le monde et sa propre nature, il concevait la possibilité de nouveaux progrès et s'appliquait à les réaliser. Et c'est ainsi que, de progrès en progrès, s'est accomplie cette merveilleuse transformation des conditions primitives de son existence naturelle.

10. L'homme est l'artisan de sa propre destinée. — Dans cette œuvre de transformation, dans cette lente ascension de l'humanité vers une vie meilleure et plus parfaite, il ne faut pas seulement considérer les résultats, les avantages de toute sorte dont nous sommes redevables à la raison; il faut voir aussi la valeur qu'elle a donnée à l'homme, la dignité qu'elle lui confère, en faisant de lui l'artisan et le maître de sa propre destinée.

L'animal est l'esclave de la nature; sa vie est entièrement soumise aux nécessités qui résultent de son organisation même et du milieu où il est placé. Il reste indéfiniment semblable à lui-même; ou, si parfois il vient à se modifier, ce ne peut être que sous l'influence de causes extérieures. C'est ainsi, par exemple, que la volonté de l'homme a su transformer et perfectionner certaines races, en vue de les mieux approprier à son usage et à ses besoins.

Il en est tout autrement de nous. C'est en nous-mêmes, dans notre intelligence, dans la direction qu'elle imprime à notre conduite, que réside le germe de tous les progrès accomplis, le principe de tous les perfectionnements qui se sont réalisés et se réalisent encore chaque jour dans notre nature et dans l'organisation de notre vie.

11. La raison fait de l'homme un être moral. — De là résulte le caractère propre de l'activité humaine; c'est là ce qui fait de l'homme un être moral, si fort élevé au-dessus de tous les autres êtres de la nature. S'il est le roi du monde, ce n'est pas seulement par l'empire qu'il exerce et la puissance qu'il possède; c'est surtout par le privilège qui lui appartient d'être l'agent de la raison, le seul être capable de s'élever par la pensée et par la volonté au-dessus de ce qui l'entoure, de concevoir la possibilité d'un monde meilleur et plus parfait, et d'en préparer la réalisation progressive. Voilà pourquoi sa vie et ses actions ont une valeur incomparablement plus haute que toutes les autres formes de l'existence naturelle.

LECTURES

I. — POUVOIR DE L'HOMME SUR LA NATURE ET SUR LUI-MÊME.

Les hommes savent que leur évocation de l'avenir n'est pas inutile au présent, qu'elle n'a pas seulement la valeur d'une platonique annonciation, mais qu'elle peut hâter l'événement prévu. A mesure que la conscience générale s'éveille dans un plus grand nombre d'esprits, l'humanité acquiert de plus en plus le pouvoir d'agir sur sa destinée. Ce ne sont plus alors seulement, comme aux âges d'inconscience, les transformations géologiques, climatériques et nutritives qui règlent son évolution : la pensée acquise aide son industrie, en décuple les efforts, en multiplie les effets utiles; elle réalise l'idéal voulu : parce que, dans cet état de conscience, l'idéal perd son caractère chimérique et arbitraire; il prend pour point de départ les réalités mieux connues et judicieusement combinées en synthèse; en cet état de conscience, la volonté est réellement de l'action en puissance, l'homme ayant rapproché, les connaissant mieux, ces deux termes : le vouloir et le pouvoir. Il se produit ainsi un mélange incessant. Les faits observés, connus, classés, créent l'idée, qui, à son tour, agit sur eux avec d'autant plus de force que, connaissant leur relation entre eux, elle a pénétré le sens de leur évolution.

Fournière, *L'Idéalisme social.*
(Alcan, éditeur.)

2. — LA SCIENCE ÉCLAIRE ET SOUTIENT L'HOMME DANS SON EFFORT VERS UNE VIE MEILLEURE.

C'est la science seule qui a transformé, depuis le commencement des temps, les conditions matérielles et morales de la vie des peuples.

Les changements accomplis à partir du début des civilisations n'ont pas eu d'autre promoteur que la science, quoique l'origine véritable en soit restée longtemps cachée et comme obscurcie par le mélange d'éléments empruntés à l'imagination. Voici deux siècles et demi seulement que la méthode scientifique s'est dégagée de tout alliage étranger et manifestée dans sa pureté : son efficacité a été attestée dans les ordres les plus divers, par une évolution industrielle et sociale sans cesse accélérée.

Certes, il existe et il existera toujours bien des choses blâmables, bien des souffrances, bien des iniquités dans le monde. Mais ce qui a donné crédit à la science, c'est qu'au lieu de se borner à engourdir les mortels dans le sentiment de leur impuissance et dans la passivité des résignations, elle les a poussés à réagir contre la destinée, et elle leur a enseigné par quelle voie sûre ils peuvent diminuer la somme de ces douleurs et de ces injustices, c'est-à-dire accroître leur bonheur et celui de leurs semblables. Cette œuvre, en effet, elle ne l'exécute pas à l'aide d'exhortations verbales, ou de raisonnements *a priori*; mais en vertu de procédés et de règles vraiment efficaces, parce qu'ils sont empruntés à l'étude même des conditions de l'existence et des causes de nos maux. Tel est le but que la science n'a cessé et ne cessera jamais de poursuivre, avec un dévouement infatigable à l'idéal et à la vérité, avec un amour sans bornes pour l'humanité.

Berthelot, *Science et morale.*
(Calmann-Lévy, éditeurs.)

3. — LES BIENFAITS DE LA SCIENCE.

La science ne nous a pas seulement révélé d'infinis espaces, peuplés d'innombrables mondes; des temps indéfinis peuplés d'innombrables existences; des organismes infinis jusqu'alors invisibles, mais délicats, irisés, charmants; elle a fait mieux encore : elle s'est, comme un grand archange de miséricorde, dévouée au service de l'homme. Elle a travaillé, ses disciples ont travaillé, non à accroître le pouvoir des despotes ou à augmenter la magnificence des cours, mais à étendre le bonheur sur la terre, à économiser l'effort humain, à éteindre la souffrance humaine. Là où autrefois des hommes peinaient demi-aveuglés, demi-nus, devant la gueule d'un fourneau embrasé, pour malaxer (1) le fer chauffé à blanc, elle a substitué l'action mécanique de l'air invisible. Elle a enrôlé le rayon de soleil à son service pour nous peindre, avec une fidélité absolue, les figures des amis que nous aimons. Elle a montré au pauvre mineur comment il peut travailler en sécurité, même au milieu du feu grisou explosible de la mine. Elle a, par ses anesthésiques, rendu le patient insensible, assoupi et inconscient, pendant que la main délicate de quelque opérateur habile coupe un fragment du globe de son œil immobile. Elle ne propose pas à notre admiration les pyramides bâties durant les siècles pénibles par des nations misérables et épuisées, mais le phare et la vapeur, le chemin de fer et le télégraphe. Elle a rendu les yeux à l'aveugle et l'ouïe au sourd. Elle a prolongé la vie, elle a diminué le danger, elle a mis un frein à la folie, elle a mis le mal sous ses pieds. Et pour toutes ces raisons, je pense qu'aucun de nos fils ne grandira entièrement ignorant des études qui à la fois élèvent la raison et enflamment l'imagination, qui façonnent en même temps qu'elles forgent, qui peuvent à la fois nourrir et remplir l'esprit.

J. Lubbock, *Le Bonheur de vivre.*
(Alcan, éditeur.)

---

(1) *Malaxer* un corps, c'est le pétrir en vue de l'amollir.

CHAPITRE III

LE BIEN ET LE MAL

NOUS JUGEONS QU'UNE ACTION EST BONNE OU MAUVAISE SUIVANT QU'ELLE EST CONFORME OU CONTRAIRE A LA RAISON.

1. Comment se forment les idées du bien et du mal. — Quand par l'usage réfléchi de sa puissance naturelle l'homme a réalisé quelque progrès, qu'il a atteint un degré supérieur de vie ou de puissance, il a conscience d'avoir bien agi. Il se réjouit et se félicite du résultat obtenu ; il sent qu'il est devenu meilleur et plus parfait, et il juge que sa conduite a été bonne.

Toutes les fois, au contraire, qu'il lui arrive d'accomplir quelque action que la raison réprouve, qu'elle lui représente comme inconciliable avec le but à atteindre, à savoir l'amélioration de sa propre vie et de la vie générale, il comprend que cela est mauvais ; il sent qu'il s'est éloigné de la voie droite, qu'il a commis une faute ; et il en est attristé et humilié. Ainsi se forment tout naturellement en nous, par l'expérience de notre propre conduite, les idées du bien et du mal.

2. L'homme n'obéit pas toujours à la raison. — L'expérience prouve, en effet, que la raison qui nous éclaire sur les conséquences de nos actes, et nous rend ainsi capables de connaître en toute circonstance ce qu'il convient de faire, ne nous met pas à l'abri de toute défaillance. Elle nous montre que l'homme n'agit pas toujours comme la raison lui prescrirait de le faire, et qu'il obéit souvent à d'autres sollicitations.

Quand, après avoir mûrement réfléchi, nous prenons une décision, choisissons-nous toujours le parti que nous jugeons le meilleur et le plus raisonnable? Ne nous arrive-t-il pas de reculer devant la pensée des efforts ou des sacrifices qu'il exigerait de nous? Ou bien ne cédons-nous pas trop souvent à l'attrait d'une satisfaction immédiate et plus sensible?

Celui qui néglige le travail pour aller au plaisir, qui ment pour échapper aux conséquences d'une faute, qui abuse de sa force vis-à-vis d'un camarade plus faible, qui trahit un secret ou dérobe le bien d'un autre, celui-là sait fort bien qu'il serait plus raisonnable d'agir autrement. Mais il est faible, et il n'a pas le courage d'accomplir ce que la raison lui commande.

Chacun de nous a fait plus d'une fois la triste expérience de ces défaillances. On voit ce qui est bon, ce qu'il serait sage de faire, on voudrait bien s'y résoudre; mais on se laisse entraîner à ce qui semble plus agréable ou plus facile.

3. La raison est combattue par les appétits et les passions. — Ainsi l'homme, même éclairé par la raison, n'est pas défendu contre tout égarement. La connaissance qu'il a du but à poursuivre ne le met pas à l'abri des tentations de la paresse, de la lâcheté, de l'égoïsme. Et c'est pour cela que sa vie est mêlée de tant de misères, qu'elle offre de si étonnants contrastes de grandeur et de faiblesse, de vertu et de vice. C'est aussi pour cela que les progrès réalisés grâce à son intelligence et à son travail, les améliorations, les perfectionnements apportés à sa nature et à l'organisation de la société, renferment parfois en eux-mêmes bien des éléments de corruption et de désordre. S'il y a dans le monde, dans l'œuvre même de la civilisation, tant de souffrances et d'injustices, la raison n'en saurait être rendue responsable. Car l'homme ne se laisse pas toujours diriger par elle. Au bien qu'elle inspire et qu'elle réalise, il mêle trop souvent les défauts et les vices de sa nature imparfaite. Il n'est pas un pur esprit, une intelligence dégagée de tout lien sensible. Les besoins et les appétits, les passions qu'il partage avec les animaux, luttent sans cesse en lui contre la raison.

4. Le bien et le mal. — Nous sommes ainsi amenés tout naturellement à distinguer parmi nos actes ou ceux de nos semblables ceux qui sont conformes à la raison, qui sont accomplis en vue de quelque amélioration ou perfectionnement, et ceux qui ne relèvent que des appétits plus ou moins grossiers que la raison condamne. Et nous jugeons que les uns sont bons et les autres mauvais.

Tout ce qui nous rend plus forts, plus puissants, plus heureux, tout ce qui développe nos ressources ou nos facultés, en un mot tout ce qui représente ou doit amener un progrès, un degré supérieur de vie et de perfection, tout cela nous l'appelons le bien. Le mal, c'est tout ce que l'expérience et la raison nous signalent comme étant ou pouvant être une cause de mort ou de souffrance, de ruine ou de maladie, de faiblesse ou de déchéance.

Pour expliquer la présence dans notre esprit des idées de bien et de mal, il n'est donc pas nécessaire de faire appel à une sorte de révélation, à un commandement divin. L'homme qui s'est résolu à accomplir une action qu'il reconnaît mauvaise et contraire à la raison peut, par un jugement réfléchi, se condamner lui-même. Il peut aussi bien, et plus aisément encore, juger et condamner la conduite des autres.

5. La conscience morale existe chez tous les hommes. — La distinction du bien et du mal est d'ailleurs un fait absolument naturel et primitif pour l'homme. Tous les peuples, même les plus ignorants et les plus grossiers, ont la notion du bien et du mal ; ils considèrent certains actes comme dignes d'approbation et d'estime, d'autres au contraire comme mauvais et blâmables. Tous s'accordent à condamner la trahison, la lâcheté, l'hypocrisie; tous honorent le courage, la fidélité, la bonté.

L'enfant, dès que son esprit est devenu capable de réflexion, manifeste des sentiments analogues. Il se montre heureux et fier quand il a conscience d'avoir été laborieux, sage, docile; il est peiné et confus quand il a menti, quand il a cédé à la paresse, à la colère, à quelque mauvaise passion. Il juge et condamne un camarade qui a commis une méchante action; il éprouve pour celui qui est brave, généreux, désintéressé, un sentiment de sympathie, d'estime et presque de respect.

6. La conscience morale ne diffère pas de la raison. — Si tous nous partageons ces idées et ces sentiments, c'est que le pouvoir de discerner le bien du mal, la conscience morale, ne diffère pas au fond de la raison elle-même. Il a la même origine que la science et ne saurait en être séparé. Comme elle, il est né de l'observation de la nature et de la réflexion qui nous permet d'en dégagerles lois.

Penser ou dire qu'une action est bonne, c'est tout simplement juger qu'elle est d'accord avec la droite raison ; condamner une action comme mauvaise, c'est affirmer qu'elle a été accomplie contrairement aux prescriptions de la raison, que celui qui l'a faite, au lieu de se comporter comme un être raisonnable, n'a obéi qu'à des sollicitations d'ordre inférieur, à des appétits plus ou moins analogues à ceux qui dirigent l'animal.

Nous le savons bien, et c'est pour cela que nous disons d'un homme qui fait tout ce qu'il doit faire, qui est laborieux et qui se conduit bien, qu'il est un homme raisonnable.

7. Le bien ne se confond pas avec le plaisir ou l'intérêt. — En nous apprenant à discerner le bien du mal, la raison nous amène à reconnaître que les actions sont bonnes ou mauvaises en elles-mêmes, et non simplement par les conséquences agréables ou désagréables, utiles ou fâcheuses qu'elles peuvent avoir pour nous. Celui qui par un mensonge adroit croit pouvoir éviter le châtiment d'une faute, juge-t-il qu'il est alors bon et raisonnable de mentir? Non, certainement. Il sait que le mensonge est toujours mauvais, même si par hasard il peut être avantageux. Car il comporte toujours, comme nous le verrons, une diminution de notre valeur personnelle. L'habileté, l'adresse ou la prudence ne se confondent pas avec l'honnêteté et la vertu; le bien se distingue de l'utile et de l'agréable.

Ce n'est pas à dire que le bien ou le devoir s'oppose nécessairement au bonheur et que pour bien vivre il soit indispensable de renoncer à toute satisfaction. Le bien, en tant qu'il est conforme à l'ordre naturel, doit normalement produire le bonheur. A vrai dire, si notre nature était plus parfaite, s'il n'y avait en nous que des penchants nobles et conformes à la droite raison, le plaisir ne pourrait être séparé de la pratique du bien. Car nous nous porterions de nous-mêmes, sans lutte et sans effort, vers tout ce qui doit être pour nous une cause de progrès et de perfectionnement. Mais, en fait, il n'en est pas ainsi; l'attrait de satisfactions d'un ordre inférieur et grossier, l'influence des appétits qui tiennent à notre nature animale, nous font souvent trouver plus facile et plus agréable l'accomplissement d'actions que la raison condamne. On ne saurait donc ramener la loi qui doit inspirer et diriger notre conduite à la seule recherche du plaisir ou de l'intérêt.

8. Le bien est même parfois en opposition avec l'intérêt. — Il y a même des cas où nous ne pouvons faire le bien qu'à la condition de sacrifier ce qui nous serait personnellement utile ou agréable. Et c'est alors surtout que le bien nous apparaît dans toute sa pureté et dans toute sa grandeur. La mère qui se dévoue à son enfant, le médecin qui pendant une épidémie s'expose chaque jour à la mort, le citoyen qui donne sa vie ou sa liberté pour la défense du droit et de la justice, ne mettent-ils pas la vertu et le devoir au-dessus de l'intérêt ? Et c'est précisément parce qu'ils font ainsi abnégation d'eux-mêmes que nous les admirons et que nous les offrons en exemple à tous.

9. Le bien est essentiellement désintéressé. — Alors même d'ailleurs que notre devoir et notre intérêt sont d'accord, nos actions ne sont vraiment bonnes, elles n'ont une valeur morale qu'autant qu'elles sont accomplies par respect pour la loi, avec la pensée du bien général qui doit en résulter. Cela est si vrai que notre estime et notre sympathie vont seulement aux hommes que nous jugeons désintéressés. L'acte, même le plus éclatant ou le plus généreux, s'il nous paraît inspiré par l'espoir d'une récompense ou par la vanité, ne représente à nos yeux qu'un calcul, non un mérite. Considérons-nous comme un ami véritable celui qui ne nous recherche qu'en vue des services que nous pouvons lui rendre ? Nous ne saurions davantage tenir pour un homme de bien celui qui ne s'attache au bien qu'en raison des avantages qu'il en attend.

10. La conscience morale se développe par l'expérience et par la réflexion. — Si le pouvoir de discerner le bien du mal est dans son essence primitif et naturel chez l'homme, il est pourtant susceptible, par le progrès de l'instruction et des mœurs, de se développer et de se perfectionner. Il ne saurait en être autrement, puisque la raison s'éclaire et se fortifie par l'expérience et la réflexion. L'histoire atteste la transformation qui s'est ainsi produite peu à peu dans l'humanité. Entre la conscience du sauvage et celle de l'homme instruit et civilisé il y a un abîme.

Il en est de même de la conscience individuelle. A mesure que nous devenons plus instruits, que nous apprenons à mieux connaître notre nature, nos aptitudes et nos besoins, nos relations avec le monde et avec nos semblables, le but de notre vie et la loi de notre destinée, nous distinguons plus nettement le bien du mal. Voilà pourquoi il faut apporter tous nos soins et tous nos efforts à l'étude de la science morale. C'est elle qui nous éclaire sur la voie que nous devons suivre, qui règle notre conduite et qui fait de nous des hommes de bien, capables de travailler utilement à l'œuvre commune du progrès.

LECTURES

1. — LE BIEN ET LE MAL.

L'idée du bien et du mal est, en soi, une idée irréductible ; c'est un fait premier, un attribut essentiel de l'humanité ; chez tout homme se retrouvent cette notion abstraite du devoir, cette nécessité, ressentie et consentie d'obéir, suivant l'expression de Kant, « à une loi par respect pour la loi ».

Mais la définition de cette loi, à laquelle il est nécessaire d'obéir, est variable : « la connaissance du bien, que la conscience nous prescrit de faire, est l'ouvrage de la raison ; la raison se développe dans l'histoire ; la conscience est donc, comme la raison, soumise à la loi du développement » (1), et c'est ce développement que nous montre en effet l'histoire des philosophies et des religions, des mœurs et des lois.

(1) Secrétan. *Discours laïques*, VIII.

Lorsque Cicéron, dans le célèbre passage du *de Legibus* (1), affirme l'existence « d'une loi commune à tous les hommes qui commande la vertu et défend l'injustice », il dit vrai, en constatant l'universalité, la nécessité de l'existence d'une loi morale. Mais il méconnait les réalités de l'histoire, quand il ajoute « qu'elle n'est pas autre à Rome ni à Athènes, ni différente aujourd'hui de ce qu'elle sera demain, qu'elle est inflexible, toujours la même, embrassant toutes les nations et tous les siècles ». Quelles divergences, au contraire, entre les règles morales définies et proclamées par les diverses religions et les diverses races, dans chaque siècle et dans chaque pays ! Entre un brahmane et Socrate, entre Moïse et Jésus, entre Caton et Spinoza (2), quels abîmes ! Combien d'états successifs de la conscience générale depuis les sacrifices humains des vieux cultes jusqu'à la doctrine chrétienne de la charité ou jusqu'à la doctrine philosophique de la fraternité ! Combien d'idées morales dont on peut déterminer presque exactement l'apparition dans l'histoire, depuis le plaidoyer d'Apollon pour Oreste jusqu'au sermon sur la montagne, depuis les entretiens d'Epictète jusqu'à la Déclaration des droits de l'homme !

LÉON BOURGEOIS. *Solidarité.*
(Librairie Armand Colin)

2. — LA GÉNÉROSITÉ PRINCIPE DE LA MORALE.

Toutes les théories morales, même les plus sceptiques et les plus égoïstes à leur point de départ, ont abouti à constater ce fait que l'individu ne peut pas vivre uniquement de soi et pour soi, que l'égoïsme est un rétrécissement de la sphère de notre activité, qui finit par appauvrir et altérer cette activité même.

On ne vit pleinement qu'en vivant pour beaucoup d'autres. Nos actions sont comme une ombre que nous projetons sur l'univers; pour raccourcir cette ombre et

(1) *Traité des lois.*

(2) Spinoza, célèbre philosophe du XVIIe siècle, né à Amsterdam, professait le panthéisme.

la ramener vers nous, il faut diminuer notre taille ; aussi le meilleur moyen pour se faire grand, c'est de se faire généreux, tandis que tout égoïsme a pour conséquence ou pour principe une petitesse intérieure. L'idée et le sentiment qui est au fond de toute morale humaine, c'est toujours le sentiment de la générosité ; généreux et philanthropiques deviennent eux-mêmes, pour qui les regarde sous un certain angle, les systèmes d'Épicure et de Bentham (1). Il ne faut pas avoir peur de la diversité des systèmes moraux, parce qu'en somme ils n'ont pas trouvé de vérité psychologique et physiologique plus certaine, de fait plus vérifiable que l'amour, principe de tout « altruisme » (2), et qu'ils en viennent nécessairement à placer l'être humain dans cette alternative : se dessécher ou s'ouvrir. Les actions exclusivement égoïstes sont des fruits pourrissant sur l'arbre plutôt que de nourrir. L'égoïsme, c'est l'éternelle illusion de l'avarice, prise de peur à la pensée d'ouvrir la main, ne se rendant pas compte de la fécondité du crédit mutuel, de l'augmentation des richesses par leur circulation. En morale comme en économie politique, il est nécessaire que quelque chose de nous circule dans la société, que nous mêlions un peu de notre être propre et de notre vie à celle de l'humanité entière. Les moralistes ont eu tort peut-être de trop parler de sacrifices : on peut contester que la vertu soit, en son fond le plus secret, un sacrifice au sens rigoureux du mot ; mais on ne peut nier qu'elle soit fécondité morale, élargissement du « moi », générosité. Et ce sentiment de générosité par lequel, quand on va au fond de soi, on y retrouve l'humanité et l'univers, c'est ce sentiment-là qui fait la base solide de toutes les grandes religions, comme il fait celle de tous les systèmes de morale.

GUYAU, *Pages choisies.*
(Librairie Armand Colin)

---

(1) Bentham, philosophe anglais, à qui la Convention décerna le titre de citoyen « français ». Il professait une doctrine morale purement utilitaire.

(2) Altruisme, amour des autres ; s'oppose à l'égoïsme, amour de soi.

3. — LE BIEN NE SE CONFOND PAS AVEC L'INTÉRÊT.

Connaissez-vous une langue, un peuple, qui ne possède le mot de vertu désintéressée ? Qu'appelle-t-on partout un « honnête homme » ? Est-ce le calculateur habile, appliqué à faire ses affaires le mieux possible, ou celui qui, en toutes circonstances, est disposé à observer la justice contre son intérêt apparent ou même réel ?

Otez cette idée qu'un homme est capable, en un certain degré, de résister à l'attrait de l'intérêt personnel, et de faire quelque sacrifice à l'opinion, aux convenances, à ce qui est ou paraît honnête, et vous ôtez le fondement de ce titre d'honnête homme, au sens même le plus vulgaire. Cette disposition de préférer ce qui est bien à notre plaisir, à notre utilité personnelle, en un mot, à l'intérêt ; cette disposition, plus ou moins forte, plus ou moins constante, plus ou moins éprouvée, mesure les différents degrés de la vertu. Un homme pousse-t-il le désintéressement jusqu'au dévouement, on l'appelle un « héros, » qu'il soit caché dans la condition la plus humble ou placé sur un théâtre.

Il y a des dévouements obscurs comme des dévouements éclatants. Il y a des héros de probité, d'honneur, de loyauté dans les relations de la vie ordinaire, comme des héros de courage et de patriotisme dans les conseils des peuples ou à la tête des armées. Tous ces noms, avec leur sens bien reconnu, sont dans toutes les langues et constituent un fait certain et universel.

On peut expliquer ce fait, mais à une condition impérieuse, c'est qu'en l'expliquant on ne le détruise pas. Or, nous explique-t-on l'idée et le mot de désintéressement en ramenant le désintéressement à l'intérêt ? Voilà ce que le sens commun repousse invinciblement.

Les poètes n'ont pas de système : ils s'adressent aux hommes tels qu'ils sont réellement pour produire sur eux des effets certains. Est-ce l'égoïsme habile ou la vertu désintéressée que les poètes célèbrent ? Nous demandent-ils des applaudissements pour les succès de l'adresse heureuse, ou pour les sacrifices volontaires de la vertu ? Le poète sait qu'il y a dans le fond de l'âme humaine je ne sais quelle puissance merveilleuse de désintéressement et de dévouement.

En s'adressant à cet instinct du cœur, il est sûr d'éveiller un écho sublime, de faire jaillir toutes les sources du pathétique.

Cousin, *Du Vrai, du Beau et du Bien.*
(Perrin et Cie, éditeurs.)

4. — LE DEVOIR EXIGE PARFOIS LE SACRIFICE DE L'INTÉRÊT PERSONNEL.

Essayons de nous représenter ce qui se passe dans l'âme du chevalier d'Assas, au moment où, s'il donne l'alarme, vingt baïonnettes vont faire de lui un cadavre. Il est jeune et plein de vie ; son intérêt est de ne pas mourir et de se rendre silencieusement prisonnier. Mais le devoir est, s'il le faut, de se sacrifier pour son pays. Il le sait, nous le savons tous. Dans le court instant que dure cette scène, ces deux objets, l'intérêt si pressant de ne pas mourir, le devoir du citoyen et du soldat, s'offrent vivement à lui ; a-t-il hésité ? Peut-être ; mais si peu ! Son parti est bien vite pris : il veut et fait le devoir. « A moi d'Auvergne ! ce sont les ennemis ! » Il sauve l'armée et meurt.

Dira-t-on que c'est d'instinct, sans réflexion, sans y penser, sans une résolution délibérée, qu'il pousse son cri héroïque ? Mais pour en arriver à ces explosions soudaines de dévouement, il faut qu'une âme se soit dès longtemps façonnée à l'habitude du devoir ; on n'atteint pas à la sublimité morale du premier coup.

Dira-t-on que d'Assas s'est proposé d'assurer à son nom l'immortalité ? Mais quelle certitude avait-il que son nom serait recueilli par l'histoire ? Combien sont morts pour leur pays qu'elle a toujours ignorés ? Puis, sacrifier sa vie pour assurer sa mémoire, ce n'est plus là proprement un calcul intéressé. Les grandes âmes seules en sont capables, les grandes âmes, c'est-à-dire celles qui se sont fait du dévouement, du sacrifice comme une seconde nature.

L. Carrau, *De l'Éducation.*
(Alcide Picard et Kaan, éditeurs.)

CHAPITRE IV

L'IDÉAL MORAL

LA RAISON PERMET A L'HOMME DE CONCEVOIR LA POSSIBILITÉ D'UNE VIE MEILLEURE ET PLUS PARFAITE.

1. La vie humaine est un mélange de bien et de mal. — Nous avons vu que l'homme, éclairé par la raison sur les conséquences de ses actes, instruit par l'expérience des progrès accomplis et aussi des fautes commises, en vient naturellement à discerner le bien du mal. Il devient ainsi juge de sa propre conduite et de celle de ses semblables. Il reconnaît que sa vie est un mélange de bien et de mal; de grandeur et de misère, de puissance et de faiblesse, de progrès et de défaillances. La raison lui confère le pouvoir de l'améliorer ; elle lui montre la voie qu'il doit suivre pour s'élever à un degré toujours supérieur de bonheur et de perfection. Mais il est faible, sollicité par des penchants de toute nature. Il lui arrive trop souvent de se détourner de la voie droite, de méconnaître les enseignements de la raison. Il sait ce qu'il convient de faire ; il ne le fait pas toujours.

2. Nous concevons la possibilité d'une vie meilleure. — Pourtant, si l'homme est imparfait, si sa volonté chancelante l'expose à bien des chutes, il peut du moins s'élever par la pensée à la conception d'une vie meilleure, plus conforme à la raison, et qui comporterait, par suite, moins de désordres et de souffrances, d'injustices et de misères, que n'en offre le monde actuel. Il entrevoit la possibilité d'une humanité supérieure, plus complètement dégagée des instincts grossiers et égoïstes de la nature animale, qui sont en nous comme un reste de la barbarie de nos premiers ancêtres; d'une humanité plus éclairée, plus sage et plus forte, tout imprégnée de justice et de bonté.

3. L'idéal est dégagé de la réalité par la réflexion. — Ce monde idéal n'est pas simplement l'œuvre de notre imagination; ce n'est pas une chimère, un rêve. C'est le résumé de tout ce que l'expérience nous montre de meilleur en nous-mêmes et dans le monde qui nous entoure, dépouillé de tout ce que la raison réprouve et condamne, accru et enrichi de tout ce qu'elle juge bon et désirable. C'est la réalité elle-même, à laquelle nous ajoutons par la pensée toutes les améliorations, toutes les perfections qu'elle nous paraît susceptible de recevoir.

La vie idéale, telle que la raison la conçoit, ce serait pour l'homme une vie exempte de toute souffrance et de toute misère, une vie qui donnerait satisfaction à tous nos besoins, à toutes nos aspirations naturelles, où notre intelligence posséderait toute vérité, où notre volonté serait toujours maîtresse d'elle-même, où il n'y aurait place que pour la paix, la justice et la bonté. L'humanité idéale, ce serait une humanité qui, soustraite à l'erreur, à la passion, à l'égoïsme, ne s'attacherait qu'à la vérité, au bien et à la vertu; où chacun ne penserait qu'à devenir toujours meilleur, à rendre meilleurs et plus heureux tous ceux qui l'entourent.

4. La pensée de l'idéal inspire et dirige tous nos actes. — Qu'il soit possible à l'homme de se former un idéal de ce genre, cela est hors de doute ; car depuis le commencement des siècles il ne travaille qu'en vue de s'en rapprocher, en vue de diminuer peu à peu la part faite au mal et à la douleur, d'accroître celle du bien et du bonheur.

S'il ne peut espérer de l'atteindre dans sa plénitude parce qu'il se sent trop faible et trop imparfait; s'il ne croit pas que le mal et la souffrance puissent être jamais supprimés, il a pourtant conscience que ses efforts ne sont pas inutiles. L'histoire ne lui montre-t-elle pas la civilisation sortie par degrés de la barbarie, la vie devenue plus facile et meilleure, les mœurs transformées et la férocité des premiers hommes faisant place à la douceur relative de ceux d'aujourd'hui ?

C'est la pensée de cet idéal, la croyance à la possibilité d'un avenir meilleur, le désir et l'espérance de le voir se réaliser, qui ont soutenu l'humanité dans sa lente ascension vers le progrès. C'est cette même pensée qui dirige et inspire chacun de nos actes, en nous faisant entrevoir les biens que nous pouvons acquérir par une vie conforme aux prescriptions de la raison.

5. L'émulation vers le bien. — D'ailleurs, l'idéal qui doit éclairer notre conduite ne réside pas uniquement dans ces formes plus hautes de la vie que notre raison peut concevoir. N'avons-nous pas plus près de nous des modèles qui s'offrent à notre bonne volonté comme une réalité vivante dont chacun de nos actes doit tendre à nous rapprocher? Quel est celui d'entre nous qui n'a rêvé d'imiter les nobles exemples, les actes généreux, dont le récit a enthousiasmé sa jeunesse ? Qui ne serait heureux de ressembler à quelqu'un de ces héros, de ces savants, de ces sages qui ont été les bienfaiteurs et les guides de l'humanité ?

Dans le milieu même où nous vivons, une légitime et saine émulation nous fait désirer d'égaler ou de surpasser les autres en travail, en savoir et en vertu. Partout et toujours, dans toutes les circonstances et à toutes les heures de notre vie, la pensée d'un progrès à réaliser, d'une qualité à acquérir, d'un défaut à corriger nous excite à de nouveaux efforts.

Il n'est pas jusqu'à la vue même du mal qui n'entretienne et ne fortifie en nous le désir et la volonté de mieux faire. Témoins des chutes lamentables et de la dégradation de ceux qui se sont montrés rebelles à la voix de la conscience, nous éprouvons un invincible éloignement pour les fautes et les vices qui ont causé leur déchéance. La vue de l'ivrogne qui s'est ravalé au-dessous de la brute, du débauché qui a perdu tout respect de lui-même, du joueur que sa passion mène au déshonneur et au crime, suffit à nous inspirer la volonté de nous défendre contre les séductions des plaisirs coupables. En apprenant à connaître les tristes effets de la paresse, de l'orgueil, de l'égoïsme, nous comprenons mieux le prix de la vertu, et nous nous efforçons de devenir meilleurs.

6. L'idéal a progressé avec la raison. — L'idéal dont la pensée soutient et dirige la marche de l'homme vers le progrès a dû nécessairement se transformer, s'éclaircir et s'élever, à mesure que la raison elle-même se développait, que l'homme apprenait à mieux connaître le monde et sa propre nature.

Pour l'homme primitif, l'idéal qu'il entrevoyait, qu'il poursuivait de tous ses vœux et de toute son énergie, n'était rien de plus sans doute que celui d'une vie plus facile et plus abondante, où il pourrait se procurer avec moins de fatigues et moins de dangers les objets indispensables à sa subsistance, où il serait mieux protégé contre les attaques de ses ennemis et contre les fléaux naturels.

Son esprit, encore inculte et grossier, dut consacrer toutes ses ressources à atteindre par degrés une existence plus douce et moins précaire. Puis, à mesure que ses besoins les plus essentiels eurent satisfaction, ses désirs et ses rêves s'élargirent et s'élevèrent. Il conçut la possibilité d'une vie meilleure; il imagina mille ressources pour accroître sa puissance et ses moyens d'action. Son intelligence se développa, son esprit s'ouvrit à des sentiments plus généreux. Il apprit à goûter les joies de la famille; il comprit les bienfaits de l'organisation sociale.

7. L'idéal de l'antiquité. — Les premières sociétés qui ont laissé leur trace dans l'histoire manifestent des préoccupations de bien-être, de beauté, d'ordre et aussi de justice, qui impliquent une conception de la vie déjà bien éloignée de la barbarie primitive. Mais ne vous y trompez pas : il avait fallu de longs siècles pour arriver à ces résultats. Si deux ou trois mille ans avant l'ère chrétienne, l'Égypte et sans doute aussi l'Inde et la Chine possédaient une haute culture intellectuelle, esthétique et morale dont témoignent d'irrécusables monuments, d'innombrables générations avaient alors disparu dont l'effort ignoré de nous en avait lentement préparé l'éclosion.

A vrai dire, la civilisation resta longtemps confinée dans d'étroites limites ; la plus grande partie de l'humanité y demeurait étrangère. Songez qu'aujourd'hui même il y a sur divers points du globe des hommes presque étrangers à toute idée de progrès et voisins encore de la barbarie des âges préhistoriques.

D'ailleurs, jusque chez les races les plus cultivées, que de superstitions, d'injustices et de misères ! Les guerres continuelles, l'esclavage qui réduisait le plus grand nombre des hommes à un état comparable à celui des bêtes de somme, la cruauté et l'iniquité des lois perpétuaient la dureté des mœurs primitives.

Tous ces maux et tous ces crimes, les peuples les plus civilisés de l'antiquité, ceux que l'on nous offre volontiers en modèles, les Grecs et les Romains notamment, les ont connus et tolérés. La plupart de leurs philosophes les ont admis comme légitimes et nécessaires.

Avec le christianisme, des doctrines plus humaines et plus douces commencent à se répandre; mais la violence et la guerre, les abus et les iniquités, conservent encore une large place dans la vie sociale au moyen âge.

8. L'idéal moderne. — La Révolution de 1789 marque une étape importante dans la marche de l'esprit humain vers un idéal, une conception de la vie plus conforme à la raison et à la justice. A vrai dire, si tous les principes qu'elle a posés étaient appliqués avec les conséquences qu'ils comportent, nous verrions apparaître une humanité singulièrement plus parfaite qu'elle ne fut jamais.

Son idéal, qui est le nôtre, est destiné à se purifier et à s'élever encore, à mesure que la raison deviendra plus forte, que les hommes seront plus instruits et plus sages. Éclairés sur les droits de chacun, défendus contre l'égoïsme par une idée plus exacte des liens qui nous unissent à nos semblables, par la pensée de cette étroite solidarité qui fait de tous les individus les membres d'une même famille, nous chercherons à réaliser dans le monde plus de justice, plus d'égalité, plus de bonté.

9. L'idéal de l'humanité doit s'élever toujours. — Et sans doute un jour viendra où d'autres hommes s'étonneront à leur tour de toutes ces iniquités, de toutes ces violences qui déshonorent encore nos sociétés; de la guerre qui perpétue la barbarie des premiers âges, des crimes qui sont un retour aux instincts féroces de la brute, de la misère des déshérités s'opposant au luxe inutile et coûteux de quelques privilégiés, des ignorances et des préjugés qui nous aveuglent et nous détournent de l'unique but que la raison assigne à nos efforts, la recherche du plus grand bien et du plus grand bonheur pour tous.

LECTURES

1. — LA RAISON ET LE PROGRÈS.

Accorder à l'esprit dans l'homme une valeur absolue, opposer le droit au fait, la raison à la nature, et proclamer la suprématie du droit sur le fait, de la raison sur la nature, c'est plus qu'une foi politique. Il y a de l'absurde dans le monde. La raison ne s'y résigne pas. Elle se révolte et s'indigne contre le désordre, contre l'injustice, contre le mal sous toutes ses formes. L'harmonie est sa loi, elle ne comprend que le bien, elle n'a de repos que dans la beauté. L'univers en elle se redresse, se corrige et se rectifie. Elle nie l'absurdité radicale, l'injustice définitive, elle oppose à l'ordre physique l'ordre moral, à tous les démentis des faits la réalité imprescriptible de l'idéal. N'est-ce point une foi véritable, Messieurs, que ce rationalisme (1) hardi qui n'accepte que l'intelligible et le bien? Foi nouvelle qui n'est que la raison se posant dans tous ses droits; foi active qui ne se distingue pas des œuvres qu'elle suscite et qui la confirment. Ce n'est pas en dehors de soi qu'on trouve la preuve de l'idéal, c'est dans la confiance que donne à l'esprit le sentiment de sa force souveraine. S'il recule en nous, comment croirions-nous à son triomphe? Il n'y a que l'action qui supprime le doute. On ne nie point ce dont on éprouve la réalité par la conscience qu'on prend de soi-même. Le devoir accompli rassure l'esprit sur l'avenir du monde, et la pire douleur qui sorte du mal, c'est peut-être que faisant douter la raison d'elle-même, elle chasse l'esprit des grands rêves et des grandes espérances.

SÉAILLES, *Les Affirmations de la conscience moderne.* (Librairie Armand Colin.)

2. — ROLE DE L'IDÉAL DANS L'ÉVOLUTION.

On peut dire, sans hardiesse, que l'idéal est une espérance faite de souvenirs. On conçoit alors que l'avenir soit

(1) *Rationalisme*, confiance exclusive dans les idées de la raison.

formé de la combinaison du passé et du présent. L'esprit humain n'invente ni ne crée. Inventer, créer, sont des mots que nous appliquons aux combinaisons qui, des choses anciennes, font naître des choses nouvelles. Ainsi se conforme l'esprit aux faits, dont il est d'ailleurs l'émanation et l'expression. Ainsi se fortifie dans le domaine de la pensée la loi d'évolution reconnue exacte dans le domaine des faits. De même qu'il n'y a pas de formation spontanée en géologie, ni de génération spontanée en biologie, il n'y a pas de création spontanée de la pensée, et lorsque celle-ci devance ou déforme ses visions et ses souvenirs, par aspiration vers l'avenir ou par regret du passé, lorsqu'en un mot l'idéal s'affirme, il fournit une preuve de plus à la théorie de l'évolution.

L'idéalisme étant une irrésistible tendance à une vie meilleure, plus complète, prolonge en esprit les réalités actuelles. N'est-il pas, par là même, la forme pensée de l'évolution? Qu'est-ce donc qui empêche qu'il n'en devienne l'agent conscient? Ne l'est-il pas, d'ailleurs, ne l'a-t-il pas été de tout temps? En France, où l'idée politique a toujours précédé le fait, n'avons-nous pas vu notamment les légistes poser, dès le quatorzième siècle, le principe de l'égalité de tous devant la loi! Dans le monde moral, est-ce que le christianisme n'avait pas posé, après les philosophies antiques d'ailleurs, le principe de l'égalité des hommes dans la vie supra-terrestre!

Appliqué à la morale, à la politique, à la sociologie, l'idéalisme, éclairé par la science, peut avoir la valeur et l'utilité de l'hypothèse dans les sciences naturelles. Cette force, alimentée par la connaissance du réel, disciplinée par la raison, doit être un des propulseurs essentiels de l'évolution individuelle et collective. La mépriser ou la négliger, c'est la laisser aux mains inexpérimentées de ceux qui ne cherchent pas des enseignements dans le passé, mais des exemples. Les esprits vraiment scientifiques, ceux qui ne se sont pas confinés dans le domaine qu'ils explorent et qui sentent la relation nécessaire entre toutes les parties de la connaissance, ces esprits-là n'ont jamais condamné l'idéalisme (1), qu'il s'appelle

(1) Idéalisme, tendance à rattacher tout fait à une idée, toute réalité à un idéal.

métaphysique ou philosophie, hypothèse dans les sciences ou utopie en sociologie. Il est plus urgent que jamais qu'ils fassent partager leur conviction sur ce point à tous ceux qui ont une influence quelconque sur la pensée de ce temps, si l'on ne veut voir tomber aux négations stériles et aux scepticismes antiscientifiques, pires que les négations, de belles intelligences déréglées ou découragées.

FOURNIÈRE, *L'Idéalisme social.*
(Alcan, éditeur.)

3. — L'IDÉAL MORAL.

La perfection morale, ou l'accomplissement de tout le devoir, étant l'objet suprême auquel nous devons tendre, il faut que nous ayons l'idée de ce que serait l'homme, s'il était parvenu à cette perfection. Cette idée qui nous représente une nature humaine supérieure à ce que nous sommes, à ce que sont nos semblables, s'appelle l'*idéal moral*.

Un idéal est un objet conçu par l'esprit, qui n'existe que dans l'esprit, et qui exprime une perfection plus haute que ce que l'expérience de la réalité peut fournir. On dit, par exemple, qu'un artiste a un idéal, quand il conçoit un modèle de beauté plus parfaite que toutes les choses belles qui sont dans la nature. L'idéal de l'artiste est un idéal esthétique. On dit encore le *cercle idéal* ou *parfait*, pour désigner le cercle parfaitement conforme à la définition géométrique, que nos instruments grossiers ne sauraient reproduire avec une entière exactitude. De même on dit l'*idéal moral*, entendant par là cette perfection d'une volonté toujours et absolument conforme au devoir, d'une âme à laquelle ne manquerait aucune des vertus qui résultent de cette perpétuelle conformité, perfection vers laquelle nous devons tendre de toutes nos forces, bien qu'il soit peut-être impossible à l'homme de l'atteindre jamais.

L. CARRAU, *De l'Éducation.*
(Alcide Picard et Kaan, éditeurs.)

4. — L'IDÉAL MODERNE.

Élévations, aspirations vers un monde meilleur que l'on pense saisir dès ici-bas, tel est le génie de notre siècle. — La secousse que la Révolution a donnée à la terre a été telle, et tant de choses extraordinaires ont été vues, tant de montagnes abaissées, tant de vallées comblées, qu'il n'est plus de miracle social qui ne semble possible. Autrefois, le genre humain, courbé sur la glèbe, sentait, par intervalles, un souffle passer sur son front, comme la fraîche haleine des siècles à venir; il s'amusait à imaginer un âge d'or; puis, l'instant d'après, il se disait : C'est un rêve. Aujourd'hui, au contraire, en contemplant l'édifice des nuages et les cités féeriques qui s'amoncellent à l'horizon, dans la pourpre et l'or du soleil, il va jusqu'à penser que ce songe du ciel pourrait descendre dès demain sur la terre, et devenir son domaine. Chose nouvelle, grande en soi, présage d'avenir! Il se trouve des hommes qui croient déjà embrasser leur idéal. Ce qu'on appelait autrefois « leurre, utopie », s'appelle maintenant « théories ». Ne méprisons pas les songes. Pour qui sait les interpréter, ils contiennent sans doute des lambeaux et des prémices de vérité. Ce grand trépied, de l'avenir dont Napoléon parlait à Sainte-Hélène, et qu'il faisait reposer sur trois grands peuples, résonne de paroles étranges, souvent dures à entendre; ces mots sibyllins étonnent l'oreille. Les uns les acceptent, le plus grand nombre les repousse; ce qu'il y a d'évident pour tous est que la Révolution française a ramené sur la terre la foi à l'impossible.

Tout, en effet, non seulement est possible avec les siècles, mais inévitable et sans cesse imminent, dans ce qui doit augmenter la dignité intime de l'homme. Il n'y a rien d'impraticable que le renoncement à la beauté morale et le renversement de l'âme humaine. Dans l'ivresse des théories, laissez-moi donc à jamais le sacrifice, l'intimité, la fidélité du cœur, la sainteté du serment, la personne morale, la pierre du foyer, la famille, la patrie : hors de là, je ne vois que confusion et désespoir.

Ed. Quinet, *Extraits*.
(Hachette et Cie éditeurs.)

CHAPITRE V

LA LOI MORALE

LA LOI DE TOUT ÊTRE RAISONNABLE EST DE CHERCHER A SE RAPPROCHER DE L'IDÉAL

1. La pensée d'un avenir meilleur nous sollicite à agir. — En nous permettant de concevoir la possibilité d'une vie meilleure, plus heureuse et plus parfaite, la raison imprime à notre activité une plus haute puissance et une direction nouvelle. Elle nous ouvre l'espoir d'un avenir conforme à nos aspirations, suscitant ainsi notre bonne volonté, et provoquant nos efforts en vue de la réalisation de cet avenir.

La vue d'un bien présent, dont il peut jouir immédiatement, détermine chez tout être vivant un effort, par le désir qu'il éveille en lui de s'en assurer la possession. L'idée d'un bien à venir, que la raison nous fait entrevoir comme pouvant être obtenu dans des conditions déterminées, produit en nous un mouvement analogue ; et elle agit avec une force proportionnée à la valeur que nous attribuons à ce bien.

2. Tous nos efforts tendent à préparer l'avenir. — Si l'écolier s'applique avec tant de bonne volonté et de persévérance à acquérir de l'instruction, si ses maîtres se consacrent avec un infatigable dévouement à la lui donner, si ses parents et tous ceux qui ont quelque affection pour lui attachent une si haute importance à le voir progresser chaque jour en science, en sagesse et en vertu, c'est que les uns et les autres prévoient et escomptent d'avance tout ce que représentent de fruits précieux pour l'avenir les germes déposés dans de jeunes esprits.

Si l'ouvrier travaille avec courage, c'est qu'il compte sur le produit de son travail pour élever sa famille et se procurer les ressources nécessaires à ses propres besoins. Si le savant dépense son temps et sa peine à la conquête de vérités nouvelles, c'est qu'il se réjouit déjà par la pensée des bienfaits qui en découleront plus tard pour l'humanité.

Et tous ainsi, du plus grand au plus petit, du commencement à la fin de la vie, disposent tous leurs actes en vue d'un avenir idéal; ils ne cessent de faire effort pour s'assurer à eux-mêmes et assurer aux autres la plus grande somme possible de biens et de progrès.

3. La pensée de l'avenir règle nos actions. — L'idée d'un bien à venir, des heureux résultats que nous pouvons obtenir en usant de notre puissance naturelle conformément à la raison, n'est pas seulement un stimulant, un encouragement à l'action; il est aussi et surtout une règle de conduite, la loi qui détermine ce qu'il convient de faire et ce qu'il faut éviter.

En nous faisant connaître la fin vers laquelle nous devons tendre, l'idéal dont nous devons nous inspirer, en nous montrant, d'autre part, dans quel ordre naturel et nécessaire s'enchaînent les événements, la raison nous met à même de comprendre par quelle série d'efforts, par quels moyens et par quels actes, il nous sera possible de nous rapprocher peu à peu du but entrevu, de l'état vers lequel nous aspirons.

Celui qui, par exemple, a formé le dessein d'embrasser une profession, sait fort bien que tous ses efforts doivent tendre à acquérir tout à la fois et les connaissances indispensables et aussi les qualités particulières que cette profession exige. Il dirigera donc ses études, ses exercices et son travail, conformément à ses projets d'avenir; et c'est à cette condition seulement qu'il sera assuré du succès.

4. L'idéal devient ainsi la loi de notre conduite. — Il n'en est pas autrement des différents objets que nous pouvons nous proposer. C'est en y pensant sans cesse, c'est en y adaptant chacune de nos actions, que nous pourrons espérer de les atteindre. Il ne suffit pas, en effet, de désirer ou de vouloir devenir un homme de bien, un citoyen utile, si dès la jeunesse on n'a soin de s'y préparer par son travail et par toute sa conduite.

Ainsi, en nous donnant l'idée de ce que nous pouvons être un jour, la raison nous trace la voie à suivre; elle nous prescrit de coordonner et d'adapter toutes nos actions, toute notre vie présente, à la préparation de l'avenir. L'idéal, la pensée du but à atteindre, devient la loi de notre vie, la loi morale (du latin *mores*, mœurs, manière de vivre). Elle est pour nous la loi suprême, celle qui s'impose à tous les hommes avec une égale et souveraine autorité.

5. La loi morale est universelle et absolue. — Bien différente des lois édictées par la volonté de l'homme, la loi morale se manifeste avec un double caractère : elle est universelle, c'est-à-dire qu'elle commande à tous, à travers les âges comme à travers l'espace; elle est absolue, c'est-à-dire que rien ne prévaut contre son autorité. Il faut toujours faire le bien, toujours éviter le mal.

Le devoir nous apparaît ainsi comme une obligation souveraine, supérieure à nos convenances, à nos préférences, à nos inclinations personnelles, parce qu'il est l'expression de la raison, et qu'il ne dépend pas de notre volonté de nous affranchir des lois de la raison. Quand nous voyons la vérité, nous ne sommes pas maîtres de lui refuser notre assentiment.

6. Invariable en son principe, la loi morale progresse avec la raison. — Ce n'est pas à dire que la morale, la règle à laquelle l'homme se reconnaît tenu de soumettre sa conduite, n'ait jamais varié. Elle s'est transformée et se transforme indéfiniment, à mesure que la raison se développe, que l'ignorance et les superstitions font place à la science, à mesure que l'homme a, de sa propre nature et de ses rapports avec ses semblables, une notion plus juste et plus complète et qu'il s'élève à un idéal supérieur. Chacun de nous peut la connaître et la comprendre plus ou moins bien. Le sauvage qui se croit en droit de dépouiller et de tuer son ennemi vaincu, le sectaire qui, au nom de sa religion, persécute ceux qui ne la partagent pas, méconnaissent leur devoir; ils peuvent pourtant être de bonne foi. Et sans doute, parmi les actes que nous considérons aujourd'hui encore comme bons ou indifférents, il en est aussi que le progrès de la raison condamnera.

Mais il ne s'ensuit pas que la vérité morale change en elle-même. Il en est d'elle comme des vérités scientifiques. La raison de l'homme ne les atteint que par degrés ; elle y mêle souvent bien des erreurs et bien des préjugés; mais elles n'en sont pas moins, en elles-mêmes, très nettement définies et toujours identiques. Si pendant longtemps, l'homme, dupe des apparences, a cru que le soleil tournait autour de la terre, faut-il en conclure que le mouvement de la terre était alors moins réel qu'il ne l'est aujourd'hui ?

7. En obéissant à la loi morale, nous obéissons à la raison. — De ce que la loi morale commande à l'homme avec une autorité souveraine et imprescriptible, il ne faudrait pas d'ailleurs conclure qu'elle lui soit imposée par une puissance supérieure et surnaturelle. Son autorité n'a rien de mystérieux ou d'inexplicable; elle est celle de la raison elle-même. La loi morale est absolue, comme la vérité, comme la science; quand l'esprit la connaît, et dans la mesure où il la connaît, il ne saurait s'en affranchir. Il peut l'ignorer; il ne peut la nier, quand elle lui apparaît clairement, pas plus qu'il ne peut nier la lumière ou le mouvement.

La rejeter, se refuser à ce qu'elle ordonne de faire, ce serait pour l'homme se mettre en contradiction avec sa propre raison, détruire en quelque sorte en lui-même ce qui constitue précisément son caractère et sa dignité d'être raisonnable.

8. La raison condamne celui qui voit le bien et n'y conforme pas ses actes. — Voir le but à atteindre, connaître les moyens qui nous permettraient de nous en rapprocher, et négliger ou refuser de les prendre, c'est un acte de déraison ou de folie que nous ne saurions comprendre ni excuser. Et voilà pourquoi nous condamnons en notre conscience celui qui connaît le bien et ne le fait pas, celui qui sciemment et volontairement commet une mauvaise action. Voilà pourquoi nous approuvons ou blâmons notre propre conduite suivant que nous la jugeons conforme ou non à la loi morale, c'est-à-dire à la raison.

9. La loi morale ne contraint pas, mais elle « oblige ». — L'autorité de la loi morale est donc d'une nature toute spéciale; elle n'est autre chose que l'expression des jugements de la raison sur nos actions et sur notre manière de vivre. Elle n'agit sur la volonté par aucun moyen extérieur; nous ne nous sentons pas *contraints* de faire le bien ou d'éviter le mal, mais nous nous reconnaissons *obligés* de vivre suivant la règle que la raison nous a fixée. L'obligation n'entrave en rien notre liberté; nous pouvons, tout en connaissant ce qu'il convient de faire, ce qui nous mènera au plus grand bien, agir d'une autre manière; mais elle représente pour nous ce qu'exige, ce que réclame de nous la raison. Le bien, l'idéal, se manifeste à nous comme un *devoir*, comme une dette en quelque sorte contractée vis-à-vis de nous-mêmes, comme la conséquence nécessaire de notre nature raisonnable. L'homme se doit à lui-même d'agir conformément à la raison, parce que c'est la raison qui le fait homme.

10. L'idée du devoir exprime la lutte contre les appétits opposés à la raison. — Si le devoir implique une idée de renoncement et de sacrifice, c'est que, pour obéir à la raison et devenir meilleurs, il nous faut lutter contre les imperfections, les faiblesses et les défaillances de notre nature. Ce n'est qu'au prix d'efforts incessants que nous pouvons développer et fortifier en nous la vie morale, en nous affranchissant des entraves que nous imposent les instincts bas et égoïstes de l'animalité. Pour être vraiment digne de sa mission, pour devenir une personne morale dans toute l'acception du mot, l'homme doit s'attacher exclusivement à la raison et aux inclinations ou sentiments qui en relèvent, amour de la vérité, de la justice, sentiment de la fraternité; et tout cela ne peut se faire qu'aux dépens des satisfactions ou des passions d'ordre inférieur.

11. La vertu rend la pratique du bien facile et agréable. — Pourtant l'expérience nous permet de constater que, dans certaines conditions et pour certaines personnes, la résistance que notre nature imparfaite oppose aux commandements de la raison tend à s'atténuer; qu'elle peut même faire place à un sentiment tout opposé, l'amour du devoir. Il est des hommes pour lesquels le bien semble avoir un attrait plus puissant que tout autre objet, et qui vont en quelque sorte spontanément à lui, sans hésitation et sans effort. C'est cette heureuse disposition de l'esprit qui constitue la *vertu*. Il est, d'ailleurs, au pouvoir de chacun de nous de l'acquérir, du moins dans une assez large mesure. Car la vertu n'est autre chose que l'habitude de faire le bien et, comme toutes les habitudes, elle résulte par une loi naturelle de la pratique et de la répétition des mêmes actes.

Or, l'habitude a pour effet de rendre l'action plus facile, en diminuant l'effort nécessaire, en même temps qu'elle fait naître en nous le désir et le besoin de la répéter. Tel acte, qui au début exigeait une somme considérable d'efforts, finit par devenir facile et agréable.

Si, obéissant à la loi morale, dociles à la voix de notre conscience, nous cherchons en toute circonstance à faire le bien et à éviter le mal, nous sentirons peu à peu notre volonté moins chancelante, l'amour du devoir plus vif. La pratique de la vertu nous deviendra en quelque sorte naturelle. Nous nous y attacherons de telle sorte que la seule pensée de nous en écarter nous inspirera une réelle horreur. C'est qu'en nous la volonté elle-même s'améliore et se perfectionne par l'habitude du bien, comme elle se dégrade et se corrompt par l'habitude du mal.

12. Il faut dès la jeunesse s'habituer à bien vivre. — Ceci suffit à vous faire comprendre combien il importe de prendre dès les premières années de la vie de bonnes habitudes, et quel prix il convient d'attacher à l'éducation de la jeunesse. C'est surtout à cet âge, où le caractère est encore indécis et flexible, que toute bonne action, tout effort accompli en vue du bien, laissent après eux une empreinte profonde et durable. Si de bonne heure on s'est accoutumé à accomplir le devoir, à ne rien faire qui soit contraire à la raison, on est en quelque sorte assuré contre les tentations et les défaillances. L'expérience prouve que, s'il est difficile à un malhonnête homme de rentrer dans le droit chemin, à un ivrogne de devenir tempérant, il est fort heureusement aussi rare de voir mal tourner, par la suite, un jeune homme dont la conduite a toujours été régulière.

13. L'homme de devoir. — Le sentiment et l'amour du devoir, quand notre esprit s'en est profondément pénétré, transforment ainsi par degrés notre nature elle-même. En faisant constamment le bien, nous arrivons à nous identifier pour ainsi dire avec lui; il semble qu'il agit en nous et par nous. C'est cette heureuse transformation que nous exprimons d'un seul mot quand nous disons de quelqu'un qu'il est un homme de bien ou un homme de devoir. Nous voulons dire par là que sa vie tout entière est faite de la pensée et de la volonté du devoir; qu'il ne fait rien, qu'il ne désire rien que ce qu'il juge bon et conforme au devoir. Il n'est pas assurément de plus beau titre, ni de plus enviable. Et celui-là, chacun de vous peut aspirer à le conquérir; car, dans l'ordre moral, le succès ne demande que de la bonne volonté et de la persévérance.

LECTURES

1. — C'EST PARCE QU'IL EST DOUÉ DE RAISON QUE L'HOMME EST SOUMIS A LA LOI DU DEVOIR.

Tandis que la *loi pratique* de la prudence donne pour mobile ou pour fin à nos actions le bonheur c'est-à-dire la satisfaction de nos divers penchants, la *loi morale* nous propose comme unique fin de nous rendre dignes du bonheur. La première nous *conseille* ce que nous avons à faire, si nous voulons participer au bonheur; la seconde *ordonne* ce que nous devons faire pour en être dignes. La première se fonde uniquement sur des règles empruntées à l'expérience : car seule l'expérience me permet de connaître les penchants qu'il me faut satisfaire pour être heureux, et aussi les moyens naturels qui peuvent m'amener à les satisfaire. La loi morale fait, au contraire, abstraction des inclinations et des moyens de leur donner satisfaction; elle ne considère que la liberté, qui appartient à tout être doué de raison, et les conditions nécessaires pour que l'usage qu'il fera de sa liberté le rende digne du bonheur.

Chez un être dont la volonté n'est pas déterminée par la seule raison, la loi morale apparaît comme un *impératif*, c'est-à-dire une règle qui représente un *devoir*, de telle sorte que, si la raison dirigeait entièrement la volonté, l'action se produirait infailliblement d'après cette règle.

Devoir! mot grand et sublime, tu n'as rien d'agréable ni de flatteur, car tu commandes la soumission. Tu n'emploies pourtant pas, pour mettre en mouvement la volonté, des menaces susceptibles de provoquer l'aversion ni la terreur; tu te bornes à proposer une loi qui d'elle-même pénètre dans l'âme et la force au respect, sinon toujours à l'obéissance, et devant laquelle tous les penchants se taisent, bien qu'ils travaillent sourdement contre elle.

Quelle origine est digne de toi? où trouver la racine de ta noble tige? Elle ne peut être que ce qui élève l'homme au-dessus de lui-même; elle ne peut être que la personnalité, c'est-à-dire la liberté ou l'indépendance à l'égard du mécanisme de la nature entière.

(D'après Kant.)

2. — LE PRINCIPE DE L'OBLIGATION.

Nous n'admettons plus que la loi morale soit une consigne imposée du dehors, un décret arbitraire promulgué par un être qui n'a pas à se justifier devant nous, que nous pouvons ne pas comprendre, auquel nous sommes contraints d'obéir. Une main rude qui abat qui lui résiste ne nous paraît pas un symbole suffisant du devoir. La crainte du châtiment, si redoutable soit-il, l'attente d'une récompense, si magnifique qu'on l'imagine, sont des motifs qui ne peuvent qu'altérer le caractère moral d'une action ; l'intérêt ne change pas de nature, parce que tout à la fois il recule et grandit. Tant que la loi nous reste extérieure, elle a le caractère d'une contrainte matérielle ; nous la subissons, nous ne nous y soumettons pas. Il n'y a de bien moral que celui qui est accepté par l'individu, reconnu par son intelligence, identifié par sa volonté vraie. Nous portons nous-mêmes la loi à laquelle nous sommes tenus d'obéir; l'obligation se confond avec ce que les philosophes ont appelé l'autonomie (1); la loi n'est que la raison même devenue personnelle sans perdre sa valeur universelle et son impérieuse autorité.

Si la vie morale est avant tout la vie intérieure, l'incessant effort pour découvrir le bien et pour le faire, l'initiative et la responsabilité de nos actes, nous ne saurions reconnaître à personne le droit de se substituer à la conscience d'autrui. Nul ne peut être dispensé de faire son métier d'homme. Le renoncement à la libre discussion avec soi-même, l'habitude de se laisser mener, de recevoir pour ainsi dire sa conduite toute faite ne peut qu'atrophier la conscience laissée sans usage ou la fausser en la subordonnant aux arrêts d'une autorité à laquelle on ne demande plus ses titres. La moralité ne peut entrer en nous du dehors; elle n'est pas une récompense, le prix de la docilité, de l'obéissance; elle est quelque chose d'intime, un caractère de la volonté que ne sauraient lui conférer des actes auxquels elle est restée comme étrangère.

SÉAILLES, *Les Affirmations de la conscience moderne.*
(Librairie Armand Colin.)

(1) L'autonomie, c'est le pouvoir de fixer soi-même la loi à laquelle on obéit.

CHAPITRE VI

LE DROIT ET LA JUSTICE

LE CARACTÈRE MORAL DE LA PERSONNE HUMAINE LA REND INVIOLABLE A TOUS.

1. L'homme est une personne morale. — En donnant à l'homme le pouvoir de connaître le bien et de concevoir un idéal, la raison lui fait une loi d'y conformer sa conduite. Elle lui impose des obligations en rapport avec la noble mission qu'il remplit dans le monde. Dès lors la vie apparaît sous un nouvel aspect; elle n'a plus pour unique fin la satisfaction des besoins naturels; elle représente le pouvoir et aussi le devoir de collaborer à l'œuvre commune du progrès. En même temps, la raison confère à l'homme des privilèges et une dignité qui l'élèvent singulièrement au-dessus de tout le reste de la nature, parce qu'elle fait de lui un être moral, une *personne*.

Nous appelons « personne » un être intelligent, capable de se connaître et de se diriger lui-même, de concevoir un idéal et d'y adapter ses actions, de comprendre, d'aimer et de pratiquer le bien.

2. Grandeur de l'homme considéré comme personne morale. — Rappelez-vous ce que nous avons dit de la grandeur de l'homme, considéré comme un être moral. Si, malgré tous les points de ressemblance qu'offre avec nous l'animal, organisé comme nous, sensible comme nous et qui, dans une certaine mesure, témoigne même d'une véritable intelligence, nous nous jugeons infiniment supérieurs à lui, c'est précisément parce que seuls nous possédons la raison, le pouvoir de réfléchir et par suite d'améliorer, en même temps que notre propre vie, la nature elle-même. Connaissant le bien et le mal, conscients de la mission que nous avons à remplir, nous ne relevons que de nous-mêmes, puisque la loi à laquelle nous nous soumettons n'est que la voix de notre raison.

C'est l'ensemble de ces caractères que nous exprimons d'un seul mot, quand nous disons de l'homme qu'il est une personne ; et c'est à ce titre que nous le jugeons digne de tout notre respect. Il participe à nos yeux de la grandeur de cet idéal qu'il connaît, et qui ne peut se réaliser qu'en lui et par lui. Supprimez l'humanité dans la nature ; vous enlevez du même coup toute conscience du progrès possible, toute puissance de perfectionnement. Si le monde s'est transformé, si la vie actuelle est profondément différente de celle des temps primitifs, c'est à l'action de l'homme qu'il faut attribuer tout le mérite de cette évolution.

3. La personne humaine est inviolable. — La personne humaine, en raison de son caractère moral, de la dignité que lui confère la mission dont elle est investie, doit être un objet de respect ; elle est inviolable, c'est-à-dire qu'il n'est permis à personne de lui faire violence. Ainsi, tandis qu'il nous paraît légitime d'employer à notre usage, de transformer, de détruire même au gré de nos besoins les objets qui nous entourent, de réduire en captivité les animaux et de les contraindre à travailler pour nous, nous considérons comme le plus abominable des crimes d'attenter à la vie ou à la liberté de nos semblables.

4. L'idée du droit exprime le respect dû à la personne morale. — L'idée du devoir se complète donc par l'idée du *droit*. La raison, principe et condition de l'obligation morale, est aussi le principe de la dignité personnelle et des privilèges qui en découlent. La personne humaine nous apparaît comme revêtue d'un caractère en quelque sorte sacré, parce qu'étant éclairée et dirigée par la raison elle renferme en elle-même le principe d'une série indéfinie de biens et de progrès. Nous respectons en elle toute l'œuvre qu'elle a déjà accomplie depuis les premiers âges, toute l'œuvre qu'elle est encore appelée à produire dans la suite des siècles à venir.

Quand nous parlons des droits de l'homme, c'est à son rôle, à sa mission que nous pensons. Si sa puissance est digne de tout notre respect, c'est parce qu'elle est infiniment grande par son objet, parce qu'elle représente une force supérieure à la nature dont elle est sortie, et capable de la transformer elle-même, en la faisant servir aux desseins de son intelligence, de sa justice et de sa bonté.

5. Le droit de chacun a pour seule limite le droit de tous. — Le droit qu'a l'homme de disposer de lui-même est entier et absolu. Il lui appartient de régler sa vie et ses actions en conformité avec l'idéal que sa raison conçoit, avec le but qu'il assigne à sa vie. Ne relevant que de sa conscience, il est seul juge de sa conduite, et nul ne peut prétendre à lui dicter des lois. Car il n'y a pour l'être raisonnable d'autre autorité que celle de la raison, et tous, y participant au même titre, ont un droit égal à l'indépendance.

Toutefois, il résulte de ce même principe que le droit de chacun est limité par le droit de tous. Si j'usais en effet de ma puissance de manière à mettre entrave au libre exercice de celle de mes semblables, il se produirait un conflit qui ne pourrait être tranché que par l'appel à la force ou à la violence, c'est-à-dire par la négation du droit lui-même.

6. La justice est le respect du droit. — Fondé sur la raison, le droit trouve ainsi dans la raison elle-même sa loi et la détermination de ses limites essentielles. L'idée de *justice*, base de toute vie sociale, n'est que la simple expression de la raison, nous prescrivant de respecter chez les autres les droits que nous réclamons pour nous-mêmes, nous obligeant de reconnaître que toute personne est inviolable au même titre.

La réflexion, qui nous permet de nous représenter les choses dans ce qu'elles ont d'universel et de permanent, nous amène à comprendre la nécessité d'étendre à tous les hommes les jugements que nous portons sur nous-même, en nous montrant chez tous la même nature, la même puissance et les mêmes aspirations. Ayant conscience de nos droits et les jugeant inviolables à tous, nous devons admettre que nos semblables possèdent ces droits au même titre et au même degré que nous. Nous ne pourrions donc, sans nous mettre en contradiction avec notre raison, refuser de les respecter en eux, comme nous leur demandons de les respecter en notre personne.

7. Il appartient à la raison de fixer les droits de chacun. — Dès lors, s'il s'élève quelque conflit entre nos semblables et nous, entre leur volonté et la nôtre, c'est à la raison que nous ferons appel pour le résoudre. Nous chercherons à concilier, dans la mesure du possible, leurs aspirations avec les nôtres. Et si la conciliation ne peut toujours se faire, nous reconnaîtrons la nécessité, l'obligation de sacrifier une partie de nos propres droits, d'abandonner quelque chose de notre puissance naturelle, pour permettre aux autres le légitime exercice de leur liberté.

Il appartient à la conscience morale, c'est-à-dire à la raison, de déterminer l'étendue et la limite des droits de chacun. Les instincts et les besoins de la vie animale ne sauraient provoquer en nous que des mouvements purement égoïstes. Si nous voulons être véritablement justes, il faut nous élever au-dessus de ces appétits grossiers, nous efforcer de comprendre l'ordre général et la place que nous tenons dans le monde; il faut nous bien pénétrer de cette idée que tout n'est pas fait pour nous, mais que toutes les personnes ont droit à une part égale dans la répartition des biens de la vie et des avantages de l'organisation sociale.

LECTURES

1. — L'IDÉE DU DROIT.

Sans doute, la société et la justice humaine ont encore bien des imperfections que le temps découvre et répare; mais on peut dire qu'en général elles sont assises sur la vérité et sur l'équité naturelle. La preuve en est que partout la société subsiste, et même qu'elle se développe. D'ailleurs les faits, fussent-ils tels que le pinceau mélancolique d'un Pascal ou d'un Rousseau les représente, les faits ne sont pas tout : devant les faits est le droit; et cette idée seule du droit, si elle est réelle, suffit pour renverser un système avilissant et sauver la dignité humaine. Or, l'idée du droit est-elle une chimère ? J'en appelle encore aux langues, à la conscience individuelle et à celle du genre humain. N'est-il pas vrai que partout on distingue le fait et le droit, le fait qui trop souvent peut-être, mais non pas toujours, comme on le dit, s'élève contre le droit; et le droit qui dompte et règle le fait, ou proteste contre lui ? Quel est le mot qui retentit le plus dans les sociétés humaines ? N'est-ce pas celui du droit ? Cherchez une langue qui ne le contienne pas. De toutes parts la société est hérissée de droits. On distingue même le droit naturel et le droit positif, ce qui est légal et ce qui est équitable. On proclame que la force doit être au service du droit, et non le droit à la merci de la force. Les triomphes de la force, quelque part que nous les apercevions, soit sous nos yeux, soit à l'aide de l'histoire dans des siècles reculés, ou, grâce à la publicité universelle, par delà l'océan et dans des continents étrangers, soulèvent l'indignation du spectateur ou du lecteur désintéressé. Au contraire, celui qui inscrit sur sa bannière le nom du droit par cela seul nous intéresse ; nous faisons des vœux pour les droits méconnus ; la cause du droit, où que nous la supposions, est pour nous la cause de l'humanité. C'est donc un fait aussi, et un fait incontestable, qu'aux yeux de l'homme le fait n'est pas tout et que l'idée du droit est une idée universelle, gravée en caractères éclatants et ineffaçables, sinon encore dans le monde visible, au moins dans celui de la pensée et de l'âme; et c'est de celui-là seul qu'il s'agit; c'est aussi celui-là qui, à la longue, réforme et gouverne l'autre.

Cousin, *Du Vrai, du Beau et du Bien.*
(Perrin et Cie, éditeurs.)

2. — LE JUSTE ET L'INJUSTE.

La notion de quelque chose de juste me semble si naturelle, si universellement acquise par tous les hommes, qu'elle est indépendante de toute loi, de tout pacte, de toute religion. Que je redemande à un Turc, à un Guèbre (1), à un Malabare (2), l'argent que je lui ai prêté pour se nourrir et pour se vêtir, il ne lui tombera jamais dans la tête de me répondre : « Attendez que je sache si Mahomet, Zoroastre ou Brahma ordonnent que je vous rende votre argent. » Il conviendra qu'il est juste qu'il me paie, et s'il n'en fait rien, c'est que sa pauvreté ou son avarice l'emporteront sur la justice qu'il reconnaît.

Je mets en fait qu'il n'y a aucun peuple chez lequel il soit juste, beau, convenable, honnête, de refuser la nourriture à son père et à sa mère, quand on peut leur en donner ; que nulle peuplade n'a jamais pu regarder la calomnie comme une bonne action, non pas même une compagnie de bigots fanatiques.

(1) Les Guèbres, sectateurs de Zoroastre, adorent le feu ; ils habitent la Perse et une partie de l'Hindoustan

(2) Malabare, habitant du Malabar, région située au sud-ouest de l'Hindoustan. La religion des Malabares est le Brahmanisme.

L'idée de justice me paraît tellement une vérité du premier ordre, à laquelle tout l'univers donne son assentiment, que les plus grands crimes qui assiègent la société humaine sont tous commis sous un faux prétexte de justice. Le plus grand des crimes, du moins le plus destructif, et par conséquent le plus opposé au but de la nature, est la guerre ; mais il n'y a aucun agresseur qui ne colore ce forfait du prétexte de la justice.

Les déprédateurs romains faisaient déclarer toutes leurs invasions justes par des prêtres nommés *Féciales*. Tout brigand qui se trouve à la tête d'une armée commence ses fureurs par un manifeste, et implore le dieu des armées.

Les petits voleurs eux-mêmes, quand ils sont associés, se gardent bien de dire : « Allons voler, allons arracher à la veuve et à l'orphelin leur nourriture ; » ils disent : « Soyons justes, allons reprendre notre bien des mains des riches qui s'en sont emparés. » Ils ont entre eux un dictionnaire qu'on a même imprimé dès le seizième siècle ; et dans le vocabulaire qu'ils appellent *argot*, les mots de *vol*, *larcin*, *rapine*, ne se trouvent pas ; ils se servent des termes qui répondent à *gagner*, *reprendre*.

Le mot d'*injustice* ne se prononce jamais dans un conseil d'État, où l'on propose le meurtre le plus injuste ; les conspirateurs, même les plus sanguinaires, n'ont jamais dit : « Commettons un crime. » Ils ont tous dit : « Vengeons la patrie des crimes du tyran ; punissons ce qui nous paraît une injustice. » En un mot, flatteurs lâches, ministres barbares, conspirateurs odieux, voleurs plongés dans l'iniquité, tous rendent hommage, malgré eux, à la vertu même qu'ils foulent aux pieds.

VOLTAIRE.

CHAPITRE VII

LA SOLIDARITÉ MORALE

L'INDIVIDU QUI REÇOIT TOUT DE LA SOCIÉTÉ SE DOIT A ELLE TOUT ENTIER

1. L'homme ne peut vivre seul. — Nous arriverons à une idée bien plus exacte encore et bien plus haute de la justice si, au lieu de considérer la personne humaine isolément, nous l'envisageons dans ses rapports avec le milieu où elle se forme et se développe. L'homme ne vit pas seul; il entretient avec ses semblables un commerce incessant et des relations étroites. On ne peut même prétendre que l'état de société soit pour lui un accident, une condition d'importance secondaire. La vérité est que l'homme, tout au moins en tant qu'être raisonnable et moral, ne saurait se concevoir en dehors de la vie sociale. La vie morale ne peut apparaître dans l'absolu isolement; elle ne peut se réaliser que par l'union avec d'autres êtres également doués de raison.

2. La raison ne pourrait se développer si l'individu demeurait isolé. — Considérez, en effet, l'ensemble des conditions que suppose la vie morale, même sous sa forme la plus rudimentaire. Elle implique nécessairement la raison, la connaissance des lois générales de la nature, des liens qui rattachent le présent au passé et l'avenir au présent, le pouvoir de réfléchir, de dégager de l'observation et de la comparaison des phénomènes particuliers les raisons permanentes qui en expliquent l'enchaînement.

Mais comment tout cela serait-il possible, si l'activité de l'homme devait s'employer tout entière à acquérir les objets indispensables à sa subsistance, à le défendre contre des attaques et des dangers sans cesse renaissants? Les nécessités de la vie animale, à supposer que l'individu pût y satisfaire par ses propres efforts, suffiraient manifestement à absorber toutes ses forces.

3. Le progrès et la civilisation sont l'œuvre de la société. — Donc aucun progrès, aucune culture, aucun perfectionnement n'eussent été possibles en dehors de la société, puisque le plus simple de tous suppose le concours de la réflexion, un travail intellectuel à peu près incompatible avec les conditions d'existence d'un individu isolé et abandonné à lui-même.

Et d'ailleurs, un progrès eût-il été réalisé par cet individu, qu'il aurait été nécessairement perdu pour tous les autres, et que chacun eût été indéfiniment condamné à le chercher et à le créer à nouveau pour son propre usage.

Ceci suffit à nous faire comprendre tout ce que l'homme doit à la société. Rappelez-vous ce que nous avons dit de l'humanité primitive, de l'état de barbarie et de misère où elle était plongée, et songez que tout ce qui fait votre vie meilleure et plus douce représente le travail accumulé de ces innombrables générations qui, depuis les premiers âges, se sont attachées à l'améliorer.

4. Toutes les générations antérieures ont travaillé pour nous. — Tous ceux qui, au prix des plus pénibles efforts, ont appris à travailler le bois et les métaux, à cultiver la terre et à tirer d'elle d'infinies richesses, à confectionner des vêtements, à bâtir des maisons, à créer des outils et des machines, à lutter contre les fléaux naturels et contre les maladies; tous ceux qui se sont appliqués à l'étude de la nature, à la recherche de la vérité, à la culture du beau et à la pratique du bien; tous ceux, en un mot, qui, à un titre quelconque, ont contribué à l'œuvre du progrès et de la civilisation, tous ceux-là ont travaillé pour vous. C'est grâce à eux que vous pouvez aujourd'hui vous procurer tout ce qui est nécessaire à la satisfaction de vos besoins, sans danger, sans lutte, avec l'assurance de ne jamais manquer des choses essentielles. C'est à eux que vous devez toutes ces découvertes qui ont transformé le monde, rendu la vie plus facile et plus agréable, le travail moins pénible, les relations plus rapides; c'est d'eux que vous avez reçu ces livres où ils ont résumé pour vous toute la science acquise par leur travail. Vous êtes les héritiers de tous les trésors accumulés par les efforts persévérants des générations.

5. Nous avons sans cesse besoin des autres. — Considérez, d'autre part, tout ce dont vous êtes redevables à ceux qui, chaque jour encore, s'emploient à vous procurer les objets de toute nature dont vous pouvez avoir besoin. D'innombrables travailleurs concourent à les produire et à les préparer. Savez-vous ce que représentent de labeur et de peines le morceau de pain que vous mangez, les vêtements que vous portez, les meubles qui garnissent votre demeure, les livres dont vous vous servez?

Si votre vie est tranquille, à l'abri de tout danger, vous le devez à la société qui veille sur vous; si votre esprit se développe, c'est grâce aux leçons qui vous sont prodiguées.

6. Nous devons tout à la société. — Ainsi, tout ce que vous possédez, tout ce qui vous est le plus indispensable, tout ce que vous êtes vous-mêmes, vous le tenez des autres. Il n'est même pas une de vos idées, un de vos sentiments qui vous appartienne en propre; car si vous êtes capables de les concevoir, c'est grâce à la communication que vous en avez reçue. Demandez-vous seulement ce que serait cette raison dont vous êtes si justement fiers, sans l'indispensable secours de la parole. Elle resterait en vous ce qu'elle était chez nos premiers ancêtres, à peine supérieure à l'intelligence de l'animal.

7. **Tous les hommes sont solidaires.** — L'ensemble de ces faits se résume dans l'idée de la solidarité humaine. Quand on dit que les hommes sont solidaires, on affirme que chacun est dans une étroite dépendance par rapport à tous les autres, qu'il ne pourrait subsister sans eux ou que du moins, s'il était isolé, livré à ses seules ressources, il ne ressemblerait en rien à ce qu'il a pu devenir grâce à la société, grâce au concours de tous ses semblables.

8. **Nous devons être tout à tous.** — Du fait fondamental de la solidarité humaine découle la loi qui dirige et domine toute notre vie morale. Puisque nous recevons des autres tout ce que nous sommes, n'est-il pas juste qu'à notre tour nous soyons tout à tous ? N'y a-t-il pas là une véritable dette dont nous ne pouvons nous acquitter qu'en nous consacrant entièrement à ceux qui ont tant fait pour nous, en usant pour leur plus grand bien de ce qu'ils nous ont donné?

Si nous nous pénétrons de cette idée, la vie ne nous apparaîtra plus comme un bien qui nous serait exclusivement personnel, et dont nous n'aurions à faire usage que pour en tirer le plus possible d'avantages, de jouissances et de satisfactions. Nous comprendrons que nous ne nous appartenons pas entièrement, mais que nous appartenons aussi à la société, à cette grande famille qui constitue l'humanité.

9. En aidant les autres nous faisons acte de justice. — Nous serons ainsi amenés à reconnaître que si nous donnons quelque chose de nous-mêmes à la société, si nous travaillons et nous dévouons pour les autres, si nous leur réservons une part de nos ressources, de notre puissance et de nos efforts, ce n'est pas là un don gratuit, mais le simple paiement d'une dette, et que la solidarité n'est qu'une formule plus large et plus vraie de la justice. Si la justice consiste, en effet, à rendre à chacun ce qui lui est dû, comment n'exigerait-elle pas de nous quelque chose en échange de ce que le genre humain tout entier a fait pour nous ?

En nous apprenant à connaître les liens qui rattachent le présent au passé par tout ce qu'il en a reçu, à l'avenir par tout ce qu'il doit lui transmettre, ceux aussi qui, à travers les distances et la diversité des fonctions, unissent dans un même effort l'action de tous les individus, la raison nous fait comprendre notre rôle et nos obligations.

Et nous arrivons à concevoir qu'en s'isolant ou en se désintéressant de la vie et de l'action communes, l'homme renierait sa dignité d'être raisonnable et moral, et qu'il s'abaisserait au niveau de la brute, incapable de se dégager des appétits égoïstes, parce qu'elle est privée de raison.

LECTURES

I. — L'HOMME NE DEVIENT UN ÊTRE MORAL QUE PAR LE COMMERCE AVEC SES SEMBLABLES.

Ce ne sont pas seulement nos idées, nos opinions, nos habitudes qui nous viennent du commerce intime qui mêle notre vie à la vie de nos semblables, ce sont les facultés mêmes dont nous tirons notre dignité, c'est cette raison dont l'individu se targue pour entrer en révolte contre la société à laquelle il la doit. La raison est fille de la cité. Solitaire, l'homme n'est que l'animal muet, tout entier livré à la sensation et au désir ; il perd avec le langage ces idées abstraites et générales, sans lesquelles il n'est plus de science ; il perd avec la sympathie ces sentiments désintéressés dont l'art, la morale, la religion ne sont que l'épanouissement suprême. Comme la bête farouche, la société humanise la terre, et elle en fait le prolongement de notre corps, l'instrument de notre volonté ; elle tempère la rigueur du climat, elle régularise le cours des fleuves, elle discipline les forces élémentaires, elle les fait concourir à nos fins; par le patient effort de générations courbées sur le sol, elle accroît lentement la couche superficielle d'humus qui, recouvrant les dures assises du globe, produit, avec les plantes nourricières, les arbres et les fleurs, parure vivante de la planète. L'individu se chercherait en vain lui-même, en vain il voudrait s'isoler ; il est les autres, il les retrouve dans sa pensée, dans les mots dont il se sert pour l'exprimer, dans les catégories (1) qui en définissent les relations les plus générales et les plus constantes. On ne se soustrait pas à la solidarité : elle commence avec la vie sociale, elle se développe, elle progresse avec elle. Elle ne dépend pas du bon vouloir des individus, elle s'impose à eux avec la force irrésistible d'une nécessité naturelle.

SÉAILLES, *Les Affirmations de la conscience moderne.*
(Librairie Armand Colin.)

2. — LA SOLIDARITÉ HUMAINE.

La science a rendu à l'homme sa place au milieu des êtres. Elle ne connaît plus l'homme abstrait, apparu tout à coup sur la terre dans le plein développement de son intelligence et de sa volonté. Il n'est plus le but et la fin du système du monde. Il est, lui aussi, soumis à des rapports de dépendance réciproque, qui le lient à

(1) Les philosophes appellent *catégories* les idées qui expriment les divers points de vue sous lesquels nous pouvons considérer les choses.

ses semblables, à la race dont il sort, aux autres êtres vivants, au milieu terrestre et cosmique (1).

Et cette dépendance n'est point limitée aux conditions de sa vie physique; elle s'étend aux phénomènes intellectuels et moraux, aux actes de sa volonté, aux œuvres de son génie.

Cette dépendance le lie à tous et à tout dans l'espace et dans le temps.

Il vit, et sa santé est sans cesse menacée par les maladies des autres hommes dont, en retour, la vie est menacée par les maladies qu'il contractera lui-même; il travaille, et, par la division nécessaire du travail, les produits de son activité profitent à d'autres, comme les produits du travail d'autrui sont indispensables à la satisfaction de ses besoins; il pense, et chacune de ses pensées réfléchit la pensée de ses semblables dans le cerveau desquels elle va se refléter et se reproduire à son tour; il est heureux ou il souffre, il hait ou il aime, et tous ses sentiments sont les effets ou les causes des sentiments conformes ou contraires qui agitent en même temps tous ces autres hommes avec lesquels il est en rapport de perpétuel échange. Ainsi, à tous les instants de la durée, chacun des états de son moi est la résultante des innombrables mouvements du monde qui l'entoure, de chacun des états de la vie universelle.

Et il ne suffit pas de considérer le lien de solidarité qui unit l'homme au reste du monde à chaque moment de son existence. Ce lien ne réunit pas seulement toutes les parties de ce qui coexiste à une heure donnée; il réunit également ce qui est aujourd'hui et ce qui était hier, tout le présent et tout le passé, comme il réunira tout le présent et tout l'avenir. L'humanité, a-t-on dit justement, est composée de plus de morts que de vivants; notre corps, les produits de notre travail, notre langage, nos pensées, nos institutions, nos arts, tout est pour nous héritage, trésor lentement accumulé par les ancêtres. Une génération nouvelle arrive à la vie, et dans les mouvements, les passions, les joies et les douleurs qui l'agitent en tous sens, pendant les quelques heures de son existence, se mêlent, s'entre-choquent ou s'équilibrent toutes les forces du

---

(1) *Cosmique*, qui fait partie de l'univers (en grec, Κόσμος).

passé, comme dans les jeux de lumière où s'irise l'insaisissable écume des vagues, à la surface de la mer, se heurtent et se brisent les immenses courants des profondeurs, pulsations dernières de la gravitation des astres.

Ainsi les hommes sont, entre eux, placés et retenus dans des liens de dépendance réciproque, comme le sont tous les êtres et tous les corps, sur tous les points de l'espace et du temps. La loi de solidarité est universelle.

Si le moindre changement mécanique, dans la structure d'un corps infiniment petit, a sa répercussion sur l'ensemble des combinaisons mécaniques du monde, le poète a pu dire, avec une égale vérité :

..... Je sens que l'ébranlement
Qu'en battant pour le bien mon cœur ému fait naître,
Humble vibration du meilleur de mon être,
Se propage éternellement.

Léon Bourgeois, *Solidarité*.
(Librairie Armand Colin,)

CHAPITRE VIII

LE BUT DE LA VIE

POUR UN ÊTRE DOUÉ DE RAISON, LE BUT DE LA VIE DOIT ÊTRE DE SE RAPPROCHER DE L'IDÉAL

1. C'est la raison qui fait la grandeur et la puissance de l'homme. — De l'histoire du progrès et de la civilisation, de l'étude que nous avons faite des lois de la vie humaine et des conditions de la moralité, se dégage cette conclusion générale que l'homme doit à la raison toute sa puissance, tous les privilèges qui l'élèvent si fort au-dessus du reste de la nature. Il est homme dans la mesure même où sa raison se développe et s'éclaire, dans la mesure où elle devient l'inspiratrice et la maîtresse de ses actes. C'est à la raison qu'il doit tout ce qu'il y a de bon, tout ce qu'il y a de grand en lui; c'est elle qui du sauvage ignorant, grossier et brutal, a fait un être sociable, en même temps qu'une personne morale.

2. Il faut cultiver la raison. — Nous devons donc nous attacher à la raison, comme au plus précieux de tous les biens, comme au guide le plus sûr. Tous nos efforts doivent tendre à la cultiver, à la développer sans cesse, puisque de chaque pas qu'elle fait en avant naîtra pour nous l'espoir de progrès toujours nouveaux. C'est en travaillant à l'éclairer par l'étude, à la fortifier par l'habitude de la réflexion, que nous nous élèverons peu à peu à une forme d'humanité plus haute et plus parfaite.

3. Il faut aussi travailler au progrès général. — Mais la raison elle-même demeurerait impuissante à réaliser son idéal, si toutes les volontés ne s'associaient en vue d'assurer le succès de l'œuvre commune. Profondément pénétrés du sentiment de la solidarité, instruits de tout ce que nous devons aux efforts des générations qui nous ont précédés, de tout ce que nous devons aussi à ceux dont le travail contribue chaque jour à nous rendre la vie plus facile et meilleure, il faut qu'à notre tour nous nous efforcions de nous rendre utiles et de contribuer, chacun dans la mesure de nos forces, au progrès général.

4. Dans la vie morale aucun effort n'est stérile. — Certes, il n'est pas donné à tout le monde d'accomplir de grandes choses; mais, dans la vie de l'humanité comme dans celle de l'individu, tout a son importance. Remplissons avec courage notre besogne de chaque jour; vivons conformément aux prescriptions de notre conscience. Une bonne action, même la plus modeste, est souvent plus féconde en résultats heureux que vous ne pouvez le croire; ne serait-ce que par le désir qu'elle nous inspire d'en accomplir d'autres. Elle nous rend, vous l'avez vu, plus forts et meilleurs. De même, la moindre faute entraîne après elle toute une suite de conséquences funestes. Il nous faut donc veiller attentivement sur chacun de nos actes. Le devoir n'est, en réalité, qu'un ensemble de règles pratiques dont l'importance n'est pas toujours visible de primo abord.

5. Répercussion des actes de l'individu dans le milieu social. — L'étroite solidarité qui rattache l'individu à la société ne se manifeste pas seulement, en effet, par tous les bienfaits qu'il reçoit d'elle ; elle se traduit aussi par l'action qu'à son tour il exerce sur le milieu social. Tous nos actes, quels qu'ils soient, toutes nos paroles et l'on pourrait même dire toutes nos pensées et tous nos sentiments ont leur répercussion dans la vie générale. Il ne s'agit pas ici seulement des actions que nous accomplissons précisément en vue des autres, mais de notre conduite et de nos sentiments tout personnels. Que nous le voulions ou non, rien ne se passe en nous-mêmes qui ne se fasse sentir au dehors. Nos actes, parfois même les plus insignifiants et les plus indifférents en apparence, ont des conséquences qu'il nous est absolument impossible de prévoir et de calculer. Une parole prononcée à la légère peut produire dans l'esprit de celui qui l'entend une impression qui ne s'effacera plus par la suite. Nos pensées les plus intimes se traduisent au dehors de mille manières, et nous ne saurions nous rendre exactement compte de l'influence qu'elles exercent sur ceux qui nous entourent. Ainsi, de toute manière et à tout instant, notre action s'étend au delà des limites de notre existence personnelle et notre vie morale réagit sur celle des autres. Nous tenons donc dans nos mains, en même temps que notre propre destinée, une part de la destinée des autres.

6. **Nous sommes responsables de nos actes et de leurs conséquences.** — Si, malgré la connaissance que nous avons de notre mission et des obligations qu'elle nous impose, nous nous laissons détourner du devoir par défaut de courage, ou par l'attrait de quelque satisfaction plus sensible et plus immédiate, nous ne pourrons nous en prendre qu'à nous-mêmes des conséquences de notre faiblesse et de notre égarement. Nous en serons aussi responsables vis-à-vis de la société, en raison de la solidarité qui nous rattache à tous nos semblables. La conscience publique et notre propre conscience nous jugeront et nous condamneront.

Si, au contraire, dociles à la voix de la raison, nous cherchons en toute occasion à faire ce qu'elle nous commande, nous pourrons nous rendre ce témoignage que notre vie est bonne et utile ; nous éprouverons cette douce satisfaction que procure la conscience du devoir fidèlement et généreusement accompli. Comment un être raisonnable ne se réjouirait-il pas du bien qu'il a fait, de la part qu'il a prise à l'œuvre du progrès ?

7. L'idée de mérite exprime le rapport qui existe entre la valeur de la personne morale et celle des actes qu'elle accomplit. — Nous aurons, pour les mêmes motifs, droit à l'estime et à la sympathie de nos semblables ; car le bien que nous faisons accroît d'autant la valeur et la dignité de notre personne morale. L'idée de *mérite*, inséparable de l'idée de responsabilité, exprime précisément le rapport nécessaire que la raison établit entre la valeur de l'action et celle de la personne qui l'a faite.

Toutefois, il est indispensable d'ajouter que la responsabilité et le mérite ne dépendent pas seulement de la valeur de l'action accomplie, mais encore des efforts qu'elle a exigés et des conditions particulières où la personne se trouve placée. Tout ce qui peut amoindrir dans l'homme la puissance de la raison et la liberté diminue la responsabilité ; elle s'accroît, au contraire, à mesure que l'instruction et l'éducation le font plus capable de se connaître et de se diriger, à mesure aussi que les avantages dont il jouit rendent la vertu plus facile et les défaillances moins excusables.

8. La valeur de la personne s'accroît de tout le bien qu'elle fait.— Nous avons déjà vu que toute action laisse après elle quelque trace, quelque disposition nouvelle. Nous ne nous retrouvons plus par la suite exactement tels que nous étions auparavant. C'est dans cette loi d'ailleurs que se trouve l'origine et l'explication de toutes nos habitudes. Si, après avoir exécuté un mouvement, exercé, par exemple, nos doigts sur un instrument, il ne restait rien de l'effort accompli, comment pourrions-nous devenir peu à peu capables de jouer de cet instrument ?

Il en est de même dans l'ordre moral. Tout ce que nous pouvons faire de bien se fixe en quelque sorte en nous pour n'en plus sortir. Nous sommes ainsi devenus meilleurs que nous n'étions auparavant. Vous en aurez conscience, si vous vous interrogez vous-mêmes. Chaque fois que vous aurez accompli une bonne action, vous vous sentirez fortifiés et grandis de l'effort que vous avez fait. Et s'il vous arrive de commettre quelque faute, vous serez obligés de reconnaître que vous avez perdu un peu de votre énergie, de tout ce qui faisait votre dignité et votre valeur morale.

9. Le vrai mérite est dans la bonne volonté. — Le vrai mérite n'a donc rien de commun ni avec les qualités brillantes, ni même avec le savoir ou les grandes actions. Il est en proportion de la conscience et de la bonne volonté apportées à l'accomplissement du devoir. Il y a souvent plus de mérite dans la vie modeste d'un travailleur obscur qui se consacre tout entier à sa profession et à sa famille, que dans la brillante carrière de l'homme qui joue un rôle important dans la vie sociale, mais qui trouve dans la gloire et les satisfactions qu'il en recueille l'encouragement et la récompense de ses efforts.

Il est donc possible à chacun de vous d'acquérir sa part de mérite. Il vous suffira, quel que soit le rôle que vous êtes appelés à remplir un jour, de vous y consacrer honnêtement et courageusement, avec la pensée de cet idéal qui doit nous être commun à tous, c'est-à-dire avec le désir de travailler, en même temps qu'à votre perfectionnement, au progrès et au bien de l'humanité tout entière.

10. Le mérite est indépendant des sanctions. — Gardez-vous, d'ailleurs, de croire que l'idée de mérite ou de responsabilité suppose nécessairement l'existence de récompenses ou de peines destinées à rétribuer la bonne ou la mauvaise conduite. Si la société prévoit des sanctions pour assurer le respect de ses lois, si elle punit ceux qui refusent de s'y soumettre, c'est qu'il y a là pour elle une question de défense et de préservation. Du jour où les citoyens croiraient pouvoir impunément s'affranchir de la loi commune, toute garantie d'ordre disparaîtrait. Ce serait le retour du règne de la force et de la guerre.

Mais dans la vie morale il ne saurait être question de contrainte. C'est en elle-même que l'action bonne ou mauvaise trouve sa récompense ou sa punition, parce qu'elle représente pour celui qui l'a accomplie un accroissement ou au contraire une diminution de sa valeur; parce qu'il devient meilleur et plus parfait quand il fait le bien, qu'il se dégrade et s'amoindrit quand il fait le mal.

11. Il y a un accord naturel entre la vertu et le bonheur. — Là est la seule et véritable sanction que nous sommes en droit d'attendre et qui ne nous trompe jamais. Certes, on peut affirmer que, dans la plupart des cas, il y a plus d'avantages à être honnête, à accomplir le devoir qu'à violer la loi morale. Il serait facile d'établir que l'intérêt de notre tranquillité et de notre bonheur est mieux servi par notre bonne conduite que par tous les calculs et toutes les habiletés. Si l'on faisait une moyenne, on constaterait certainement que les prescriptions du devoir, si sévères qu'elles puissent paraître, sont en réalité la meilleure sauvegarde de notre vie.

12. Mais cet accord est incomplètement réalisé dans la nature. — Mais il ne faut pourtant pas considérer comme absolu et nécessaire le rapport d'harmonie qui existe entre le bonheur et le devoir. En fait, il arrive souvent que l'honnête homme est malheureux, qu'il souffre en lui-même et dans des siens, comme parfois aussi le vice et le mal triomphent.

Sans doute, dans un monde entièrement soumis aux lois de la raison, dans un monde où se réaliserait l'idéal de la justice, chacun se verrait exactement traité suivant ses œuvres et ses mérites. Mais la nature est aveugle et brutale ; ses coups n'épargnent pas plus les bons que les méchants. Le jugement des hommes est lui-même faillible et leur justice s'égare fréquemment. Aussi faut-il se garder de croire que le bien est toujours récompensé et le mal toujours puni.

13. Il faut faire son devoir sans arrière-pensée de calcul. — D'ailleurs, l'idée de sanction, de peine ou de récompense, n'est en aucune façon liée à celle d'obligation ou de devoir. Car la loi morale s'impose à nous, non pas en vue des avantages sensibles qu'elle nous ferait espérer, mais parce qu'elle est l'expression de la raison. Que penseriez-vous d'un homme qui ne s'abstiendrait de tuer ou de voler que parce qu'il craint l'amende ou la prison ? Il en est pourtant de même de celui qui n'accomplit son devoir que dans l'espoir d'en être récompensé par l'obtention du bonheur dans la vie présente ou dans une vie à venir, qui obéit au désir de gagner le paradis ou d'éviter l'enfer. Celui-là fait un véritable marché. Il peut être prudent et habile ; il n'y a en lui ni honnêteté ni vertu.

Ne faisons pas de calcul de ce genre. Apprenons à aimer et à pratiquer le bien parce qu'il est le bien, c'est-à-dire ce qu'il y a de plus beau, de plus élevé et de plus parfait; parce qu'en accomplissant notre devoir nous obéissons à la raison, que nous devenons meilleurs, que nous remplissons ainsi notre mission d'homme, de personne libre et raisonnable. Héritiers de tant de siècles de travail et de progrès, nous tiendrons à prendre notre part de l'œuvre commune, en cherchant à réaliser en nous-mêmes et autour de nous quelque chose de cet idéal que la raison nous fait concevoir comme le seul objet digne de notre amour et de nos efforts.

LECTURES

I. — NOS ACTES ONT DES CONSÉQUENCES ÉTERNELLES.

Rien ne se perd, c'est-à-dire l'acte que j'accomplis en ce moment, produit et produira inéluctablement, sur autrui ou sur moi, des effets indéfinis.

« Toute action insérée par nous dans le tissu des événements humains a des suites incalculables » (1).

En effet, l'acte que j'accomplis modifie autrui, ou, en tout cas, me modifie moi-même. Après avoir agi, je ne suis plus ce que j'étais avant. Mon acte a modifié mon être, ne fût-ce qu'en rendant plus facile une certaine conduite. C'est la perfide et terrible loi de « l'habitude ». C'est ainsi que je deviens *prisonnier* de moi-même. Mon passé m'enchaîne et usurpe sur mon avenir.

Où trouver une plus puissante leçon de morale? Non que je veuille réduire l'homme à l'immobilité absolue, par crainte, comme dit Maurice Mæterlinck, que je cite de mémoire, « par crainte de remuer quelque chose dans les grands réservoirs de l'avenir ». Mais enfin, savoir de science certaine qu'il est radicalement impossible de *ravoir* ses actes, n'y a-t-il pas là de quoi prendre la vie terriblement au sérieux? N'y a-t-il pas là de quoi rendre le plus étourdi réfléchi, et le plus dissipé recueilli? Comment ne pas s'arrêter pétrifié devant le gouffre des conséquences? Tout œil visionnaire se voile de l'ombre qui monte des abîmes de l'avenir. A vrai dire, il n'y a pas, il ne saurait y avoir d'autre morale. Nos tristesses et nos allégresses, c'est-à-dire nos puissances et nos impuissances, c'est le legs confus et indéclinable de nos aïeux. Nos fatalités ne sont que leurs actes éternisés en nous. Les « doigts des morts » sont sur nous, en nous-mêmes. Pareillement ce que je

---

(1) H. Marion, *De la Solidarité morale.*

fais aujourd'hui rive une chaîne aux pieds des générations qui se lèveront dans les siècles lointains. Des millions d'inconnus, encore enfouis aux limbes de l'existence, sont déjà serfs de nos erreurs et de nos folies.

Grandiose vision, terrible et douce, tout ensemble, comme la vie, comme l'existence, comme la nature, le monde, l'univers !

IZOULET, *La Cité moderne.*
(Alcan, éditeur.)

2. — POUR TROUVER LE BONHEUR, IL FAUT CHERCHER LE BIEN.

Ceux qui prennent leur satisfaction personnelle pour but de leur existence n'atteignent jamais ce but et ne peuvent pas l'atteindre ; leur but n'est qu'un mirage, une contradiction ridicule. Nous sommes heureux dans l'exacte mesure où nous savons nous oublier. Aussi notre siècle, qui n'entend point ce langage, a-t-il perdu jusqu'à l'emploi du mot bonheur. On ne parle que de s'amuser, de se distraire ; ce qu'on poursuit, c'est le plaisir. Je ne veux point médire du plaisir, mais il ne vaut pas le bonheur. Vous connaissez des personnes qui ne s'accordent aucun plaisir ; ne les plaignez pas, elles n'en ont pas besoin, elles sont heureuses, sachant s'employer. Les hommes qui vivent pour leur plaisir sont mécontents dès le commencement de leur carrière, et, quelle que soit la nature des jouissances qu'ils recherchent, ils le deviennent toujours plus. Ce phénomène, si facile à constater lorsqu'on a sous les yeux les termes de comparaison convenables, s'explique aisément par l'analyse ; la poursuite du bonheur est logiquement un non-sens. Autant vaudrait chercher à marcher sur son ombre. Le bonheur n'est qu'un reflet, la conscience de quelque chose, savoir, du bien. Vous n'atteindrez pas le reflet en le poursuivant, vous l'aurez si vous avez la lumière. Vous n'obtiendrez pas la conscience du bien si vous la cherchez, vous ne l'obtiendrez qu'en trouvant le bien lui-même ; or, pour trouver le bien, c'est lui qu'il faut chercher ; ayez le bien, soyez dans le bien, et le bonheur viendra tout seul. Pour être heureux, il faut la santé du corps et de l'âme, dont le bien-être et le bonheur sont les symptômes. Mais pour nous trouver en santé, il faut que tout en nous soit à sa place, il nous faut être nous-mêmes à notre place. L'égoïsme, la recherche de soi-même nous en font sortir, ils nous isolent, ils nous dessèchent, ils nous rendent malades, ils nous rendent incapables de toute joie. Ne prenez donc pas le bonheur pour but, sous quelque forme que ce puisse être. Ne cherchez pas la félicité dans les affections de votre choix, dans les tendresses du cœur qui sont encore de l'égoïsme; ces feux follets ne vous conduiraient qu'au marécage; consacrez-vous à votre prochain pour l'amour de lui. N'ambitionnez pas le plaisir de la bienfaisance, les délices même du dévouement, vous les atteindriez moins encore que toutes les autres. Dévouez-vous sans rien attendre, il n'y a pas d'autre dévouement. Quand vous aurez cessé de songer au bonheur, vous l'aurez trouvé.

Ch. Secrétan, *Discours laïques.*
(Fischbacher, éditeur.)

DEUXIÈME PARTIE

LES DEVOIRS DE L'HOMME

CHAPITRE PREMIER

LA VIE MORALE

L'IDÉAL MORAL CONÇU PAR LA RAISON DOIT INSPIRER ET DIRIGER TOUS NOS ACTES

1. Toute notre vie doit s'inspirer de la pensée de l'idéal. — En conférant à l'homme le pouvoir de prévoir l'avenir et de l'organiser en vue d'une amélioration progressive de la vie présente, la raison a fixé le but et la loi dont il doit s'inspirer dans toute sa conduite. Depuis ses plus lointaines origines, l'humanité s'est formé peu à peu, par l'étude de la nature et par la réflexion, un idéal qu'elle s'efforce de réaliser dans le monde. Chacun de nous doit à son tour s'associer à cette œuvre de progrès, dans une intime communauté de pensée et de volonté avec tous ses semblables.

Notre vie est moralement bonne et véritablement

humaine dans la mesure où elle s'inspire de cette pensée, du désir de faire le bien et d'obéir à la raison. C'est la droiture de l'intention, la *bonne volonté*, qui fonde et constitue le vrai mérite.

2. L'intention morale doit produire l'effort vers le bien. — Toutefois il est indispensable d'ajouter que la bonne volonté ne suffit pas par elle-même. Si l'homme n'a pas d'autre devoir que celui d'agir pour le mieux, c'est-à-dire en conformité avec ce qu'il croit juste et bon, c'est à la condition d'être sincèrement résolu à rechercher le meilleur et à le réaliser. Se contenter de cette intention vague, incertaine et chancelante, que trop souvent on appelle à tort la bonne volonté, et qui n'agit pas, ce serait justifier la paresse et préparer une excuse à toutes nos défaillances. Ce serait substituer à l'autorité de la raison le joug des préjugés et de la routine; ce serait, en définitive, abandonner ce qui fait le fond même de toute moralité, c'est-à-dire *l'effort* accompli en vue de transformer la nature par l'action de l'idéal.

Pour faire son devoir, il ne suffit donc pas de vouloir le bien, d'accepter en principe l'autorité de la loi morale; il faut travailler de tout son pouvoir et avec persévérance à faire passer dans la vie réelle, en nous-mêmes et dans le monde, l'idéal de progrès et de moralité conçu par la raison.

3. Chacune de nos actions doit être faite en vue du bien. — Ce n'est pas par une brusque transformation, par l'effet d'une décision subite, que l'homme devient bon ou mauvais. Il faut bien vous garder de croire qu'il suffit d'une bonne résolution pour orienter notre vie ou pour en changer la direction. La liberté qui consisterait pour nous à pouvoir d'un moment à l'autre changer notre caractère, notre manière de penser et d'agir, cette liberté-là, nous l'avons vu, n'est qu'une chimère. Dans la vie morale, comme dans le monde de la nature, rien ne se fait brusquement ; tout se produit par une lente évolution, par l'accumulation de petites actions et de petits changements, dont chacun est le plus souvent imperceptible en lui-même. C'est de cette manière que notre corps a grandi et qu'il se modifie peu à peu avec l'âge ; c'est ainsi que nous acquérons à la longue la science ou l'habileté professionnelle ; et c'est aussi de même que se forment insensiblement en nous les habitudes bonnes ou mauvaises, les vertus ou les vices.

Si toute notre vie morale a pour fin de créer et de développer la personnalité, ne croyez donc pas qu'il suffit, pour obtenir ce résultat, d'une volonté passagère ou d'une bonne résolution. C'est par une série continue d'efforts, d'actions particulières inspirées toutes d'une même intention, mais adaptées à chacune des circonstances ou des fonctions de la vie, que nous arriverons à réaliser cet idéal.

4. La loi du devoir s'applique à toutes les fonctions de la vie. — Après avoir établi les principes et les lois de la moralité, il nous faut donc maintenant déterminer de quelle manière nous pourrons la faire passer dans notre vie. Et pour cela, nous devons examiner les diverses fonctions dont l'ensemble constitue la vie humaine et rechercher comment chacune d'elles est susceptible de se transformer sous l'influence de la raison et de la conscience morale.

Ce serait, en effet, une grave erreur de croire qu'il y a en quelque sorte dans l'homme deux natures ou deux vies qui s'opposent l'une à l'autre ; l'une, tout entière subordonnée aux instincts et aux appétits ; l'autre, soumise aux lois de la raison. C'est la nature elle-même qui devient morale par la connaissance que la réflexion nous donne de notre puissance, de notre destinée et du but que nous avons à poursuivre.

Les fonctions de la vie purement organique sont elles-mêmes susceptibles d'être accomplies et réglées en conformité avec la loi de la raison, de telle sorte que l'homme manifeste et réalise la moralité jusque dans les actes destinés à l'entretien et au développement de son corps.

5. Son domaine propre est celui de la vie morale. — Toutefois, ce qui constitue proprement le domaine de la vie morale, ce sont les fonctions supérieures de l'esprit. Ces fonctions ne sont pas, à vrai dire, exclusivement propres à l'homme ; car l'animal est doué comme nous de sensibilité et même d'une certaine intelligence; il accomplit des actes en rapport avec les besoins qu'il éprouve. Mais l'intelligence, la sensibilité et l'activité de l'homme ne diffèrent pas seulement en degré de celles de l'animal; elles offrent en lui un caractère tout spécial, parce qu'il est seul capable de réfléchir, de rechercher les raisons ou les rapports des phénomènes, de les rattacher à leurs causes et d'en déterminer les lois.

Nous aurons donc à examiner les conditions nécessaires au développement et à l'organisation de la vie intellectuelle et morale et les règles pratiques qui en dérivent. Nous rechercherons l'usage que l'homme doit faire de ses facultés naturelles, s'il veut, conformément à la loi de raison, tendre à se rapprocher incessamment de cette idéale perfection dont il conçoit la possibilité et qui est proprement la fin de toute son activité.

6. La loi morale règle aussi nos rapports avec nos semblables. — Ce n'est pas tout, car nous ne connaîtrions qu'imparfaitement le rôle et les devoirs de l'homme, si nous le considérions seulement dans son existence individuelle. En fait, l'individu ne se suffit pas à lui-même; des liens de toute nature le rattachent à la famille et à la société. De là, toute une série d'obligations nouvelles qu'il nous faudra envisager.

La vie sociale entraînant à son tour des conditions et des exigences multiples, nous aurons à étudier les lois qu'elle impose à chacun des membres de la communauté. Il ne s'agit pas d'ailleurs ici des règles particulières, établies en vertu de libres conventions acceptées par tous les citoyens et qui peuvent par suite différer suivant le temps ou le pays. C'est là l'objet d'une science distincte, celle du *Droit public*. Le rôle de la morale consiste à déterminer les obligations essentielles que la raison impose tant à l'État qu'à l'individu dans une société régulièrement organisée et qui sont la condition indispensable de toute vie sociale.

L'étude de la morale pratique se divise donc tout naturellement en deux parties : la première traite des devoirs de l'homme et la seconde des devoirs du citoyen.

LECTURES

I. — LA BONNE VOLONTÉ.

De tout ce qu'il est possible de concevoir dans le monde, et même en général en dehors du monde, il n'y a qu'une seule chose qu'on puisse tenir pour bonne sans restriction : c'est une bonne volonté. L'intelligence, la finesse, le jugement, et tous les talents de l'esprit, ou le courage, la résolution, la persévérance, comme qualités du tempérament, sont sans doute choses bonnes et désirables à beaucoup d'égards; mais ces dons de la nature peuvent aussi être extrêmement mauvais et pernicieux, lorsque la volonté, qui en doit faire usage et qui constitue ainsi essentiellement ce qu'on appelle le caractère, n'est pas bonne.

Il en est de même des dons de la fortune : le pouvoir, la richesse, l'honneur, la santé même, tout le bien-être, et ce parfait contentement de son état qu'on appelle le bonheur, toutes ces choses nous donnent une confiance en nous, qui dégénère même souvent en présomption, lorsqu'il n'y a pas là une bonne volonté pour empêcher qu'elle n'exerce une fâcheuse influence sur l'esprit, et pour ramener toutes nos actions à un principe universellement légitime (1). Ajoutez d'ailleurs qu'un spectateur raisonnable et désintéressé ne peut voir avec satisfaction que tout réussisse à un être en qui rien ne manifeste la bonne volonté, et qu'ainsi la bonne volonté semble être une condition indispensable pour mériter d'être heureux.

La bonne volonté ne tire pas sa bonté de ses effets ou de ses résultats, ni de son aptitude à atteindre tel ou tel but proposé, mais seulement d'elle-même. Considérée en elle-même, elle doit être estimée incomparablement supérieure à tout ce qu'on peut exécuter par elle au profit de quelques penchants, ou même de tous les penchants réunis. Quand un sort contraire ou l'avarice d'une nature marâtre priverait cette volonté de tous les moyens d'exécuter ses desseins, quand ses plus grands efforts n'aboutiraient à rien et quand il ne resterait que la bonne volonté toute seule (je n'entends point par là un simple souhait, mais l'emploi effectif de tous les moyens qui sont en notre pouvoir), elle brillerait encore de son propre éclat comme une pierre précieuse, car elle tire d'elle-même toute sa valeur. L'utilité ou l'inutilité ne peut rien ajouter ni rien ôter à cette valeur. L'utilité n'est guère que comme un encadrement qui peut bien servir à faciliter la vente d'un tableau, ou à attirer sur lui l'attention de ceux qui ne sont pas assez connaisseurs, mais non à le recommander aux vrais amateurs et à déterminer son prix.

KANT.

2. — NÉCESSITÉ DE L'ACTION.

La science nous interdit les chimères, elle nous apprend ce qui est possible, elle nous donne des moyens d'action ; entre la volonté et son objet elle nous montre la série des efforts qui en poseront les conditions. Suscité par tout ce qui le contredit et le blesse, souffrant du désordre, tendant

(1) Tous ces avantages extérieurs sont susceptibles d'inspirer à l'homme qui les possède une trop grande confiance en lui-même et de l'amener à une conception trop égoïste de la vie, si la conscience du devoir et la volonté de s'y conformer ne lui font comprendre et accepter l'obligation d'une règle de conduite impersonnelle et désintéressée.

vers le mieux, c'est-à-dire vers le complément de son être, l'esprit conçoit des fins nouvelles, imagine les harmonies complexes qui résoudraient en accord les conflits de la vie intérieure, des individus et des peuples. Mais rien ne s'accomplit de soi-même, par une grâce d'en haut. Il faut résoudre les perpétuels problèmes que posent les faits, comprendre ce qui est pour les modifier, inventer le bien, le vouloir, ajouter l'esprit à la nature. Vainement la paresse et l'ignorance rajeunissent l'éternelle illusion, au vieux miracle divin substituent le miracle laïque, la révolution qui posera des effets sans cause, fera sortir le bien du mal, la justice de la violence, l'amour de la haine. L'homme est condamné à faire sa besogne lui-même, le travail est sa loi. Il faut qu'il construise l'idéal, qu'il découvre les lois du réel et que, sachant ce qui est possible, voulant ce qui est le meilleur, il pose dans le fait présent les conditions de l'avenir qu'il a conçu. Le métier d'homme est glorieux, mais dur. Le renoncement dès lors n'est plus la morale même, il est la grande tentation. Renoncer, se libérer des affections, des inquiétudes, des soucis qui nous viennent de ce que nous prenons au sérieux les hommes et les choses; en le détachant pour ainsi dire des individus, donner à l'amour même le calme de l'indifférence, reculer dans une sorte de lointain la réalité dont le contact nous blesse, contempler au lieu d'agir, ou n'engager dans l'action que l'extérieur de soi-même, faire société avec Dieu et non avec les hommes ignorants, stupides et brutaux, se résigner au mal, en faire un aspect inattendu du bien pour moins en souffrir, ne dépendre que de soi, c'est se reposer, s'asseoir dans la paix et dans la certitude, au lieu de se risquer dans une lutte dont l'issue est incertaine.

SÉAILLES, *Les Affirmations de la conscience moderne.*
(Librairie Armand Colin.)

CHAPITRE II

LE DEVOIR DE VIVRE

L'HOMME A LE DEVOIR DE VIVRE, PARCE QU'IL A UNE MISSION A REMPLIR

1. Nous avons une mission à remplir. — Nous avons vu que l'homme, en tant qu'il est doué de raison, capable de prévoir et de préparer l'avenir, de travailler au progrès général, est investi d'une sorte de mission qui lui donne une place à part dans la nature, et lui confère une dignité infiniment supérieure à celle des êtres qui l'entourent, mais lui impose en même temps des obligations auxquelles il ne saurait se soustraire. L'homme représente dans le monde l'idéal et c'est par lui que peu à peu ce monde s'élève à une forme plus haute, qu'il se pénètre de justice, de sagesse et de moralité. Son intelligence, seule capable de connaître la raison de tout ce qui existe et de tout ce qui arrive, sa volonté qui se dirige par un effort réfléchi vers le bien, transforment en effet la nature elle-même et donnent naissance à un monde nouveau, plus parfait et meilleur.

2. L'homme ne s'appartient pas à lui-même. — Mais précisément parce que nous avons une mission à remplir, il est rigoureusement exact de dire que notre vie ne nous appartient pas en propre, et que nous n'en pouvons pas disposer au gré de nos caprices; et cela, non pas simplement en ce sens que l'ayant reçue d'autres, étant redevables à la société de tous les biens dont nous jouissons, nous avons une dette à acquitter, et qu'un lien de solidarité nous rattache à tous nos semblables; mais aussi parce que notre vie représente la possibilité d'une certaine somme de bien et de progrès, une contribution à l'œuvre commune de civilisation, c'est-à-dire de bonheur, de justice et de bonté, qui constitue l'honneur et la raison d'être de l'humanité. Songez que chacun de nous porte en lui-même le germe d'un nombre infini de bonnes pensées, de bons sentiments et de bonnes actions, dont le prix est immense, puisque l'effet, si peu sensible qu'il vous paraisse parfois, s'en fera sentir dans toute la suite des temps. Car, ne l'oubliez pas, rien de ce qui a existé ne se perd entièrement. Dans la nature, il n'est pas un mouvement, il ne se produit pas un changement, qui ne se propage indéfiniment dans le temps aussi bien que dans l'espace. Il en est de même dans l'ordre moral, où les conséquences de la moindre de nos actions et même de nos plus secrètes pensées peuvent se dérouler à l'infini, par la transformation, insensible peut-être, mais inévitable, qu'elles amènent en nous-même et autour de nous.

3. **Nous avons le devoir de vivre.** — De ce principe découle pour chacun de nous l'obligation de respecter sa vie, comme une sorte de dépôt sacré, puisqu'elle peut être la source d'une infinité de biens. L'homme qui par crainte de la souffrance, des difficultés et des charges de la vie, par découragement ou pour tout autre motif, va spontanément et volontairement à la mort, commet donc une faute, l'acte le plus directement contraire à la loi morale, puisqu'il implique la renonciation complète et définitive à tous les devoirs qu'elle impose.

4. La vie n'est pas à charge à celui qui fait courageusement son devoir. — Le découragement et le désespoir ne sauraient exister pour celui qui a d'ailleurs conscience du but et de la valeur de la vie. Certes il s'en faut de beaucoup qu'elle soit exempte de peines et de douleurs: n'aurions-nous à redouter d'autres épreuves que les deuils et les séparations, cela suffirait à l'assombrir; mais celui-là seul ignore ce qu'elle renferme de biens et de joies véritables qui ne connaît ni l'amour du prochain, ni le travail, ni le dévouement, ni les satisfactions légitimes du foyer domestique, ni l'allégresse du devoir courageusement accompli. Si quelques-uns jugent trop lourd le fardeau qu'ils ont à porter, c'est qu'ils sont faibles: pour le vaillant, pour l'homme d'action et de volonté, la vie conserve toujours son prix, malgré les misères et les tourmentes qui la traversent, parce qu'elle comporte toujours l'espoir d'un peu de bien à faire.

5. Nous avons parfois le devoir d'affronter la mort. — Si la loi morale lui interdit d'aller sans motif grave au-devant de la mort, l'homme a le droit incontestable de faire le sacrifice de sa vie pour le service ou pour la défense d'une cause que sa raison lui représente comme ayant une valeur plus haute que sa personnalité. Il est même des cas où l'oubli de soi-même, le mépris du danger et de la mort, peuvent devenir obligatoires pour l'honnête homme. Le médecin qui s'expose à la mort pour sauver ses semblables, le savant qui risque sa vie pour la science ou la recherche de la vérité, le citoyen qui la donne pour la justice, le soldat qui meurt pour la défense de la patrie envahie, ceux-là sont des héros qui aiment le bien et le devoir par-dessus tout, avec désintéressement et abnégation, et qui, à ce titre, sont dignes de toute notre admiration.

6. Nous devons éviter la maladie. — Le devoir que nous avons de conserver notre vie nous impose l'obligation de prendre toutes les mesures nécessaires à sa préservation, et de nous mettre en garde contre les maladies. Nous n'avons pas le droit de négliger les précautions que commandent la prudence et l'hygiène, de nous exposer inutilement au mal qui nous guette sans cesse sous mille formes. Le sage, sans rien exagérer, veille avec soin à éviter toutes les causes de maladie, et celui-là est un insensé qui attend qu'elle soit venue pour chercher le remède. Vous comprendrez mieux encore cette obligation, si vous songez à toutes les misères qu'entraîne une santé chancelante ou compromise; non pas seulement aux souffrances qu'elle occasionne, aux plaisirs dont elle nous prive, mais à l'impuissance qui en résulte, aux peines et aux inquiétudes qu'elle impose à ceux qui nous entourent. Un malade est digne de toute sympathie, quand il est victime d'un mal qu'il ne pouvait éviter; il ne la mérite guère, quand il a été au-devant par bravade ou par négligence.

7. Il faut donner au corps tous les soins réclamés par la nature. — Il ne faut pas d'ailleurs hésiter à reconnaître que la morale, loin de prescrire l'oubli des soins indispensables au corps, s'élève au contraire contre le dédain injustifié que certaines doctrines philosophiques ou religieuses professent à l'égard de ses exigences naturelles. L'ascétisme qui prétend faire violence à tous nos appétits, faire de la privation et même de la souffrance une condition de la moralité, ne saurait se justifier en aucune façon : car les besoins qui naissent de la nature elle-même sont légitimes et la raison commande de les satisfaire, dans la mesure où ils s'accordent avec les nécessités supérieures de la vie intellectuelle et morale. Au reste, ce n'est pas impunément qu'on se révolte contre la nature ; en violant ses lois, on se condamne au désordre. Et ceux qui prétendent s'affranchir des exigences de la vie animale finissent par troubler ou même par détruire l'équilibre de la pensée et de la volonté. L'ascétisme ne mène pas à la sagesse, mais à la folie.

LECTURES

I. — LE SUICIDE

Il t'est donc permis de cesser de vivre? Je voudrais bien savoir si tu as commencé. Quoi! fus-tu placé sur la terre pour n'y rien faire? Le ciel ne t'imposa-t-il point avec la vie une tâche pour la remplir? Si tu as fait ta journée avant le soir, repose-toi le reste du jour, tu le peux; mais voyons ton ouvrage. Malheureux! trouve-moi ce juste qui se vante d'avoir assez vécu; que j'apprenne de lui comment il faut avoir porté la vie, pour être en droit de la quitter!

Tu comptes les maux de l'humanité; tu ne rougis pas d'épuiser ces lieux communs cent fois rebattus, et tu dis: La vie est un mal. Mais regarde, cherche dans l'ordre des choses si tu y trouves quelques biens qui ne soient point mêlés de maux. Est-ce donc à dire qu'il n'y ait aucun bien dans l'univers? et peux-tu confondre ce qui est mal par sa nature avec ce qui ne souffre le mal que par accident?

Tu t'ennuies de vivre, et tu dis: La vie est un mal. Tôt ou tard tu seras consolé, et tu diras: La vie est un bien. Tu diras plus vrai sans mieux raisonner; car rien n'aura changé que toi. Change donc dès aujourd'hui; et puisque c'est dans la mauvaise disposition de ton âme qu'est tout le mal, corrige les affections déréglées, et ne brûle pas la maison pour n'avoir pas la peine de la ranger.

Ne dis donc plus que c'est un mal pour toi de vivre, puisqu'il dépend de toi seul que ce soit un bien, et que si c'est un mal d'avoir vécu, c'est une raison de plus pour vivre encore. Ne dis pas non plus qu'il t'est permis de mourir; car autant vaudrait dire qu'il t'est permis de n'être pas homme. Mais, en ajoutant que ta mort ne fait de mal à personne, songes-tu que c'est à ton ami que tu l'oses dire?

Ta mort ne fait de mal à personne! J'entends; mourir à nos dépens ne t'importe guère; tu comptes pour rien nos regrets. Je ne te parle plus des droits de l'amitié que tu méprises: n'en est-il point de plus chers encore qui t'obligent à te conserver? S'il est une personne au monde qui t'ait assez aimé pour ne pas vouloir te survivre, et à qui ton bonheur manque pour être heureuse, penses-tu ne lui rien devoir?

. . . .

Crois-tu t'excuser sur ton obscurité? Ta faiblesse t'exempte-t-elle de tes devoirs? et pour n'avoir ni nom ni rang dans ta patrie, en es-tu moins soumis à ses lois? Il te sied bien d'oser parler de mourir, tandis que tu dois l'usage de ta vie à tes semblables! Apprends qu'une mort telle que tu la médites est honteuse et furtive; c'est un vol fait au genre humain. Avant de le quitter, rends-lui ce qu'il a fait pour toi. Mais je ne tiens à rien... je suis inutile au monde... Philosophe d'un jour! ignores-tu que tu ne saurais faire un pas sur la terre sans y trouver quelque devoir à remplir, et que tout homme est utile à l'humanité par cela seul qu'il existe?

Écoute-moi, jeune insensé: tu m'es cher, j'ai pitié de tes erreurs. S'il te reste au fond du cœur le moindre sentiment de vertu, viens, que je t'apprenne à aimer la vie. Chaque fois que tu seras tenté d'en sortir, dis en toi-même: « Que je fasse encore une bonne action avant que de mourir. » Puis va chercher quelque indigent à secourir, quelque infortuné à consoler, quelque opprimé à défendre. Rapproche de moi les malheureux que mon abord intimide: ne crains d'abuser ni de ma bourse ni de mon crédit: prends, épuise mes biens, fais-moi riche.

Si cette considération te retient aujourd'hui, elle te retiendra encore demain, après-demain, toute ta vie. Si elle ne te retient pas, meurs; tu n'es qu'un méchant.

J.-J. Rousseau.

2. — LE SUICIDE EST CONDAMNÉ PAR LA LOI MORALE.

Le suicide est un crime. Il peut être considéré comme transgression du devoir à l'égard des autres hommes[1]. Mais il n'est ici question que de la transgression du devoir envers soi-même, et de savoir si, mettant de côté toutes ces considérations, l'homme est néanmoins obligé de conserver sa vie par cela seul qu'il est une personne;

et s'il doit en cela reconnaître un devoir, même strict, envers lui-même.

Que l'homme puisse s'offenser lui-même, c'est ce qui semble absurde. C'est pourquoi le stoïcien considérait comme une prérogative de sa personnalité de sage, de sortir tranquillement de la vie, comme d'une chambre pleine de fumée, sans y être forcé par aucun mal présent ou futur, sous prétexte qu'il ne pouvait plus être utile à rien dans la vie. — Mais ce même courage, cette force d'âme qui fait braver la mort, en l'élevant à quelque chose que l'homme peut estimer plus que la vie, aurait dû être pour lui un argument encore beaucoup plus fort pour ne point se détruire, lui animé d'une puissance supérieure à tous les mobiles sensibles les plus puissants. L'homme, tant qu'il s'agit de devoir, par conséquent tant qu'il vit, ne peut se défaire de la personnalité, et il y a contradiction à supposer qu'il puisse s'affranchir de toute obligation, c'est-à-dire agir si librement qu'il puisse soustraire ses actes à toute espèce de droit (1). Détruire dans sa propre personne le sujet de la moralité, c'est, autant qu'il est en soi, faire disparaître du monde la moralité même, quant à son existence ; moralité qui est cependant fin en elle-même : c'est par conséquent disposer de soi pour une fin arbitraire, c'est avilir l'homme dans sa personne.

KANT.

3. — L'HYGIÈNE ET LA MORALE.

Le premier devoir de l'homme envers lui-même est de se conserver. Il doit vivre, parce que la vie est la première condition du devoir, à moins qu'un devoir supérieur ne lui commande d'en faire le sacrifice : tel est, par exemple, le cas du soldat en présence de l'ennemi.

Se conserver, c'est donner à son corps la nourriture suffisante, ne pas l'affaiblir ou le mutiler volontairement

(1) La personne humaine, en tant qu'elle est le sujet de la moralité, est inviolable pour elle-même aussi bien que pour les autres, elle ne peut légitimement s'affranchir de cette obligation, en méconnaissant son propre droit à la vie et à la mission moralisatrice que la vie comporte pour tout être doué de raison.

éviter les causes de destruction et de maladie, se soigner quand on est malade. Le meilleur moyen d'entretenir la santé est d'observer les règles de l'hygiène. L'hygiène devient ainsi, comme le pensaient quelques anciens, une partie de la morale. Tout homme doit acquérir une connaissance au moins élémentaire de ses préceptes, et les appliquer rigoureusement.

Un exercice modéré du corps, la promenade, la gymnastique, sont parmi les moyens les plus efficaces de conserver le corps sain et de le rendre vigoureux. Les anciens donnaient à la gymnastique, dans l'éducation, une importance qu'elle a malheureusement perdue de nos jours. Ils avaient compris que la vigueur physique est une condition de courage, qu'une intelligence lucide et prompte, une volonté énergique, une humeur enjouée, bienveillante, une disposition générale à regarder la vie comme un bien, et à remplir allègrement toutes les obligations qu'elle impose, sont en grande partie la conséquence du bon état des organes. *Une âme saine dans un corps sain* fut un de leurs dictons.

Ajoutons la vieillesse affranchie d'infirmités, capable de continuer les occupations et les devoirs de l'âge mûr, l'homme plus longtemps utile à lui-même et aux autres, la famille conservant, malgré les ans, un protecteur efficace, l'État, un bon citoyen ; l'exemple salutaire d'une belle vie supportant sans fléchir le poids de près d'un siècle ; et l'on reconnaîtra que l'hygiène et la gymnastique, pratiquées avec méthode et persévérance, deviennent quelque chose comme des vertus.

L. Carrau, *De l'éducation*.
(Alcide Picard et Kaan, éditeurs.)

CHAPITRE III

LE RESPECT DE SOI-MÊME

CONSCIENT DE SA MISSION ET DE SA DIGNITÉ MORALE L'HOMME DOIT SE RESPECTER LUI-MÊME

1. L'homme doit être pour lui-même un objet de respect. — En élevant l'homme au rang de personne morale, en faisant de lui l'arbitre et le maître de sa destinée, en lui conférant le pouvoir de réaliser le progrès en lui-même et hors de lui, et de préparer l'avènement d'un monde meilleur, la raison lui a conféré un droit incontestable et imprescriptible au respect, et c'est pourquoi il est inviolable dans sa vie, dans sa puissance et dans sa liberté. Mais si la personne humaine s'impose ainsi au respect de tous, elle est tenue, pour les mêmes motifs, de se respecter elle-même. Elle doit se garder avec soin de tout ce qui pourrait compromettre sa dignité, affaiblir sa raison ou sa liberté, la rapprocher des instincts grossiers de l'animalité dont elle s'est affranchie par degrés, amoindrir en elle la puissance ou la volonté de s'élever peu à peu vers l'idéal entrevu de sagesse, de justice et de bonté.

2. Le respect de soi-même diffère de l'orgueil. — Le respect de soi-même, la conscience que la personne morale doit avoir de sa dignité, n'a rien de commun avec l'orgueil. L'orgueil est un sentiment fondé sur le mépris des autres et le désir de les écraser de notre supériorité. Quels que soient nos talents naturels, notre intelligence ou notre situation, ce sentiment est déraisonnable et mauvais. Mais quand nous respectons en nous-mêmes ce qui fait notre grandeur morale, la raison qui nous rend capables de bien faire et de bien vivre, de nous élever peu à peu à une existence meilleure et plus parfaite, nous ne faisons tort à personne, puisque nous sommes obligés de reconnaître chez tous nos semblables des personnes dignes d'un égal respect.

Plus nous serons raisonnables, plus nous serons justes vis-à-vis de nous-mêmes et bienveillants pour les autres. Sans nous abaisser à une humilité, qui n'est souvent qu'une forme de l'hypocrisie, nous saurons constater, à côté de ce qui fait notre grandeur, toutes nos imperfections et nos faiblesses; et nous serons ainsi amenés à excuser celles que nous observerions chez les autres.

3. L'homme qui se respecte conserve toujours présent le sentiment de sa dignité morale. — La conscience de la grandeur de notre rôle et de notre destinée fait naître en nous cette heureuse disposition qu'on appelle la dignité morale et qui se traduit par un souci constant de nous préserver de toute souillure, de toute bassesse. Avoir le respect de sa dignité, c'est ne jamais consentir, dans une pensée d'intérêt ou pour s'épargner quelque ennui, à un acte que l'on juge peu conforme à la raison ou à la justice; c'est résister aux sollicitations des penchants inférieurs et des plaisirs grossiers ; c'est ne jamais oublier que l'on est homme, et qu'en cette qualité on est tenu d'agir suivant les motifs les plus raisonnables et de ne faire que ce qui convient ; c'est veiller sur toutes ses pensées, respecter toujours la bienséance dans sa tenue et dans son langage, se montrer poli, discret, simple et modeste.

4. La délicatesse morale. — Il est une vertu qui, plus que toute autre peut-être, réalise et manifeste en l'homme le respect de la personne morale ; c'est l'habitude et la préoccupation constante d'agir en toute circonstance suivant l'idéal pur et désintéressé de la raison, de n'obéir qu'à des sentiments et à des préoccupations honorables, dégagés de tout calcul égoïste, de toute recherche d'avantages personnels. Cette délicatesse morale, que l'éducation a pour objet de développer, révèle aux yeux de tous une incontestable supériorité et une grande élévation d'esprit; mais elle tient moins encore à l'affinement de l'intelligence qu'à la droiture d'une volonté qui s'attache fortement et exclusivement au bien.

Il ne faut pas d'ailleurs la confondre avec le souci de l'honneur mondain, qui n'est souvent qu'une manifestation de la vanité et qui sert parfois à dissimuler sous les dehors d'une forme correcte le dédain de la vertu véritable et des lois de la moralité. La délicatesse morale ne prend pas sa source dans le désir d'obtenir l'estime ou l'approbation des autres, mais bien dans la conscience de ce que nous leur devons et dans la volonté de régler notre conduite de manière à ne heurter jamais leurs intérêts ou leurs convenances. Elle suppose un désintéressement sincère, l'oubli et le sacrifice de soi-même; et c'est pourquoi elle est une vertu plutôt rare.

5. Le dégoût des plaisirs grossiers. — L'homme n'est véritablement homme qu'autant qu'il obéit à la seule raison, qu'il s'inspire dans sa conduite de la pensée de l'idéal, de l'amour de la vérité, de l'ordre et de la perfection. Mais rien n'est plus contraire à cette haute conception de la vie que la recherche des plaisirs grossiers et abjects. La satisfaction, d'ailleurs bien passagère et troublée, que ces plaisirs procurent, s'achète au prix de notre dignité et de notre puissance morale. Quand il s'y est abandonné, l'homme se sent amoindri et dégradé; et s'il en prend la funeste habitude, il ne tarde pas à venir presque entièrement incapable de s'en affranchir et de revenir à des soucis plus dignes de lui.

6. Dangers de l'alcoolisme. — Un des plus tristes exemples de la déchéance qu'encourt l'homme qui s'abandonne à l'attrait funeste des plaisirs grossiers se montre dans l'alcoolisme. Il est bon de remarquer que le goût des boissons alcooliques n'est pas un effet direct de notre organisation naturelle. Il faut faire un effort pour s'accoutumer à l'alcool, aussi bien d'ailleurs qu'au tabac, à l'opium, à la morphine, à tous ces poisons dont l'abus fait tant de victimes. Déterminés au début par l'entraînement des mauvais exemples, nous mettons à triompher des premières répugnances une vanité ridicule et peut-être aussi une curiosité malsaine. Peu à peu l'habitude se contracte et crée un besoin de jour en jour plus impérieux. En même temps, comme il arrive toujours par l'effet de l'habitude, la répétition des mêmes impressions affaiblit peu à peu la sensibilité, nous amenant par suite à augmenter progressivement la dose du poison. Ainsi se produit insensiblement la funeste passion de l'alcoolisme.

Quant aux déplorables conséquences de ce vice, il suffit d'ouvrir les yeux pour s'en convaincre. Celui qui en est atteint compromet sa santé et s'expose à des maladies nombreuses, dont quelques-unes sont de nature à inspirer l'épouvante et l'horreur. Tous ses organes sont imprégnés du redoutable poison. Son corps tout entier se transforme et se dégrade. Sa physionomie devient repoussante; ses yeux sont hagards; ses mains tremblent; il chancelle. C'est avant l'âge un vieillard, mais un vieillard hideux et qui fait peur.

Son esprit n'est pas moins cruellement atteint. La mémoire est défaillante, la pensée devient incertaine et confuse; les meilleurs sentiments s'éteignent; la volonté s'affaiblit et finit par s'anéantir. L'alcoolique commet sans conscience, sans pitié et sans remords, les plus épouvantables forfaits. Aucun de ceux qui le touchent de plus près n'est à l'abri de ses fureurs; et trop souvent, sa raison sombrant dans une horrible et subite folie, il achève sa vie dans le crime.

Châtiment plus terrible encore: le malheureux transmet à ses enfants sa dégradation. Infirmes, idiots, tuberculeux, vicieux et parfois criminels, ils sont les témoins et les victimes des fautes de leur père; effroyable exemple de la responsabilité que crée pour chacun la loi naturelle d'hérédité.

Si vous voulez vous protéger contre cette terrible passion, abstenez-vous de l'alcool. Il est plus facile, croyez-le, de le dédaigner que d'en user modérément. Ayez toujours présent à l'esprit le danger qu'il offre et vous n'aurez guère d'efforts à faire pour résister à un attrait d'autant plus faible que vous n'aurez pas laissé s'infiltrer en vous l'habitude. C'est un devoir pour vous; c'est un devoir pour l'humanité que l'alcoolisme mènerait bien vite à la ruine et à tous les désordres.

7. La tempérance. — Il ne suffit pas d'éviter les plaisirs grossiers ou dangereux pour le corps et pour l'esprit; on doit user avec modération de ceux-là mêmes que la raison ne condamne pas. Non qu'il faille renoncer à tout ce qui peut rendre la vie douce et agréable. Le devoir ne nous commande pas de sacrifier tout plaisir, toute satisfaction sensible, mais seulement de maintenir l'équilibre de nos facultés, en réservant à chacune la part qui lui revient. La morale ne proscrit pas le jeu ni les distractions de toute sorte. Elle laisse même une place aux jouissances d'ordre plus matériel, à celles, par exemple, que nous procure une nourriture soignée et délicate, sous cette seule condition qu'elles ne nous fassent pas oublier que la vie est faite pour un plus noble usage. L'homme de bien ne se croit pas tenu de martyriser ou de dédaigner le corps; mais il ne permet pas que le corps domine et étouffe l'esprit. S'il ne rougit pas de sa nature animale, il ne veut pourtant pas que sa vie soit semblable à celle de la brute.

8. L'ordre et l'économie. — Le respect de soi-même se traduit encore dans le souci qu'a l'honnête homme de régler l'emploi de sa vie, de son temps, de son travail et de ses ressources, de manière à en tirer le meilleur profit pour lui-même et pour les autres. Ayant toujours présente la conscience de sa responsabilité, il s'attache, en toute circonstance, à prévoir et à préparer l'avenir. Dans la mesure où ses ressources le lui permettent, il s'assure contre les risques divers auxquels il peut se trouver exposé. Car il sait que le défaut d'ordre et de prévoyance l'exposerait à perdre une partie de son indépendance et de sa dignité, et à devenir une charge pour les autres. Ce sont là des vertus qui n'ont rien d'héroïque et qui par suite n'attirent pas toujours de grands éloges à ceux qui les pratiquent. Elles n'en sont pas moins précieuses, parce qu'elles représentent la condition d'une vie régulière et conforme à la droite raison.

9. L'équilibre moral. — En somme, on pourrait résumer les obligations qu'impose à l'homme la conscience de sa dignité et de sa grandeur morales dans ce précepte, que la raison doit maintenir en un juste équilibre toutes les fonctions de sa vie. Le devoir n'est pas de lutter contre les inclinations naturelles, mais de les diriger, d'en assurer l'accord et l'harmonie sous l'inspiration supérieure de l'amour du bien ou de l'idéal. La nature même est un puissant auxiliaire dans cet effort vers la perfection : car nos divers penchants expriment et manifestent les exigences normales de l'humanité et ce n'est pas sans raison que les anciens donnaient pour règle suprême à la morale : *suivre la nature*. Mais la nature aveugle obéit à toutes les sollicitations ; la moralité consiste à lui imposer une règle constante et uniforme, à soumettre ses mouvements au contrôle et à l'autorité de la raison.

10. L'homme doit se défendre contre les passions. — Si l'on se reporte à ce principe, on comprendra que la passion, qui résulte du développement exagéré de certaines inclinations et rompt l'équilibre normal, est contraire au respect que nous nous devons à nous-mêmes. Qui ne sait d'ailleurs à quels tristes excès l'homme se laisse trop souvent entraîner par la colère, par la haine, par l'amour lui-même, quand il échappe au contrôle de la raison ? Les penchants les plus inoffensifs de leur nature peuvent dégénérer, chez celui qui s'y abandonne sans réserve, et amener les plus graves désordres. L'amour du jeu et du plaisir, qui n'a en lui-même rien de répréhensible, devient funeste s'il rend l'homme incapable d'un effort sérieux et continu.

Tout est ainsi dans la vie morale, aussi bien que dans la vie organique, affaire de mesure, d'ordre et d'harmonie

---

LECTURES

1. — RESPECT DE LA PERSONNE MORALE.

Cette idée de la personnalité, qui provoque en nous le respect et qui nous révèle la sublimité de notre nature, en même temps qu'elle nous fait comprendre combien notre conduite en est éloignée, confondant ainsi notre présomption, cette idée est naturelle à la raison commune qui la saisit aisément. Y a-t-il un homme, tant soit peu honnête, à qui il ne soit parfois arrivé de renoncer à un mensonge, d'ailleurs inoffensif, par lequel il pourrait se tirer lui-même d'un mauvais pas, ou rendre service à une personne qu'il aime et qui en est digne, uniquement pour ne pas se rendre secrètement méprisable à ses yeux? L'honnête homme frappé par un grand malheur qu'il aurait pu éviter, s'il avait manqué à son devoir, n'est-il pas soutenu par la conscience d'avoir maintenu et respecté en sa personne la dignité humaine, de n'avoir pas à rougir de lui-même et de pouvoir s'examiner sans crainte?

Cette consolation n'est point le bonheur, sans doute, elle n'en est pas même la moindre partie. Nul en effet ne souhaiterait l'occasion de l'éprouver ; nul peut-être ne désirerait la vie à cette condition ; mais il vit et ne peut souffrir d'être à ses propres yeux indigne de la vie. Cette paix intérieure est donc purement négative, par rapport à ce qui peut rendre la vie agréable ; car elle vient de la conscience que nous avons d'échapper au danger de perdre quelque chose de notre valeur personnelle, après avoir perdu tout le reste(1). Elle est l'effet du respect que nous éprouvons pour quelque chose de bien différent de la vie, et au prix duquel au contraire la vie, avec toutes ses jouissances, n'a aucune valeur.

KANT.

2. — LE RESPECT DE SOI-MÊME DIFFÈRE DE L'ORGUEIL.

Qu'est-ce que se respecter soi-même ? Ce n'est pas avoir une sorte d'idolâtrie vaniteuse et sotte pour les avantages extérieurs que l'on croit posséder : beauté, rang, fortune. Ce n'est pas non plus admirer son esprit, son intelligence, se plaire dans la contemplation de son propre mérite, faire sans cesse le tour de ses perfections.

Ce n'est pas non plus affecter une dignité pédantesque, peser ses moindres paroles, composer son maintien, tenir les autres à distance comme indignes que l'on fréquente avec eux. Le véritable respect de soi-même suppose au contraire, non seulement le naturel, l'affabilité, la bienveillance, mais encore la modestie et l'humilité.

En effet, celui qui se respecte craint de profaner en soi l'idéal moral dont il a conscience et qu'il s'efforce de réaliser par ses sentiments, ses résolutions et sa conduite. Il se compare toujours intérieurement à ce qu'il devrait être, et plus son idéal est élevé, plus il connaît qu'il en est encore éloigné. De là une perpétuelle leçon de modestie, de là l'humilité véritable, celle qui n'est ni bassesse, ni dissimulation d'orgueil. De là aussi l'indulgence et la charité pour autrui ; car se sentir imparfait, c'est pardonner aux autres leurs imperfections ; bien plus, c'est les aimer malgré leurs défauts, pour mériter d'être aimé soi-même, malgré ceux qu'on a.

L. CARRAU, *De l'éducation*.
(Alcide Picard et Kaan, éditeurs.)

(1) C'est-à-dire tout ce qui contribue au bonheur.

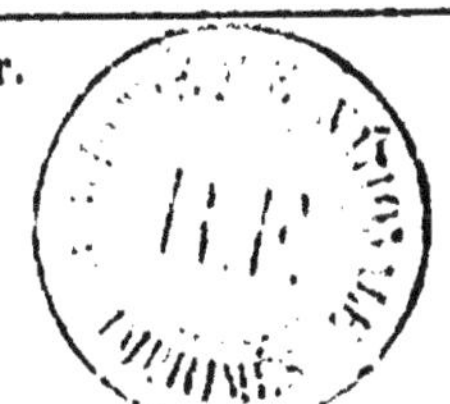

3. — NOBLESSE DE L'AME.

D'une noble femme à une honnête femme, quelle est la différence ? Vertus, sentiments, actions au-dessus de l'ordinaire?... Mais quoi? L'honnêteté vraie, absolue, est-elle donc l'ordinaire ? — D'où vient cette qualification de « noble » ?

Autrefois, le noble était l'homme né au-dessus du peuple, de haut rang. La chevalerie lui prêta un idéal moral correspondant au rang, dévouement, sacrifice de l'intérêt et de la vie au suzerain (loyauté), aux faibles, aux délaissés, à l'Église,... rien de bas, de mesquin, générosité, honneur. La démocratie moderne hérite de cet idéal, l'étend à tous.

Noblesse, c'est donc l'opposé de vulgaire, de calculé, d'intéressé. Exemple : entre deux situations, l'une fort lucrative, mais où je ne peux être utile, et une autre qui me permettra de vivre modestement, mais assortie à mes aptitudes et où je rendrai service, que choisir pour ne pas manquer à cet idéal ?...

Autres exemples : La femme du pêcheur des *Pauvres gens*, ou encore Quinet, Victor Hugo refusant l'amnistie pour affirmer le droit impérissable, ou encore une femme qui refuse un mariage où il y aurait des capitulations de conscience...

Sommes-nous tenus à la noblesse, ou est-elle un luxe? On ose à peine le demander de peur d'avoir trop à rougir... Oui, sûrement nous y sommes tenus. Non certes à nous distinguer du commun des hommes, mais à nous préserver des actions communes, basses, égoïstes, étroites. « Si vous ne faites du bien qu'à ceux qui vous aiment, que faites-vous d'extraordinaire ? » disait Jésus. La noblesse, loin d'impliquer l'éclat, implique le plus souvent l'obscure abnégation, le don ignoré et persévérant de nous-mêmes, de notre affection. Ainsi de vous, dans votre profession. Que l'on dise un jour de vous : « Ce fut une noble femme », non pour quelque don brillant, quelque action d'éclat, mais pour une vie d'activité modeste, consciencieuse, dévouée. La noblesse ne va point sans la force, sans cette énergie intérieure qui soulève l'être, l'arrache à la pesanteur des parties basses, et le soutient, coûte que coûte, à cette hauteur de sentiment, de volonté et d'action.

FÉLIX PÉCAUT, *Quinze Ans d'éducation.*
(Delagrave, éditeur.)

4. — LA LUTTE CONTRE L'ALCOOLISME.

La France est en train de descendre une pente plus dangereuse que celle de la politique. Elle se détruit par l'alcool. Ce pays qui longtemps, grâce à son bon vin peut-être, résista mieux que d'autres à l'empoisonnement brutal ou perfide, est aujourd'hui — un spécialiste sans passion, M. le vicomte d'Avenel, vient d'en donner des preuves navrantes — le pays d'Europe où l'homme abuse le plus de l'alcool, et de l'alcool sous ses formes les plus rapidement destructives : Paris est la grande capitale de l'absinthe. Depuis moins de dix ans, certains chiffres de consommation, des apéritifs par exemple, ont décuplé, et parallèlement se développe sous nos yeux la statistique des cas de folie, de maladie et de suicide par alcoolisme et une autre statistique plus effrayante, celle des innombrables malheureux voués par leur naissance à la vie et à la mort qui attend les enfants d'alcooliques. Voilà ce qui se passe, où ? dans un bouge perdu au fond d'un bagne industriel ? Partout, autour de nous, dans nos plus beaux quartiers, sur nos boulevards, dans nos faubourgs, aux champs comme à la ville. Et nombre de gens d'esprit trouvent qu'il n'y a vraiment rien de plus ridicule que la manie puritaine des ligues antialcooliques imitées de l'Angleterre ou de la Norvège. Je souhaite que vous n'ayez pas tant d'esprit, que vous reconnaissiez la nécessité d'une lutte contre ce fléau, et que vous en preniez l'initiative que les pouvoirs publics n'ont pas prise. Quand vous serez convaincus et touchés, vous trouverez bien moyen de toucher et de convaincre assez de vos concitoyens pour que ce quatrième pouvoir mette en mouvement les trois autres. Le jour viendra où vous serez une force, et ce jour-là les députés parviendront à s'affranchir de la servitude du cabaretier.

F. BUISSON, *Morale sociale.*
(Alcan, éditeur.)

CHAPITRE IV

LA RECHERCHE DE LA VÉRITÉ

C'EST EN CULTIVANT SA RAISON QUE L'HOMME PEUT DÉVELOPPER ET AMÉLIORER SA VIE MORALE

1. La raison est le principe de toute moralité. — Ce n'est pas assez pour l'homme de se respecter lui-même, de ne rien faire qui puisse abaisser sa dignité personnelle ou amoindrir sa valeur. Il faut qu'il consacre tous ses efforts à l'améliorer sans cesse, à se rendre de jour en jour plus digne de sa mission et plus capable de la bien remplir, qu'il cherche à s'élever peu à peu vers une vie meilleure, plus juste et plus parfaite.

Or c'est la raison qui a fait de lui un être moral, une personne. C'est elle qui l'a séparé du reste de la nature, qui lui a permis de concevoir un idéal, et de s'en rapprocher par une série indéfinie de progrès. C'est à elle qu'il doit demander tout à la fois et la science qui l'éclairera sur sa destinée, sur le but à atteindre et les moyens d'y parvenir, et aussi la force de se dégager des appétits et des entraves de la nature animale.

2. Il faut donc cultiver et développer la raison. — Le premier et le plus essentiel de tous les devoirs, pour un être raisonnable, est donc de travailler à développer sa raison et à l'éclairer. Nous savons, en effet, que, si tout homme s'inspire dans ses actes et dans la direction de sa vie d'un idéal, il voit cet idéal lui-même se transformer et s'élever, à mesure que son esprit arrive à une connaissance plus exacte et plus nette des lois de la nature et de sa propre destinée. La conscience des premiers hommes, l'idée qu'ils se faisaient du bien et du mal, nous paraît aujourd'hui bien grossière. Mais ce serait un fol orgueil de croire que nous sommes parvenus à la pleine possession de la vérité morale, et qu'il n'y a plus de progrès nouveaux à faire. Notre raison est encore bien imparfaite et bien incertaine; et notre devoir est de la cultiver et de la fortifier par l'étude.

3. La science accroît notre valeur morale.—Il faut donc nous attacher avec ardeur et persévérance à la recherche de la vérité, en ne négligeant aucun des moyens que nous pouvons avoir de nous instruire. La science, en nous révélant les mystères de la nature, les lois suivant lesquelles les phénomènes s'enchaînent et se succèdent, n'a pas seulement pour effet d'accroître notre puissance, nos ressources et notre bien-être. Elle nous amène aussi à nous faire de notre propre organisation, de nos besoins et de nos fonctions, de notre rôle dans le monde et de nos relations avec nos semblables, une idée plus exacte. Par là même, elle nous éclaire sur la direction qu'il convient de donner à notre vie, sur la loi qui doit régler notre conduite. Plus un homme est instruit, plus il prend une conscience nette de sa nature et de sa destinée, plus aussi il est apte à discerner le bien du mal; plus il gagne par conséquent en valeur et en puissance morales.

Assurément, l'expérience le prouve et nous l'avons déjà fait remarquer, il ne suffit pas de bien juger pour bien agir, parce qu'il nous faut compter avec la faiblesse de la volonté et les sollicitations des appétits inférieurs. Mais on peut affirmer sans hésitation qu'un jugement éclairé et droit est indispensable pour bien faire. Si la science n'est pas l'unique condition de la vertu et de la moralité, elle en est du moins le plus solide fondement.

4. Importance de l'instruction. — Ceci suffit à vous faire comprendre tout le prix que vous devez attacher à l'instruction et tous les efforts que vous devez faire pour tirer le meilleur profit possible du temps que vous passez à l'école et des leçons de vos maîtres. C'est le savoir que vous y aurez puisé qui devra plus tard éclairer et diriger votre conduite quand vous serez, à votre tour, devenus des hommes et des citoyens. Songez qu'alors d'autres soucis vous absorberont et que vous n'aurez guère le loisir de poursuivre et de compléter votre instruction. Peut-être vous sera-t-il donné d'entendre, à l'occasion, ou de lire d'excellentes choses; mais, pour être en état de les comprendre, il faut que vous ayez acquis un fonds solide de connaissances que l'école seule peut vous fournir.

5. Il faut chercher la vérité sans arrière-pensée. — Dans la recherche de la vérité, dans l'effort que vous devez faire en vue de cultiver et d'éclairer votre conscience, vous n'aurez pas seulement à vous défendre contre la paresse, mais aussi contre toutes les influences susceptibles de la corrompre ou de la fausser. Lorsqu'il s'agit, en effet, du devoir, des règles que la raison nous impose, nous sommes trop souvent disposés à tenir compte plus qu'il ne conviendrait de nos intérêts et de nos convenances personnelles.

Remarquez combien nous sommes habiles, toutes les fois que nos passions ou nos préférences sont en jeu, à ne voir de chaque chose que le côté qui nous agrée, à mettre le bon droit, ou plutôt les apparences du bon droit, d'accord avec nos désirs. La même question sera résolue par nous d'une manière bien différente, suivant qu'elle nous concerne ou concerne quelque autre; et nous jugeons notre conduite avec d'autres yeux que celle du prochain.

6. La raison doit s'affranchir des préjugés. — Diverses causes peuvent aussi contribuer à nous éloigner de la vérité. Nous subissons tous, dans une assez large mesure, l'influence du milieu où nous vivons. Pour résister aux pressions de toute nature, aux contraintes et aux sollicitations dont nous sommes l'objet, il nous faut tout à la fois beaucoup d'attention et une certaine énergie.

Il en faut peut-être plus encore pour nous soustraire à l'action des préjugés et de la routine. Il en est de notre esprit comme de notre corps; quand il a longtemps gardé les mêmes habitudes, il ne peut s'en détacher qu'au prix de grands efforts. Or, la raison exige précisément qu'au lieu de nous en rapporter aveuglément aux jugements et aux croyances qui nous viennent du passé et qui se sont transmises de génération en génération, nous cherchions à nous rendre compte par nous-mêmes de nos devoirs et des lois de notre destinée. La condition du progrès dans la vie morale est l'affranchissement de tout préjugé.

7. Nous devons aimer la vérité par-dessus tout. — Cette œuvre d'affranchissement ne nous demande pas seulement de l'énergie et de la persévérance. Elle veut aussi du courage; car il est parfois pénible de renoncer à des traditions qui nous étaient chères. Il y a des croyances dont nous ne nous détachons pas sans en éprouver des regrets qui peuvent aller jusqu'à la souffrance, car la vérité est souvent plus sévère que les rêves dont s'est bercée la jeunesse de l'humanité.

Eh bien! si vous voulez être des hommes et vivre conformément à la raison, il faut que vous alliez à la vérité malgré tous les obstacles; il faut que vous soyez prêts à tout sacrifier pour elle; il faut que, toujours entièrement sincères avec vous-mêmes, vous ne vous laissiez égarer ni par les passions, ni par l'intérêt, ni même par des scrupules ou des hésitations en apparence honorables, qui vous rattacheraient à des croyances que votre raison condamne. Quand vous voyez la vérité, abandonnez tout le reste : car seule elle peut vous mener au bien, à la justice et au progrès.

8. Il faut avoir horreur du mensonge et de l'hypocrisie. — Ayez horreur du mensonge sous toutes ses formes, non pas seulement de ce mensonge des lèvres par lequel nous cherchons à tromper la bonne foi des autres, mais de ce mensonge que nous nous faisons à nous-mêmes, quand volontairement nous nous aveuglons sur nos sentiments, nos idées et les motifs de nos actions. Condamnez l'hypocrisie qui, en vue de se concilier l'estime ou la bienveillance d'autrui, fait parade d'opinions ou de sentiments d'emprunt et cache sous le masque d'une fausse vertu ou d'une religion menteuse des vices secrets ou des calculs intéressés.

Condamnez aussi le respect humain qui nous enlève le courage de professer hautement, d'appliquer hardiment dans notre conduite les principes et les règles que nous dicterait notre conscience. N'oubliez pas que dans la droiture et la sincérité réside le véritable honneur.

9. L'amour de la vérité ne doit pas nous rendre intolérants. — Mais gardez-vous de confondre avec l'amour de la vérité un sentiment qui en diffère essentiellement, l'intolérance. Autant il est bon de rechercher le vrai avec ardeur et courage, de s'y attacher fermement quand on a conscience de l'avoir atteint, autant il est contraire tout à la fois à la raison et à la justice de prétendre imposer à d'autres ses opinions et ses croyances, lors même qu'on s'estimerait assuré de leur valeur. Certes chacun a le droit de travailler à répandre autour de lui la lumière et la science, et ce droit est même le plus saint des devoirs : car l'œuvre de progrès ne peut s'accomplir et s'achever qu'à ce prix. Mais contraindre d'autres hommes à professer des croyances qu'ils ne partagent pas, c'est faire violence à la raison elle-même qui se révolte contre une pareille tyrannie; c'est provoquer l'hypocrisie; c'est détruire dans la mesure de ses forces ce culte désintéressé du vrai qui fait toute la dignité de la personne humaine. C'est enfin porter atteinte à la plus précieuse des libertés.

L'intolérance, excusable peut-être chez ceux qui se réclament d'une révélation surnaturelle, serait ridicule et odieuse chez un penseur affranchi de toute servitude d'esprit. Toutefois il est indispensable d'ajouter qu'on n'est pas intolérant parce qu'on lutte de toutes ses forces contre l'ignorance et les préjugés et qu'on s'efforce, par la libre discussion, d'amener à la claire vision de la vérité scientifique ceux que l'indifférence, la routine ou la superstition en tenaient éloignés. Respecter la liberté de conscience, ce n'est pas renoncer à éclairer les consciences.

LECTURES

1. — IL FAUT AIMER LA VÉRITÉ PAR-DESSUS TOUT.

Nous savons bien que la vérité absolue n'est pas faite pour l'homme, puisqu'elle embrasse l'infini et que l'homme est fini ; mais nous savons aussi que ce qu'il y a de plus noble en lui, c'est d'aspirer sans cesse à cette vérité relative dont le domaine peut s'agrandir indéfiniment, et débordera peut-être un jour la zone où nos espérances les plus hardies en marquent aujourd'hui les limites. L'esprit qui s'est assigné pour tâche de collaborer à cette grande œuvre, qui, sur un point quelconque, travaille à diminuer l'immense inconnu qui nous entoure pour accroître le cercle restreint du connu, qui s'est soumis à la règle sévère et chaste qu'impose cet auguste labeur, cet esprit est devenu par là même plus haut, plus pur, plus désintéressé ; il a rompu, souvent au prix de luttes cruelles, avec l'erreur capitale qui est la racine de tant d'autres erreurs et que Pasteur aimait à signaler en empruntant les termes de Bossuet : « Le plus grand dérèglement de l'esprit est de croire les choses parce qu'on veut qu'elles soient. »

... Là est, à mon avis, la source de quelques-uns de nos plus grands maux. Tout le monde les voit, ces maux qui nous divisent et nous diminuent, et les plus généreux esprits de notre temps s'efforcent à l'envi d'y porter remède. On dit à la jeunesse : « Il faut aimer, il faut vouloir, il faut agir », sans lui dire et sans pouvoir lui dire quel doit être l'objet de son amour, le mobile de sa volonté, le symbole de sa croyance, le but de son action. « Il faut avant tout, lui dirais-je, si j'avais l'espoir d'être entendu, aimer la vérité, vouloir la connaître, croire en elle, travailler, si on le peut, à la découvrir. Il faut savoir la regarder en face et se jurer de ne jamais la fausser, l'atténuer ou l'exagérer, même en vue d'un intérêt qui semblerait plus haut qu'elle, car il ne saurait y en avoir de plus haut, et du moment où on la trahit, fût-ce dans le secret de son cœur, on subit une diminution intime qui, si légère qu'elle soit, se fait bientôt sentir dans toute l'activité morale. Il n'est donné qu'à un petit nombre d'hommes d'étendre son empire ; il est donné à tous de se soumettre à ses lois. Soyez sûrs que la discipline qu'elle imposera à vos esprits se fera sentir à vos consciences et à vos cœurs. L'homme qui a, jusque dans les plus petites choses, l'horreur de la tromperie et même de la dissimulation est, par là même, éloigné de la plupart des vices et préparé à toutes les vertus. »

G. Paris, *Discours de réception à l'Académie française.*

2. — LA SINCÉRITÉ.

Quelle n'est pas, pour tout être humain, l'importance de la vérité du caractère ! L'influence de cette qualité sur l'ensemble de la moralité est si grande, qu'il semble inutile de la signaler. L'enchaînement du vice et de la fausseté est inévitable. On s'apprend d'abord à dissimuler, parce qu'on fait le mal ; on continue à faire le mal parce qu'on s'est appris à dissimuler. Personne ne conteste ces observations ; ce sont des maximes reconnues ; chacun sait que la sincérité est une vertu garante de toutes les autres ; mais ce qu'on ne sent pas assez dans l'éducation, c'est à quel point la possession de cette vertu est un intérêt pressant, immédiat, personnel pour chaque élève. On ne s'aperçoit pas du rang que l'opinion même la plus frivole accorde par le fait à la véracité.

... Les paroles, ce moyen de s'entendre, si charmant, si facile, les paroles n'ont pas par elles-mêmes de valeur fixe ; elles en prennent chez chaque individu une particulière dont on est averti par des indices très délicats, mais qui, dans leur ensemble, trompent rarement. Cette valeur peut être fort élevée. Tel mot, prononcé par tel homme, répond de sa conduite à jamais ; ce mot est *lui* ; il saura le soutenir, quoi qu'il en coûte, il empreint sa moindre expression du sceau de son âme auguste, et produit une impression profonde en la prononçant. En revanche, les protestations les plus fortes de tel autre homme ne comptent pas ; ce sont des assignats démonétisés dont on ne regarde plus le chiffre.

En obligeant donc votre enfant à être vrai, vous lui assurez l'existence morale, vie plus importante à conserver que la vie physique, puisqu'on ne trouve plus le repos quand on l'a perdue, et qu'on est, au contraire, condamné à la plus humiliante agitation. Nul ne parle des chagrins secrets, fruits amers du manque de vérité dans le caractère ; on se tait sur la douleur de n'être jamais cru, jamais compté, jamais placé au poste honorable de confiance, situation qu'il faut toujours cacher, toujours masquer sous de vaines paroles, qui ne servent qu'à la constater.

Mme NECKER de SAUSSURE, *L'Éducation progressive*.

3. — LE MENSONGE.

La plus grave transgression du devoir de l'homme envers lui-même considéré comme être moral, et envers l'humanité dans sa personne, est le manquement à la vérité, le mensonge. Toute fausseté dans l'expression de la pensée, bien qu'en droit elle ne prenne le nom de « mensonge » qu'autant qu'elle blesse les droits d'autrui, doit, en morale, être tenue pour mensonge ; car le commandement moral ne perd pas son autorité du fait qu'il n'y aurait pas de lésion. Le déshonneur, c'est-à-dire la perte de la considération morale, accompagne le mensonge et ne quitte pas plus le menteur que l'ombre ne quitte le corps.

Le mensonge peut être ou externe ou interne (1). Par le premier, l'homme se rend méprisable aux yeux des autres ; par le second, ce qui est pire encore, il s'avilit à ses propres yeux et dégrade la dignité humaine dans sa personne. Il ne s'agit ici ni du dommage qu'un autre homme peut en éprouver, — car la faute constituerait alors une violation du devoir envers autrui, — ni du préjudice que le menteur se porte à lui-même, — car, à ce point de vue, le mensonge serait simplement contraire à la prudence et ne pourrait être considéré comme une transgression du devoir. Le mensonge est l'avilissement et en quelque sorte l'anéantissement de la dignité d'homme. Communiquer ses pensées à quelqu'un en exprimant volontairement le contraire de ce que l'on pense, c'est se mettre en complète opposition avec la fin naturelle de la faculté du langage ; c'est une abnégation de la personnalité. Et l'on peut dire que le menteur est moins un homme qu'une apparence trompeuse d'homme (2).

KANT.

(1) Le mensonge externe est celui par lequel on cherche à tromper les autres ; le mensonge interne, celui par lequel on cherche à se tromper soi-même.

(2) La parole est le signe et l'expression de la pensée ; mais le mensonge n'est qu'un signe trompeur et non la manifestation de la raison. Celui qui y a recours cesse en quelque sorte d'être un homme, c'est-à-dire un être raisonnable.

CHAPITRE V

L'EFFORT VERS LA PERFECTION

L'HOMME RAISONNABLE DOIT TENDRE A SE RAPPROCHER PEU A PEU DE LA PERFECTION PAR LA PRATIQUE DE LA VERTU

1. La science n'est pas le but suprême de la vie. — Il ne suffirait pas à l'homme de s'attacher à la vérité, de cultiver son esprit et de développer sa raison, si tout cela ne devait avoir pour résultat de transformer sa vie même, en rendant sa volonté meilleure et plus parfaite. Certes, la science est un bien précieux; elle mérite d'être recherchée, même au prix de longs efforts et d'un pénible travail; mais il ne faut pourtant pas la considérer comme le but suprême auquel nous devons tendre. Avoir pénétré les mystères de la nature et ceux de la vie de l'esprit, tout savoir même et tout comprendre, en supposant que notre faible raison fût capable de s'élever jusque-là, ce serait peu de chose encore, si en même temps nous ne devenions meilleurs, c'est-à-dire plus sages, plus vertueux, plus justes et plus accessibles à tous les sentiments généreux.

La science peut même devenir un danger et un mal, quand elle est mise au service des passions ou de l'égoïsme, quand elle engendre l'orgueil et le mépris de ceux qui ne la possèdent pas. Elle n'augmente la valeur de la personne qu'en tant qu'elle la rend capable de se diriger plus sûrement dans la voie du progrès et de la perfection, qu'elle l'éclaire sur ses devoirs et sur le bien qu'elle peut faire, qu'elle est un instrument de progrès et de civilisation, non de domination ou de combat.

2. La science doit être un moyen d'amélioration. — Son efficacité ne peut d'ailleurs être mise en doute, comme moyen d'amélioration, comme principe de perfectionnement. De même qu'elle a peu à peu assuré la souveraineté de l'homme sur la nature, qu'elle a rendu sa vie plus douce et plus facile, qu'elle a transformé toutes choses autour de lui pour son plus grand bien, de même elle peut donner à ses facultés naturelles une puissance nouvelle. La connaissance de nous-mêmes, de ce que la nature a mis en nous de bon et de mauvais, nous permet de nous corriger de nos faiblesses et d'accroître nos ressources. La raison développée par l'étude fait l'homme maître de sa destinée.

3. L'homme a reçu de la nature des aptitudes et des dispositions. — Assurément, ce serait une erreur de croire que nous ne dépendons que de nous-mêmes et que nous pouvons à notre gré modifier notre nature. Chacun de nous apporte en naissant tout un ensemble d'aptitudes ou de dispositions qu'il tient de ses ancêtres. Non seulement nous voyons à travers d'innombrables générations les mêmes traits se reproduire dans les individus d'une même race, mais vous savez bien que chacun de nous ressemble d'une manière plus ou moins frappante à ses parents. Et cette ressemblance s'applique tout à la fois à sa physionomie, à sa voix, à ses gestes, et aussi à ses qualités intellectuelles et morales, à ses goûts, à ses sentiments. C'est grâce à cette loi de l'hérédité, à cette transmission naturelle et constante des caractères de la race et de l'individu, que les progrès accomplis par les générations successives se sont conservés et accumulés, et que l'homme est devenu peu à peu si profondément différent du sauvage dont il est le descendant.

Il y a donc, par le fait de l'hérédité, une sorte de fond naturel, d'organisation primitive, indépendante de la volonté de l'individu, quelque chose de nous qui ne nous appartient pas. Mais ce caractère originel est susceptible d'être développé, amélioré et profondément transformé. Il faut bien qu'il en soit ainsi : car autrement le progrès lui-même eût été manifestement impossible.

4. Le caractère se modifie par l'éducation et l'action du milieu. — L'individu se modifie tout d'abord sous l'influence du milieu où il vit et dont il subit l'action, sans que d'ailleurs il s'en rende toujours bien compte. Ses idées, ses sentiments, ses goûts, ses habitudes, son être tout entier, se plient et s'adaptent aux exigences de ce milieu. Ainsi s'expliquent, par exemple, la puissance de la mode et celle de la coutume qui s'imposent à nous sans raison bien déterminée, parfois même en dépit de nos préférences ou de nos convenances personnelles.

L'influence du milieu est surtout puissante sur l'enfant, dont la nature encore indécise et malléable reçoit plus facilement les impressions et en garde plus profondément l'empreinte. De là l'extrême importance de l'éducation, et notamment de cette première éducation qui se fait au sein de la famille et résulte des conseils et des exemples que le jeune enfant y reçoit. De là aussi l'obligation qui s'impose aux parents, et dans une certaine mesure à la société, d'écarter de l'enfant les influences pernicieuses et de multiplier autour de lui les moyens d'amélioration et de perfectionnement. Commencée dans la famille, l'éducation se poursuit à l'école où elle trouve dans l'instruction et aussi dans l'émulation un puissant auxiliaire. Plus tard, elle se complète dans l'accomplissement des devoirs professionnels. A vrai dire, elle dure pendant la vie tout entière, par l'action des conseils et des exemples reçus de ceux qui nous entourent, et aussi par l'influence des livres, des journaux, des conférences, des associations et des groupements de toute nature auxquels nous attachent des liens particuliers.

5. Rôle de la volonté dans la formation du caractère. — Mais il ne s'ensuit pas que l'homme soit uniquement livré au jeu des influences extérieures. Elles ne suppriment pas, en fait, l'initiative de la personne elle-même. Les forces naturelles et le milieu n'agissent pas sur nous comme sur les êtres inférieurs, par une sorte de contrainte ; leur action est, dans une certaine mesure, subordonnée à notre consentement et au concours de notre volonté. Ainsi s'explique ce fait que des enfants, soumis aux mêmes influences et à la même direction, se comportent de façons si différentes. C'est qu'en réalité l'éducation exige le concours de deux forces distinctes, celle qui vient du dehors, et celle qui a son principe dans la personne elle-même.

A plus forte raison en est-il ainsi, quand la conscience parvenue à son complet développement et la volonté devenue plus ferme donnent à notre initiative et à nos efforts personnels toute leur puissance. Chacun de nous a conscience du pouvoir qu'il possède de gouverner et de diriger sa vie conformément à l'idéal qu'il s'est formé, de se soustraire aux influences du dehors, quand il les juge contraires à la raison et au devoir. Il se reconnaît, au moins dans une assez large mesure, maître et responsable de ses actes. Il se juge capable d'échapper à la servitude du passé et à la contrainte des forces extérieures, pour s'élever à une forme de vie plus haute et plus parfaite. Et l'expérience prouve qu'il ne se trompe pas, puisqu'il progresse et s'améliore peu à peu.

6. L'éducation de soi-même. — En fait, il est rigoureusement exact de dire que l'homme peut et doit faire sa propre éducation. Il lui suffit en effet pour transformer les aptitudes et les dispositions primitives de sa nature, de porter constamment sa pensée et sa volonté vers le bien, de surveiller chacune de ses actions, d'arracher les germes des habitudes mauvaises et de saisir toutes les occasions qui s'offrent à lui d'acquérir quelque degré nouveau de perfection. Et il n'est véritablement un homme, une personne morale, que dans la mesure même où il se recrée de la sorte, où, s'affranchissant des liens qui le rattachent à la nature, il tend en pleine conscience vers l'idéal qu'il a conçu et choisi.

7. Notre personnalité se constitue peu à peu. — Quand on affirme, d'ailleurs, que l'homme a le pouvoir de se transformer ainsi lui-même, il n'est pas question évidemment d'un changement qui se produirait par une action brusque et subite, comme dans une sorte de féerie. Le caractère, tel qu'il résulte de l'hérédité et des mille influences du milieu et de l'éducation, ne peut se modifier que par une lente et insensible évolution, analogue à celle qui en a formé et rassemblé les éléments constitutifs. De même que notre nature primitive résulte de l'accumulation depuis des siècles des actions accomplies par nos ancêtres, de même que l'éducation ne modifie le caractère que lentement et par degrés, de même aussi notre initiative, notre personnalité propre, ne peuvent s'affirmer et s'affranchir à leur tour qu'au prix d'un nombre considérable d'efforts et d'actes successifs.

8. La vertu est le prix de longs efforts. — C'est là un effet de la loi générale et souveraine de tout ce qui vit, l'habitude. Chaque effort, chaque mouvement laissant après lui un état nouveau, un changement, un accroissement de puissance qui persiste indéfiniment, il nous suffira d'accomplir chacune de nos actions en conformité avec la loi révélée par la raison, pour que peu à peu et insensiblement nous devenions meilleurs. L'expérience l'atteste d'ailleurs. Si la science, l'habileté professionnelle, ne s'acquièrent que par un lent et patient apprentissage, il n'en est pas autrement de la vertu. C'est en réglant chacun de nos actes sur les prescrip-

8

tions de la conscience et l'idéal qu'elle nous suggère, que nous deviendrons vertueux.

Surtout, gardez-vous de croire que la vertu suppose nécessairement de l'héroïsme ou des actions d'éclat. Les vertus les plus simples et les plus modestes ne sont pas à dédaigner. On pourrait même affirmer que dans le monde les hommes de bien sont en général plus utiles que les héros.

9. Le courage et la force d'âme. — D'ailleurs, si la vertu ne va pas toujours jusqu'à l'héroïsme, elle est pourtant inséparable du courage. Elle s'identifie, pour ainsi dire, avec la force d'âme; car elle exige l'effort continu vers le bien et la perfection. Si l'homme s'écarte si souvent des voies que la raison lui trace, c'est que sa volonté est faible, qu'il ne sait pas triompher d'une tentation, renoncer à un plaisir ou s'imposer une peine.

Ne réservons donc pas toute notre admiration pour ces formes brillantes du courage qui se révèlent dans les circonstances exceptionnelles. La valeur militaire mérite d'être honorée; le courage du citoyen qui se dévoue à la défense d'une juste cause ou au bien de ses semblables est plus noble encore; mais il faut savoir aussi rendre hommage à l'homme qui, simplement et modestement, fait son devoir en travaillant, en élevant sa famille, et en remplissant de son mieux toutes les obligations de la vie sociale. Celui-là n'est pas un héros; mais, pour vivre en honnête homme, il lui a fallu peut-être plus d'énergie et de grandeur d'âme qu'il n'en faudrait pour accomplir, une fois dans la vie, une action héroïque.

10. Formes diverses du courage. — Le courage et la force d'âme peuvent, en effet, se manifester sous les formes les plus diverses et dans toutes les circonstances de la vie. N'en faut-il pas pour supporter sans récriminer, sans se laisser abattre, les épreuves de toute nature auxquelles chacun de nous est exposé, les souffrances de la maladie, les inégalités d'humeur de ceux qui nous entourent, les injustices dont parfois nous pouvons être victimes? N'en faut-il pas plus encore pour reconnaître et réparer nos fautes personnelles; pour résister aux mouvements de passion qui nous détournent du devoir, aux sollicitations de plaisirs dégradants ou funestes; parfois aussi pour sauvegarder notre conscience contre la pression du milieu? Combien d'actes de courage devons-nous accomplir ainsi chaque jour, si nous voulons demeurer simplement honnêtes! Courage d'autant plus difficile et méritoire, qu'il est sans éclat, même à nos propres yeux.

LECTURES

I. — IL FAUT TRAVAILLER A SE PERFECTIONNER SOI-MÊME.

La volonté de s'élever soi-même, c'est là ce qui fait la vie et la force de tous les moyens que nous employons pour notre propre éducation. J'énonce de nouveau ce principe à cause de son extrême importance; j'ajoute seulement une observation pour empêcher qu'il ne soit mal compris. Lorsque je parle de la volonté de s'élever soi-même, j'entends que cette volonté soit sincère. En d'autres termes, le but réel, ce doit être notre éducation; c'est pour elle-même qu'il faut la chercher, et non pour en faire un moyen ou un instrument. Ici je touche à une erreur commune et funeste. Le nombre de personnes qui désirent l'éducation, seulement pour acquérir de la fortune et s'élever dans le monde, est considérable; mais ces personnes ne cherchent pas véritablement le progrès; ce qu'elles poursuivent, c'est quelque chose d'extérieur, quelque chose qui leur est étranger; une impulsion si basse ne peut amener qu'un progrès restreint, partiel, incertain. L'homme, je l'ai dit, doit se cultiver lui-même parce qu'il est homme. Il doit commencer avec la conviction qu'il y a en lui quelque chose de plus grand que dans toute la création matérielle, que dans toutes les choses qui frappent ses yeux et ses oreilles; il doit comprendre que le progrès intérieur a en soi une valeur et une dignité tout à fait distinctes du pouvoir qu'il donne sur les objets extérieurs. Sans doute on doit travailler à améliorer sa position, mais on doit d'abord songer à s'améliorer soi-même : si l'on ne connaît pas d'autre usage plus noble de l'esprit que de le fatiguer au profit du corps, il faut désespérer de son éducation.

CHANNING, *Œuvres sociales.*
(Fasquelle, éditeur.)

2. — POUVOIR DE L'HOMME SUR LUI-MÊME.

L'éducation personnelle est quelque chose de possible. Ce n'est pas un rêve. Elle est fondée sur notre nature. Il y a dans l'âme humaine deux facultés qui rendent l'éducation possible; c'est la faculté que l'âme possède de s'étudier elle-même et la faculté qu'elle a de se former elle-même. Nous avons d'abord la faculté de ramener notre esprit sur lui-même; de rappeler ses opérations passées, d'observer ses opérations présentes; d'apprécier ses capacités et ses susceptibilités diverses, ce qu'il peut faire et ce qu'il peut supporter, de connaître la mesure de ses plaisirs, de ses peines, et c'est ainsi que nous apprenons d'une manière générale quelle est notre nature et notre destination. C'est une remarque à faire que nous pouvons distinguer non seulement ce que nous sommes déjà, mais encore ce que nous pouvons devenir, voir en nous le germe et l'espérance d'un développement sans bornes, viser au delà de ce que nous avons atteint, tendre à la perfection comme à la fin de notre être.

Mais l'éducation personnelle n'est pas seulement possible, parce que nous pouvons pénétrer en nous-mêmes et nous examiner : nous avons encore une plus noble faculté, celle d'agir sur nous-mêmes, de nous conduire, de nous former. C'est une qualité aussi effrayante que glorieuse, car c'est sur elle qu'est fondée la responsabilité humaine. Nous avons le pouvoir non seulement de suivre nos facultés, mais de les diriger, de leur donner l'impulsion; non seulement d'observer nos passions, mais de les contrôler; non seulement de voir grandir nos facultés, mais encore d'en aider le développement. Nous pouvons arrêter ou changer le cours de nos pensées. Nous pouvons concentrer notre intelligence sur les objets que nous désirons comprendre. Nous pouvons fixer nos regards sur la perfection et nous faire de toutes choses un moyen pour y arriver. C'est là sans doute une noble prérogative de notre nature. Dès que nous la possédons, qu'importe ce que nous sommes et le point où nous sommes, puisqu'il est en notre pouvoir de conquérir un sort meilleur, et même un bonheur d'autant plus grand que nous serons partis de plus bas? De toutes les découvertes nécessaires à l'homme, la plus importante aujourd'hui, c'est celle de cette faculté créatrice qu'il porte en lui-même comme un trésor. Il en soupçonne peu la grandeur aussi peu que le sauvage soupçonne l'action de l'esprit sur le monde matériel; cependant elle surpasse en importance tout notre pouvoir sur la nature extérieure.

C'est cette faculté qui rend l'éducation possible, et qui nous en fait un devoir impérieux.

CHANNING, *Œuvres sociales.*
(Fasquelle, éditeur.)

CHAPITRE VI

LE MARIAGE

L'UNION DE L'HOMME ET DE LA FEMME RÉPOND A UNE LOI NATURELLE ET CONTRIBUE AU DÉVELOPPEMENT DE LA VIE MORALE

1. La famille est une extension naturelle de la vie individuelle. — Nous nous ferions de la nature de l'homme et de sa destinée une idée singulièrement inexacte et incomplète, si nous le considérions seulement dans sa vie individuelle, sans tenir compte des liens qui la rattachent à la vie sociale. En fait, l'individu ne se suffit pas à lui-même. A plusieurs reprises, nous avons été déjà amenés à constater les relations intimes qui l'unissent à ses semblables.

Il est tout au moins une forme de la vie sociale qu'on ne saurait en aucune façon séparer de la vie individuelle, puisqu'elle est la condition indispensable de la conservation de l'espèce humaine : c'est la famille, la petite société constituée par l'union de l'homme et de la femme et par les enfants qui naissent de cette union. Il y a donc là une extension naturelle et nécessaire de la vie de l'individu. L'homme ne remplit toute sa mission qu'autant qu'il transmet à d'autres la vie qu'il a lui-même reçue.

2. L'ordre naturel et l'ordre social font du mariage une obligation. — Le mariage, le libre contrat par lequel l'homme et la femme s'associent pour partager la même vie et élever en commun leurs enfants, répond donc à une loi essentielle de la nature. Il peut être considéré comme un devoir, comme la plus haute des obligations morales, puisqu'il est l'expression et la consécration de cette loi générale, qui commande à l'individu de vivre non pas seulement pour lui-même, mais pour l'humanité. L'abstention volontaire du mariage, quand elle n'est pas justifiée par des motifs exceptionnels, est donc un crime contre l'ordre naturel, aussi bien que contre l'ordre social. Elle ne peut d'ailleurs s'expliquer que par l'influence d'un égoïsme étroit que condamne la raison, et par l'oubli du principe fondamental de la solidarité humaine.

3. Le mariage contribue au bien de l'homme et de la femme. — D'ailleurs le mariage n'a pas pour fin unique de perpétuer la race; il se justifie aussi par l'intérêt même de ceux qui le contractent. Outre qu'il donne satisfaction au besoin que nous éprouvons d'associer notre vie à celle d'autres personnes et de partager avec elles nos travaux et nos espérances, nos joies et nos douleurs, il assure à l'homme aussi bien qu'à la femme des avantages incontestables. Leurs aptitudes et leurs qualités respectives se complètent en effet mutuellement, de manière à former un tout harmonieux.

La femme, que la nature a faite plus faible, a besoin du concours et de la protection de l'homme; les travaux trop rudes ne lui conviennent pas, et elle se trouverait souvent impuissante contre les divers dangers qui pourraient la menacer. De son côté, elle apporte à l'homme son dévouement, sa tendresse et ses soins; elle est la compagne qui l'aide à supporter les charges et les misères de la vie.

4. Rôle de la raison dans l'organisation de la famille. — Pourtant, si naturelle, si nécessaire que soit l'organisation de cette petite société restreinte que forme la famille, elle n'est pas tout entière l'œuvre de la nature; il a fallu de longs siècles pour qu'elle sortît de la barbarie. Sans parler des âges tout à fait reculés où sans doute le mariage n'existait pas, où les liens contractés entre l'homme et la femme se dénouaient au gré de la force ou du caprice, chez les peuples primitifs l'homme abusait trop souvent de sa puissance pour réduire la femme à l'état d'esclave. D'ailleurs même de nos jours, chez certaines races inférieures, il en est encore ainsi. La femme se livre seule aux travaux les plus durs, l'homme passant sa vie tout entière dans une oisiveté presque complète. Il ne retrouve guère son énergie que lorsqu'il s'agit de combattre.

5. Obligations mutuelles de l'homme et de la femme.— Avec le développement de la raison et les progrès de la civilisation, les rôles se sont établis d'une manière plus conforme à la justice. La femme a trouvé dans sa faiblesse même un titre au respect et à l'affection de l'homme. Dans la famille moderne, c'est le mari qui se charge de pourvoir par son travail à l'acquisition des ressources indispensables à la subsistance de tous, tandis que la femme se réserve les occupations plus douces de la vie intérieure et de l'éducation des jeunes enfants.

Tel est du moins l'état idéal et rationnel de la famille; mais les conditions actuelles de la vie sociale n'y répondent pas toujours. L'insuffisance du salaire gagné par le mari met trop souvent la femme dans l'obligation d'abandonner le foyer domestique, pour aller chercher au dehors un supplément de gain; et cela arrive surtout dans les familles nombreuses, où la présence de la mère au logis serait pourtant si nécessaire. Une des revendications les plus légitimes de la démocratie consiste précisément à demander que le travail de l'homme soit assez largement rémunéré pour qu'il puisse suffire seul à tous les besoins de sa famille.

6. La place de la femme est au foyer domestique. — Ceci n'implique nullement, bien entendu, que dans une société bien organisée la femme soit dispensée de l'obligation du travail. Ne doit-elle pas prendre sa part des charges de la vie commune? La femme oisive, celle dont le temps serait uniquement consacré aux vaines distractions et aux stériles obligations de la vie mondaine, serait un être inutile et sans valeur morale. Mais les soins du ménage, l'entretien des vêtements et la surveillance des enfants suffisent, dans la plupart des cas, à occuper son activité. On aurait bien tort de considérer ces occupations comme inférieures et de les dédaigner ; car elles ont, au point de vue du bonheur et de l'amélioration de tous, une importance considérable.

D'ailleurs, il n'est pas interdit à la femme d'exercer personnellement une profession conforme à ses goûts et à ses aptitudes, pourvu que les exigences de cette profession puissent se concilier avec ses devoirs de mère de famille. Mais, avant tout, elle appartient à son mari et à ses enfants; sa place est au foyer domestique. Si l'on est en droit de la blâmer quand elle l'abandonne pour courir au plaisir, on ne saurait davantage admettre qu'elle puisse en être détournée par la nécessité où elle se trouve de gagner sa vie.

7. Le mariage ne doit pas être contracté à la légère. — De tout ce qui précède il résulte que le mariage doit amener entre l'homme et la femme une collaboration de tous les jours, et qu'il suppose par conséquent l'accord et l'harmonie de leurs volontés. Tous deux ne doivent en quelque sorte former qu'un seul cœur et un seul esprit, une même personne.

Quand on envisage le mariage sous cet aspect, on comprend toute la gravité et l'importance de l'acte par lequel nous le contractons, puisque de lui dépend, on peut le dire, le bonheur de notre vie tout entière. Car ce serait un fol espoir de croire que, par l'effet de la vie commune, deux caractères qui ne s'accordent pas dans une sorte d'harmonie naturelle arriveront à se rapprocher l'un de l'autre. Il faut songer, tout au contraire, que les occasions de froissement et de contrariété sont malheureusement trop nombreuses et que, même entre personnes faites pour s'entendre, la communauté permanente de vie amène inévitablement quelques difficultés.

Pour y parer dans la mesure du possible, il faut donc bien sérieusement réfléchir avant de prendre un engagement qui doit être définitif. On cherchera surtout à s'assurer qu'il y a, entre les futurs époux, une réelle concordance de caractère, d'idées et de volontés, une conception identique du but de la vie. Les questions de fortune ou de convenance sociale, qui trop souvent pèsent plus que toute autre considération, devraient au contraire être regardées comme accessoires ; car elles ne sauraient être une garantie de sympathies solides et durables.

8. Les vertus domestiques. — Plus tard, dans la vie commune, le maintien de la paix et du bonheur exigera de la part de l'homme et de la femme beaucoup d'affection, de dévouement, de douceur et de tolérance. Si l'un des deux prétend faire prévaloir en toute occasion ses idées, ses goûts ou ses désirs, on ne peut raisonnablement demander que l'autre se résigne indéfiniment à se sacrifier. Des concessions mutuelles sont indispensables ; elles seront faciles si l'on réfléchit que les avantages de la vie de famille valent bien d'être achetés au prix de quelques sacrifices. Ce sera d'ailleurs une excellente manière de se former à cet esprit de renoncement et d'oubli de soi-même qui est, nous l'avons vu, inséparable de l'idée du devoir.

9. La vie de famille nous forme à la pratique de la vertu. — La vie de famille constitue ainsi un précieux apprentissage de la vie morale. Dans nos relations extérieures, nous sommes assez disposés à nous surveiller et à nous imposer, au besoin, quelque gêne. Nous nous y résignons sans trop de peine, parce que nous savons que l'effort ou la contrainte seront momentanés. Dans la famille, nous nous mettons plus complètement à l'aise. Volontiers nous lâcherions la bride aux mille petits défauts ou travers dont notre nature imparfaite est pourvue, et que d'ailleurs on excuse assez facilement, mais qui deviennent pourtant fort pénibles à ceux qui doivent les supporter constamment.

Ce sera pour nous un excellent exercice de nous habituer à la pratique de toutes ces petites vertus de patience, de complaisance, d'indulgence, de douceur, indispensables au bonheur domestique. Si elles sont moins éclatantes que d'autres, elles n'en sont pas moins précieuses et d'une réelle valeur morale, parce qu'elles représentent le triomphe de la raison et du désintéressement, et font de notre vie la vie d'un sage.

10. L'union contractée dans le mariage ne doit pas être rompue sans de graves motifs. — Il est des cas pourtant où la vie commune peut devenir trop pénible par la faute de l'un des deux époux ou le désaccord complet qui les sépare. Alors le lien du mariage peut être légitimement rompu. Mais, en raison des difficultés que le divorce est susceptible de faire naître, soit pour l'homme ou la femme, soit surtout pour les enfants, quand il y en a, il ne faut recourir à ce remède qu'autant que le mal a été reconnu trop grave et qu'il n'y a plus espoir d'un rapprochement possible. La raison est d'accord avec la loi pour proclamer qu'en principe le mariage doit être indissoluble.

Avec un peu de bonne volonté de part et d'autre, la plupart des dissentiments finissent d'ailleurs par s'apaiser, les froissements mutuels deviennent moins pénibles et l'on arrive même peu à peu, par la communauté des habitudes, par le partage des mêmes affections, des mêmes soins et aussi des mêmes souffrances, à un rapprochement plus intime. Il est bien peu de vieux ménages où l'accord ne règne pas.

LECTURES

I. — POURQUOI IL EST BON DE SE MARIER DE BONNE HEURE.

Si j'en dois juger par les ménages que j'ai été à même d'observer, je serais porté à croire que les meilleures chances de bonheur sont pour ceux qui se marient jeunes. Les jeunes gens ont le caractère plus flexible, ils tiennent moins à leurs habitudes, ils s'accoutument donc plus aisément l'un à l'autre : ce qui écarte bien des occasions de querelle. Si de jeunes époux n'ont pas toute la prudence qu'exige la conduite d'un ménage, ils ont en général auprès d'eux des parents ou des amis plus âgés qui peuvent les aider de leurs conseils, et qui sont prêts à suppléer au défaut d'expérience. Un mariage précoce habitue de meilleure heure les jeunes gens à une vie réglée et utile ; souvent même il prévient heureusement des accidents ou des liaisons qui nuisent à la santé ou à la réputation, quelquefois même à toutes deux.

Les mariages tardifs offrent cet autre inconvénient qu'ils n'offrent pas aux parents la même chance d'élever leur famille. « Les enfants venus tard sont de bonne heure orphelins », dit un proverbe espagnol. Triste sujet de réflexion pour les gens qui peuvent se trouver dans ce cas ! Chez nous, en Amérique, on se marie communément au matin de la vie; nos enfants sont élevés et établis dans le monde vers notre midi, et quand nos affaires sont faites, nous avons encore une après-midi, une soirée pour jouir de notre loisir.

Au total, je suis charmé que vous soyez marié, et je vous en félicite cordialement. Vous voici en chemin de devenir un citoyen utile; vous vous êtes soustrait à cet état d'éternel célibat, si contraire à la nature.

C'est pourtant la destinée d'une foule de personnes,

qui n'en avaient jamais eu l'intention; mais qui, pour avoir trop tardé à changer de condition, finissent par trouver qu'il est trop tard pour y songer, et passent ainsi toute leur vie dans une situation qui fait perdre à l'homme une partie de sa valeur.

BENJAMIN FRANKLIN.
(*Lettre à John Alleyne.*)

2. — LA FEMME EST L'AME DE LA MAISON.

La maison où il y a une bonne femme se distingue tout de suite des autres. On y trouve un ordre particulier, une façon simple et harmonieuse de disposer toute chose, une propreté scrupuleuse où l'on ne devine pas seulement le soin d'une ménagère active, mais aussi la tendresse toujours en éveil de la mère et de l'épouse. Ne s'agirait-il que d'un petit bouquet de bleuets, cueilli au bord du chemin, la chère femme a su mettre ces fleurs au bon endroit; le verre qui les contient est brillant, l'eau est pure, et cela donne à la demeure un petit air de fête qui réjouit l'œil en entrant. Elle ne livre rien au hasard; jusque dans les plus petits détails il y a une intention, et chacune de ces intentions sort de son bon cœur pour aller à celui des autres.

Sa personnalité rayonne, réchauffe, et le parfum de son âme pénètre partout : on la sent sans la voir. Car le signe distinctif d'une bonne femme est de ne pas faire tapage, de ne pas attirer les regards et de passer presque inaperçue dans la famille.

C'est lorsqu'elle n'est plus là que l'on comprend tout ce qu'elle valait. Il semble alors que le feu du foyer soit éteint et, à chaque heure du jour, on la cherche, on l'attend.

Elle est comme le bon pain de froment qui semble insipide et dont on ne peut se priver. Elle est comme l'air pur qui nous fait vivre et que nous ne voyons pas.

Son cœur et sa vie sont aux autres; elle s'est donnée tout entière, on la sait à soi; on use de son âme, on y fouille comme en un trésor commun.

Sa bonté est au milieu de la famille un refuge toujours

ouvert qui calme et guérit, non pas qu'elle se pique d'éloquence et de philosophie, qu'elle endorme le chagrin par des phrases ou persuade par des raisonnements : elle partage les peines et les joies de ceux qu'elle aime, rien de plus, et cela si simplement, avec tant de naturel et d'un cœur si sincère, que l'on ne songe même pas qu'il en pourrait être autrement.

Elle n'a pas conscience, d'ailleurs, d'être l'ange du foyer et l'âme de la famille; elle ne fait aucun effort pour cela; c'est par besoin qu'elle se dévoue, par instinct qu'elle s'efface; elle va au bien comme les braves au canon.

Elle a la pudeur de ses vertus comme d'autres ont la honte de leurs défauts, et agit avec des raffinements de diplomate pour dissimuler ses bonnes actions, pensant que la reconnaissance dont on paie un bienfait enlève à ce bienfait le plus pur de son mérite et le déflore en le signalant.

G. Droz, *Tristesses et Sourires.*
(Ollendorf, éditeur.)

CHAPITRE VII

L'ENFANT

L'ÉDUCATION DES ENFANTS EST LE PLUS IMPORTANT DES DEVOIRS QUE COMPORTE LA VIE DE FAMILLE

1. La naissance des enfants complète la famille.—Constituée par l'union de l'homme et de la femme, la famille se complète par les enfants qui naissent de cette union. La présence des enfants resserre les liens formés par le mariage, parce qu'elle impose aux parents des charges et des obligations communes, et qu'elle les amène à partager les mêmes joies, les mêmes peines et les mêmes espérances. Elle assure d'autre part à la famille une sorte de perpétuité, les parents se survivant à eux-mêmes, pour ainsi dire, dans les enfants qu'ils ont élevés.

Si l'on ne voulait voir dans la vie que les satisfactions et les plaisirs qu'elle peut procurer, il semble qu'on devrait plutôt redouter la naissance d'un enfant. Il est certain, en effet, que sa venue apporte un lourd fardeau de fatigues, d'inquiétudes et de responsabilités. Songez seulement à tous les soins que votre mère vous a prodigués dans votre enfance, aux nuits qu'elle a passées près de vous, aux tourments qu'elle a éprouvés quand vous étiez malades, à la peine qu'elle s'est donnée chaque jour pour préparer votre nourriture et entretenir vos vêtements. Songez aux sacrifices qu'ont faits vos parents pour vous assurer une instruction solide et une bonne éducation. Votre avenir est leur principale préoccupation et s'ils ont quelque ambition, c'est celle de vous procurer une vie meilleure et plus heureuse que la leur.

2. L'enfant apporte la joie dans la famille.— Cependant, comme ils oublient toutes leurs fatigues et toutes leurs peines, pourvu qu'ils puissent vous conserver près d'eux! C'est que la présence de l'enfant est la source des plus pures joies de la vie de famille, comme sa perte est la douleur la plus cruelle qui puisse nous atteindre.

Il y a dans ce double fait la preuve de cette vérité si importante au point de vue de la vie morale, que l'homme ne doit pas rechercher le bonheur dans les seules satisfactions de l'égoïsme, et que notre nature a d'autres aspirations. En se donnant entièrement à leurs enfants, les parents n'éprouvent d'autre désir que celui de les voir tirer eux-mêmes le meilleur profit de tous les sacrifices consentis. A vrai dire, il y a dans le dévouement, dans les privations et les souffrances librement acceptées pour le bien de ceux qui nous sont chers, une source inépuisable de joies pour les cœurs élevés.

3. L'amour des parents pour leurs enfants doit être éclairé et sage. — Aussi les parents, à part de rares et tristes exceptions, accomplissent-ils de grand cœur leurs obligations vis-à-vis de leurs enfants. L'expérience atteste même que des hommes, dépourvus à peu près de tout sentiment moral, et descendus au dernier degré de la dépravation, demeurent encore capables d'aimer leurs enfants et de s'employer à leur être utiles.

Toutefois, il est bon de déterminer avec précision les devoirs des parents envers leurs enfants. Car il ne suffit pas d'être animé d'une affection sincère et d'une réelle bonne volonté ; il faut aussi comprendre les véritables intérêts de ceux que nous aimons ; il faut que nos soins soient toujours éclairés et dirigés par la raison. Bien des parents, par faiblesse ou par aveuglement, font tourner au détriment de leurs enfants les actes mêmes accomplis en vue de leur bonheur.

C'est ainsi par exemple que, dans le désir très légitime de leur procurer largement la nourriture nécessaire, ils leur font prendre des aliments trop abondants ou trop lourds, au risque de les rendre gravement malades. Ou bien, ils les couvrent inutilement de vêtements trop chauds ou, par une crainte exagérée du danger, les maintiennent enfermés et les privent de l'air et de l'exercice dont leurs jeunes organismes ont un si grand besoin.

D'autres, par une aveugle complaisance, acceptent ou tolèrent des dispositions, des sentiments ou des habitudes qu'il leur faudrait combattre. Rien n'est plus funeste que l'excès de faiblesse vis-à-vis de jeunes enfants, qu'une sollicitude éclairée et ferme peut seule préserver des dangers de toute sorte auxquels les exposent leur inexpérience et leur légèreté naturelle. Ce n'est pas en les gâtant, c'est en leur témoignant le désir sincère de leur être utile, qu'on se crée des droits à leur affection.

4. Importance de l'instruction. — Trop souvent d'ailleurs les parents, par suite d'une conception inexacte de leurs devoirs et des véritables intérêts de leurs enfants, n'attachent pas assez d'importance à la partie pourtant la plus délicate et la plus haute de leur mission. Ils ne se préoccupent pas, comme il conviendrait, de veiller par eux-mêmes à l'instruction et à l'éducation de leur petite famille.

Si vous vous rappelez ce que nous avons dit de l'importance de la science qui seule permet à l'homme de connaître sa nature, sa destinée et le rôle qu'il est appelé à jouer dans le monde, de la science qui est la condition et la source de tout progrès, de toute amélioration, vous comprendrez tout le prix de l'instruction, et le tort irréparable que l'on cause à un enfant, quand on néglige de la lui donner.

Aujourd'hui que partout des écoles sont ouvertes, que chacun peut y trouver près de maîtres d'un savoir et d'un dévouement éprouvés les leçons dont il a besoin, toute famille qui néglige d'y envoyer ses enfants commet une faute grave, se rend coupable d'un véritable crime.

5. Le choix d'une carrière. — Mais la responsabilité des parents ne s'arrête pas là. En confiant leurs enfants à la direction d'un maître, ils conservent le devoir étroit de les suivre dans leur travail et dans leurs progrès.

C'est à la famille qu'il appartient aussi de veiller à ce qu'ils reçoivent une préparation en rapport avec le rôle et les fonctions qu'ils auront un jour à remplir. Dans le choix à faire entre les programmes d'études susceptibles d'ouvrir l'entrée des diverses professions, elle devra s'inspirer seulement de l'intérêt bien entendu des enfants, à l'exclusion de toute considération de vanité ou de préférences égoïstes. Combien de jeunes gens qui auraient pu former d'excellents sujets et de bons citoyens, sont demeurés inutiles et impuissants, parce qu'on n'avait pas su ou pas voulu les diriger vers une carrière conforme à leurs goûts ou à leurs aptitudes !

6. L'éducation est l'œuvre commune de la famille et de l'école.— Quant à l'éducation qui, par l'influence des bons conseils et des bons exemples, par l'action salutaire de la discipline, transforme le caractère de l'enfant, elle est l'œuvre commune de la famille et de l'école. Mais l'école elle-même ne peut rien, si la famille n'intervient sans cesse avec l'autorité qui lui appartient en propre ; et c'est aux parents que revient ainsi en définitive toute la responsabilité de l'éducation.

Ils devront s'attacher à développer chez l'enfant, dès le premier âge, les bonnes habitudes qui plus tard feront de lui un homme sage, courageux, utile à lui-même et aux autres. Ils s'appliqueront surtout à lui inspirer l'amour du travail, le respect de l'ordre, le sentiment de la responsabilité et la conscience du rôle qu'il est appelé à remplir dans le monde.

Il n'est pas d'ailleurs d'œuvre plus belle ni plus attachante que l'éducation des enfants. En travaillant pour eux, c'est l'avenir que nous préparons. Comment n'éprouverions-nous pas une profonde et bien légitime satisfaction, en songeant que les semences déposées en leur esprit germeront un jour, et qu'ainsi ce que nous avons pu faire de bon et d'utile se continuera après nous?

7. Devoirs des enfants envers leurs parents. — De leur côté, les enfants ont aussi de grands devoirs à remplir vis-à-vis de leurs parents. Ils seraient évidemment bien coupables, s'ils ne témoignaient un profond amour à ceux qui ont tant fait pour eux, qui pour leur bien se sont imposé tant de fatigues et de sacrifices. A vrai dire, l'amour et la reconnaissance sont de la part d'un enfant vis-à-vis de ses parents des sentiments si naturels qu'on ne saurait, pour ainsi dire, les considérer comme un devoir.

L'enfant doit respecter ses parents et leur obéir, non seulement parce qu'il a reçu d'eux d'innombrables bienfaits, et qu'ils ont acquis de la sorte des titres incontestables à sa reconnaissance, mais aussi et surtout parce qu'ils représentent à son égard la sagesse et la raison. Encore inexpérimenté et ignorant de la vie, il serait sans cesse exposé à s'égarer, s'il ne recevait de ses parents et de ses maîtres les conseils et les leçons indispensables.

A mesure que l'enfant grandit, que son esprit se développe et s'éclaire, qu'il comprend mieux son rôle, et qu'il devient plus capable de se diriger lui-même, l'obligation d'obéir à ses parents devient assurément pour lui moins étroite et moins rigoureuse ; mais jamais il n'est à leur égard dispensé du devoir de respect et de déférence que lui impose la nature.

Les enfants se feront tout à la fois un devoir et une joie de rendre à leurs parents, dans la mesure du possible, le bien qui leur a été fait. Ils chercheront à se rendre utiles de mille manières, à prendre leur part des fatigues et des charges de la vie commune. Plus tard, si les parents infirmes ou affaiblis ont besoin d'être aidés et soutenus, ils s'empresseront de venir à leur secours.

Surtout, ils auront pour eux les égards, les attentions délicates et affectueuses qui seront si douces à leur vieillesse, et ils s'efforceront de leur témoigner ainsi la reconnaissance dont leurs cœurs sont pénétrés.

LECTURES

I. — LE DEVOIR FAMILIAL.

La France s'en va, faute d'enfants. Et la natalité diminue à mesure qu'augmente l'aisance.

Y a-t-il un remède ?

S'il n'y en a pas, alors c'est la fin, et de toutes la plus honteuse, car c'est la fin par égoïsme, la fin par indignité de vivre. S'il y a un remède, à qui demanderez-vous de l'appliquer ? Ni lois, ni règlements n'y peuvent rien. Mais qu'il se trouve parmi vous un certain nombre de jeunes hommes qui, ayant réfléchi à ce que c'est que vivre, viennent à se dire : « Je me passerai de richesse, mais je ne me passerai pas de famille; je veux reprendre la vie simple : je travaillerai et mes enfants travailleront. Je serai pauvre et ils seront pauvres, mais notre pauvreté sera fière, notre maison sera heureuse et notre patrie revivra. »

Que beaucoup, ayant ainsi réformé leurs plans d'existence, et mis les joies d'une belle famille au-dessus de celles d'un bel appartement et d'un beau mobilier, donnent cet exemple d'énergie morale et de résistance à la tyrannie bête de l'argent; qu'ils prouvent par leur propre bonheur que des hommes intelligents et laborieux (et ces hommes-là trouveront des femmes pour les comprendre) peuvent très bien réagir et se refuser à être plus longtemps les prisonniers de la sottise bourgeoise et les esclaves d'un semblant de luxe. Croyez-vous impossible que de proche en proche ils trouvent des imitateurs? On a vu en d'autres temps de ces retours à la nature, même au prix d'une révolte contre la mode. Êtes-vous bien sûrs qu'il ne puisse pas s'en faire un de plus, en vue de reconstituer la famille normale en France?

F. Buisson, *Morale sociale.*
(Alcan, éditeur.)

2. — L'ÉDUCATION FÉMININE.

Suivant un dicton anglais, rien n'est impossible au Parlement, sauf de changer un homme en femme. Gardons-nous de paraître vouloir changer les femmes en hommes, et, pour faire entrer dans le ménage plus de force, n'allons pas en faire sortir la douceur et la grâce.

Nous ne sommes plus au temps où l'on se demandait si la femme a une âme, ni si l'âme de la femme ne diffère pas de celle de l'homme. Ce qui est incontestable, c'est que ni leur destination n'est la même, ni leur nature. Or, le but de l'éducation, c'est le perfectionnement dans l'ordre de la nature. Fortifions donc dans la femme la raison, qui est le bien commun, mais sans porter atteinte aux dons qui lui sont propres. Toutes ses faiblesses ne sont pas des défauts, pas plus que nos énergies ne sont toutes des vertus. Moins riche que l'homme en qualités acquises, la femme l'emporte par les qualités natives, ce que Montaigne appelle les qualités de primesaut. Son instinct la guide parfois aussi heureusement que la plus rigoureuse logique; tandis que nous discourons, elle observe; le grand livre du monde lui est familier; elle devine, elle démêle, elle pénètre; c'est, dans le détail des choses de l'âme, un merveilleux psychologue. Sa volonté, moins fortement trempée que celle de l'homme, conçoit, quand il le faut, les résolutions les plus vaillantes, les résolutions du sacrifice ; où nous nous décidons par raison, elle écoute son cœur, et la tendresse n'a pas de source plus profonde, le dévouement de plus complet abandon.

La sensibilité exquise vibre à tous les souffles : mobile, passionnée, n'espérant jamais à demi, elle ressent tour à tour et réfléchit admirablement les émotions diverses. Au bon sens le plus solide elle sait allier les grâces les plus légères. Dans tout ce qui demande du tact, du goût, moins d'application que de génie, l'oubli ou le don de soi-même, — dans la conversation, la correspondance, la critique, — des juges difficiles ne lui reconnaissent pas de supérieurs.

Elle a la finesse, l'élan, le charme. Ce sont là des richesses incomparables, dont il n'est besoin que de diriger et de perfectionner l'emploi. On peut régler son imagination et rectifier son jugement, éclairer ses sentiments et assurer sa volonté, discipliner, en un mot, ses facultés, sans en contraindre l'allure naturelle.

Dans une page pleine d'humour, Herbert Spencer (1) figure l'éducation, — celle qu'il s'agit de remplacer, l'éducation décorative et de vaines formules, — sous les traits d'une sorte de poupée revêtue d'oripeaux et se mouvant par ressort. Nous aimons à nous imaginer celle qu'il s'agit de créer sous la figure de ces statues antiques que Fénelon représente dans toute la sève de la vie, le port élégant et ferme, la démarche modeste et aisée, le front éclairé par la pensée, le sourire aux lèvres.

O. Gréard, *L'Éducation des femmes par les femmes.*
(Hachette et Cie, éditeurs.)

3. — IMPORTANCE DE L'ÉDUCATION DANS UNE DÉMOCRATIE.

En aucun temps, l'éducation n'eut un objet aussi grand à se proposer, et jamais l'enfance ne dut être aussi respectée que de nos jours... Songez qu'il ne s'agit plus seulement de faire un homme qui prenne sa place dans une

(1) Philosophe anglais du XIXe siècle qui professait la doctrine évolutionniste. H. Spencer a écrit un livre sur l'éducation.

société assise ; il s'agit de préparer celui qui doit guérir une société assez malade pour se frapper elle-même.

Ce n'est pas un écolier que vous avez à dresser ; c'est bien en réalité un créateur, un constructeur d'empires. Proportionnez donc l'esprit de cette éducation aux résultats que vous devez en attendre.

Il vient, il entre dans le monde, le messager de l'avenir. Comment l'accueillerez-vous ? Quelle éducation nouvelle donnerez-vous à cet Emmanuel (1) qui doit redresser un monde croulant ?

Je voudrais que l'or de la sagesse de tous les peuples fût mis à ses pieds ; que ce qui a été accepté, applaudi par la conscience de toute l'humanité, lui fût présenté à son arrivée dans le monde, comme son héritage moral. Quelle grande pensée, simple comme tout ce qui est grand, serait trop haute pour ce sauveur sorti des flots de l'ancien monde ! car c'est bien un sauveur, un médiateur qu'il vous faut élever dans chaque homme, ou le monde périt. Il vient pour s'élever au-dessus de toutes les sectes ; n'enfermez pas trop tôt son cœur dans une secte. Il faut qu'il puisse porter sans fléchir une humanité nouvelle ; ne le brisez pas avant qu'il ait rien fait.

Persuadez-vous bien que vous élevez un souverain dans le monde politique et moral. Vienne le Fénelon qui écrira le nouveau *Télémaque* pour l'héritier, non pas seulement d'un royaume, mais d'un monde ! Quelle source d'inspiration ne rencontrera-t-il pas dans cette idée !

Ed. Quinet, *Extraits*.
(Hachette et Cie éditeurs.)

---

(1) *Emmanuel*, mot hébreu qui signifie *Dieu avec nous* et qui désignait le Messie attendu.

CHAPITRE VIII

LA FAMILLE

L'EXTENSION NATURELLE ET PROGRESSIVE DE LA FAMILLE EST UN COMMENCEMENT D'ORGANISATION SOCIALE

1. Extension progressive de la famille. — Dans sa forme primitive et naturelle, la famille ne comprend que les seuls membres dont nous avons déjà parlé : les parents et les enfants. C'est dans ce cercle étroit qu'elle se renferme pour toutes les espèces animales, même les plus élevées et les plus voisines de nous. Si pour l'homme il en est tout autrement, si les relations de la famille s'étendent bien au delà, il faut l'attribuer à la raison, qui nous fait comprendre les avantages que nous pouvons recueillir pour nous-mêmes de ce groupement, et aussi les motifs qui nous obligent de porter intérêt et affection à des hommes nés du même sang que nous.

Toutefois on peut dire que l'extension de la famille est un fait naturel, en ce sens que les conditions et les besoins de la vie individuelle, en nous obligeant de faire sans cesse appel au concours de nos semblables, nous amènent à nous unir plus intimement à ceux que la naissance a placés près de nous. Ainsi se forme entre les frères et les sœurs d'abord, puis entre les parents plus éloignés, une sorte d'association tout à la fois libre et en quelque sorte nécessaire, que contribuent à maintenir et à resserrer l'intérêt, la sympathie, l'habitude et aussi, il faut bien le dire, les traditions et les conventions sociales.

2. Relations entre frères et sœurs. — Nés des mêmes parents, vivant pendant de longues années d'une vie commune, partageant les mêmes travaux les mêmes affections et les mêmes épreuves, les frères et les sœurs sont attachés les uns aux autres par un lien intime et puissant. Vivre en frères, se considérer et s'aimer comme des frères, n'est-ce pas pour nous l'expression de la plus haute manifestation de la sympathie ou de l'amitié ?

Pourtant la relation qui unit entre eux les frères et les sœurs n'est pas tout à fait analogue à celle qui existe entre les parents et les enfants. Elle comporte déjà un certain degré de liberté qui en fait une sorte d'amitié. Tandis que les parents se doivent en quelque sorte tout entiers à leurs enfants, qui en retour sont tenus vis-à-vis d'eux à la déférence et au respect, il ne saurait y avoir entre des frères cette sorte de dépendance mutuelle. Leur vie ne s'enchaîne pas nécessairement ; elle est, peut-on dire, parallèle ; le lien qui les rattache ne subsiste que par l'accord de leurs sentiments et de leurs volontés.

3. Devoirs fraternels.— Par suite, les devoirs réciproques qu'ils ont à pratiquer à l'égard les uns des autres sont moins nombreux et moins étroits. Ils ont néanmoins une haute portée morale, parce qu'ils représentent, à un degré supérieur, ceux qui nous lient à tous nos semblables, en vertu de cette communauté de nature et de destinée qui fait de tous les hommes des frères.

Si nous devons à tous notre aide et notre assistance, à plus forte raison sommes-nous obligés de nous intéresser d'une manière effective à la vie de nos propres frères. Ce devoir s'impose notamment dans le cas où certains membres de la famille sont atteints par quelque revers ou menacés de quelque danger. Il appartient alors aux plus forts et aux plus heureux de soutenir et d'assister les autres.

4. La vie de famille; avantages et obligations qu'elle comporte. — Mais il ne suffit pas d'être disposé à faire tout notre devoir, le jour où la situation d'un frère réclamerait notre concours; il faut que notre conduite tout entière, que nos actes, nos paroles attestent l'affection que nous portons à notre famille, et notre désir de lui rendre la vie plus facile et plus agréable. Il faudrait répéter ici ce que nous avons déjà dit de ces petites vertus domestiques de douceur, de délicatesse, de complaisance, de politesse et de cordialité qui sont comme la menue monnaie du devoir, et qui contribuent pour une large part au bonheur de ceux qui nous entourent. C'est à ce titre surtout que la vie de famille constitue pour chacun de nous le véritable apprentissage de la vie morale. Nous serons bien récompensés d'ailleurs des efforts que nous ferons pour les autres par la paix et l'affection que nous trouverons au foyer domestique, si nous savons en comprendre et en accepter les obligations.

Les relations qui subsistent le plus souvent durant la vie entière entre les frères et les sœurs amènent, par une conséquence toute naturelle, l'extension progressive de la famille. Les mariages qu'ils contractent à leur tour y font entrer à chaque génération des membres nouveaux. La famille perd ainsi peu à peu le caractère qu'elle ava[it] au début de groupe étroitement fermé.

5. Rôle moral et social de la famille. — Si la famille peut être considérée comme la forme primitive et le germe de toute vie sociale, il ne s'ensuit pas que son rôle doive s'amoindrir à mesure que progresse et se développe l'organisation de la société elle-même. Certes, il était nécessaire qu'elle subît, elle aussi, la loi commune de l'évolution. En fait, sa constitution actuelle, chez les peuples les plus civilisés, diffère profondément de ce qu'elle fut, par exemple, dans l'antiquité. L'autorité du chef n'est plus aussi absolue; les liens qui rattachent entre eux les membres d'une même famille se sont peu à peu relâchés, tandis que s'affirmait plus nettement la conscience de l'autonomie et de la responsabilité personnelle.

Mais son unité, plus libre et plus large, est en même temps devenue l'image plus exacte de l'amitié qui lie d'une mutuelle affection tous les citoyens d'une même patrie et l'expression concrète de cette grande loi de solidarité qui, pour la raison éclairée, domine les relations générales entre les hommes. C'est dans la famille que naissent tous les sentiments généreux de sympathie, d'amour, de dévouement mutuel qui s'étendent ensuite aux amis d'élection, à nos concitoyens, à l'humanité tout entière.

Elle a la charge de préparer, par l'instruction et l'éducation des enfants, des hommes et des citoyens. Elle est ainsi le centre, et comme le foyer de toute vie morale et sociale. C'est en favorisant son action, en améliorant sa constitution, qu'on travaillera plus sûrement à l'amélioration de la société elle-même.

6. Droits et devoirs des serviteurs.— A côté des membres proprement dits de la famille, il faut placer les serviteurs qui l'aident dans ses travaux et qui partagent plus ou moins complètement sa vie. La conception barbare qui, dans la plupart des sociétés antiques, faisait du serviteur un esclave, une chose livrée sans réserve à la volonté et aux caprices du maître, était, nous l'avons dit, une monstrueuse injustice, puisqu'elle constituait la plus coupable atteinte aux droits de la personne humaine. L'esclavage a disparu, tout au moins chez les nations civilisées. Mais cela ne suffit pas; et, dans notre organisation actuelle, il faut bien reconnaître que le sort des serviteurs n'est pas toujours ce qu'il devrait être. Le devoir d'un homme raisonnable et juste est de leur assurer toute la somme de bien-être, de bonheur et aussi d'indépendance, compatible avec leur emploi, de les traiter avec douceur et affection, de leur éviter tout excès de fatigue. Tout cela sera facile, si l'on songe qu'ils sont nos égaux et nos frères, et que les circonstances qui les ont amenés à nous servir ne les rendent ni moins dignes, ni moins respectables que nous-mêmes.

De leur côté, les serviteurs devront s'attacher à remplir de leur mieux, avec exactitude et conscience, les obligations de leur état. Ils se montreront fidèles et dévoués; ils prendront à cœur les intérêts de leurs maîtres comme les leurs propres; ils seront discrets et se garderont d'abuser des secrets de famille qu'ils auraient été amenés à connaître.

Si entre maîtres et serviteurs régnaient ainsi toujours la confiance et l'affection mutuelle, l'accomplissement des devoirs deviendrait facile et agréable à tous.

LECTURES

I. — LA POÉSIE DU FOYER.

Ne croyez pas celui qui vous dit: « Il n'y a pas de poésie dans la vie. » Il y aura de la poésie tant que le chant des mères résonnera près de l'oreiller des berceaux, tant que les vieillards revivront leur enfance dans les fils de leurs fils, tant qu'il y aura des fiancées qui donneront leur âme en donnant leur main, tant qu'il y aura des jeunes gens qui sauront mourir pour sauver un enfant ou défendre une idée. Il y aura de la poésie tant que dureront la pitié, la bonté, la jeunesse, le travail, les victoires de la science et les merveilles de l'art, tant enfin qu'autour et au-dessus des espérances humaines fleurira le printemps et resplendiront les étoiles.

Retournez maintenant à votre travail quotidien avec une ardeur nouvelle, et au travail accoutumé ajoutez-en un autre, le plus profitable de tous : celui d'arracher chaque jour avec résolution et avec soin, à mesure qu'elles poussent, les mauvaises herbes de l'âme : les petites vanités, les petits entêtements, les petites animosités, travail facile tant que les herbes sont faibles et que les mains sont jeunes, plus difficile ensuite. Débarrassez le champ de l'ivraie et des broussailles, et n'y laissez que les épis d'or des belles pensées et les fleurs d'azur et de pourpre des nobles sentiments. Dès maintenant, exercez chez vous la fonction la plus douce, qui convient aux jeunes filles mieux qu'à tout autre : récréez le père fatigué, faites sourire la mère attristée, demandez grâce pour les fautes du petit frère, apaisez les discussions, faites entendre votre voix comme une musique dans la paix laborieuse de la famille. Et quand, à la fin de votre journée, vous recueillant dans le silence et devançant les années par la pensée, vous rêverez d'une jeunesse heureuse et d'une vieillesse sereine, mettez au premier rang de tous vos désirs, de toutes vos résolutions, cette vertu qui seule peut vous donner l'une et l'autre, qui est la plus nécessaire à tous, à tout âge, dans quelque situation que le sort nous ait placés, pour faire le bien d'autrui et le nôtre : la vertu de dire sincèrement et de mettre en pratique, en toute épreuve de la vie, ces simples paroles qui contiennent toute la sagesse du monde : « Tu es malheureux ? Je te plains. — Tu es faible ? Je te protège. — Tu m'as offensé ? Je te pardonne. — Tu me hais ? Et moi, je t'aime ! »

EDMONDO DE AMICIS.

(*Discours prononcé à la distribution des prix des écoles communales de jeunes filles de Turin*, 1894.)

(*Revue pédagogique*. Delagrave, éditeur.)

2. — LA GLOIRE DE L'AÏEUL.

Mathieu et Marianne vécurent plus de vingt ans encore, et Mathieu avait quatre-vingt-dix ans, Marianne quatre-vingt-sept, lorsque leurs trois aînés, Denis, Ambroise et

Gervais, toujours debout à leurs côtés, complotèrent de célébrer leurs noces de diamant, soixante-dixième anniversaire de leur mariage, par une fête où ils réuniraient, au domaine de Chantebled, tous les membres de la famille.

Ce n'était point une petite affaire. Quand ils eurent dressé la liste exacte, ils trouvèrent, nés de Mathieu et de Marianne, cent cinquante-huit enfants, petits-enfants, arrière-petits-enfants, sans compter quelques petits derniers-nés, ceux de la quatrième génération. En ajoutant les alliances, les maris et les femmes venus du dehors, on serait trois cents. Et où trouver, dans la ferme, une pièce pour dresser l'énorme table du déjeuner patriarcal qu'ils rêvaient ? L'anniversaire tombait le 2 juin ; le printemps était, cette année-là, d'une douceur, d'une splendeur incomparables. Aussi décidèrent-ils qu'on déjeunerait dehors, que la table serait mise, en face de l'ancien pavillon, au milieu de la grande pelouse, fermée par des rideaux d'ormes et de charmes superbes, ainsi qu'une immense salle de verdure. On serait chez soi, au sein même de la terre bienveillante, sous le chêne central, devenu géant, planté par les deux ancêtres dont la pullulante lignée allait fêter la fécondité heureuse.

Et la fête fut réglée, s'organisa, dans un grand élan d'amour et d'allégresse. Tous se passionnèrent pour en être, tous accoururent au rendez-vous triomphal, depuis les vieillards aux cheveux blancs jusqu'aux gamins qui suçaient encore leur pouce. Et le grand ciel bleu, le soleil de flamme eux-mêmes voulurent en être, ainsi que le domaine entier, les sources ruisselantes, les champs en fleurs, en promesse de belles moissons. C'était magnifique, ce fer à cheval élargi, cette vaste table dressée au milieu des herbes avec son luxe de vaisselle et de linge éclatant, criblée, au travers des feuillages, d'une poussière d'astre. L'auguste ménage, le père et la mère, devaient s'asseoir côte à côte, au centre, sous le chêne. Puis on avait décidé qu'on ne séparerait pas non plus les autres ménages, qu'il serait tendre et beau de les asseoir tous côte à côte, par rang de génération. Et, quant aux jeunes gens, aux jeunes filles, aux gamins et aux gamines, on les laisserait se placer à leur guise, au petit bonheur de leur fantaisie et de leur gaieté.

Puis, ce fut, dès le matin, l'arrivée en bandes, le retour

au nid commun de la famille dispersée, s'abattant des quatre points de l'horizon. Mais, hélas ! la mort avait déjà fauché, beaucoup ne devaient pas venir. Des hôtes dormaient, chaque année plus nombreux, dans le cimetière de Janville, si calme, si fleuri, d'une solitude attendrie de rêve,... toutes les chères créatures disparues que les vivants pleurent et qui rendent sainte la terre où elles reposent.

Mais, si les chers morts dormaient là-bas, dans le grand silence, quel gai tumulte et quelle victoire de la vie, ce matin-là, par les routes qui conduisaient à Chantebled ! Il en renaissait plus qu'il n'en mourait, toute une floraison d'êtres semblait s'être épanouie de chaque mort. Par douzaines, ils repoussaient du sol où les pères, las de leur bonne besogne, s'étaient couchés. Et ils arrivaient donc de toutes parts, tels que les hirondelles, au printemps, revenant fêter leurs vieux nids, emplissant le ciel bleu de la joie du retour. Continuellement, devant la ferme, des voitures débarquaient de nouveaux ménages, avec des troupeaux d'enfants, dont le flot de têtes blondes montait toujours. Des arrière-grands-pères, aux cheveux de neige, amenaient des tout petits qui marchaient à peine. Il y avait de très jolies vieilles que des jeunes filles, de fraîcheur éclatante, aidaient à descendre. Des pères avaient eu l'idée charmante d'inviter les fiancés de leurs filles. Tout cela était parents, engendrés les uns par les autres, dans un écheveau inextricable, pères, mères, frères, sœurs, beaux-pères, belles-mères, beaux-frères, belles-sœurs, fils, filles, oncles, tantes, cousins, cousines, à tous les degrés, dans tous les mélanges imaginables, jusqu'à la quatrième génération. Une seule famille, un seul petit peuple, que réunissait une pensée de joie et d'orgueil, celle de célébrer ces noces de diamant si rares, si prodigieuses, les noces des deux héros, glorifiés par la vie, dont tout ce peuple était né !

ZOLA, *Fécondité.*
(Fasquelle, éditeur.)

CHAPITRE IX

LA VIE SOCIALE

C'EST DANS LA VIE SOCIALE QUE L'HOMME RÉALISE PLEINEMENT SA NATURE DE PERSONNE MORALE. LA FONCTION DE L'INDIVIDU EST DE COOPÉRER A LA CIVILISATION HUMAINE.

1. Nécessité et bienfaits de la vie sociale. — En même temps que chacune des familles s'accroît et s'étend, il se forme des liens d'alliance entre les diverses familles et l'on voit ainsi se constituer peu à peu un groupement nouveau, la tribu ou la cité. La vie sociale peut donc être considérée comme le développement et le terme naturel de la vie de famille.

Aussi bien que la famille elle-même, la société est d'ailleurs nécessaire à l'homme. La famille serait par elle-même impuissante à satisfaire tous ses besoins. Ce que nous avons dit de l'individu qui ne saurait, sans des difficultés et des fatigues excessives, se procurer les objets indispensables à sa subsistance, et se défendre par ses seules forces contre tous les dangers qui le menacent, s'applique d'une manière presque aussi rigoureuse à la famille.

La condition essentielle de la force et du progrès est dans l'union et la solidarité, non seulement parce qu'en s'associant, en mettant en commun leurs ressources et leurs facultés propres, les individus et les familles les accroissent dans une proportion considérable, mais aussi en vertu de la loi fondamentale de la division du travail. On ne fait bien que ce que l'on fait habituellement. Pour produire sans trop d'efforts et avec succès ce dont ils ont besoin, les individus ont donc un commun intérêt à se rapprocher les uns des autres.

2. Le progrès de la civilisation est lié à celui de la vie sociale. — C'est précisément en agissant de la sorte, en s'unissant entre eux, et en se partageant les différentes charges et les occupations, que les hommes ont pu accomplir de grandes choses, créer la science et la civilisation.

Cela est si vrai que les progrès de la civilisation, de la science, de l'art et de l'industrie, ont été plus rapides et plus puissants, à mesure que les relations, non pas seulement entre les individus et les familles, mais aussi entre les groupements primitifs, entre les tribus et plus tard entre les peuples, sont devenues plus nombreuses et plus faciles. De telle sorte que le progrès, en permettant d'étendre et de resserrer sans cesse, par la multiplication et le perfectionnement des moyens de communication et d'échange, les liens qui unissent les peuples, amène indéfiniment de nouveaux progrès. Car plus il y a d'entente, d'harmonie entre les hommes à travers l'espace et par-dessus les frontières, plus les idées et les travaux de chacun profitent à tous les autres pour le plus grand bien du monde.

3. La vie sociale développe la moralité. — D'autre part, la vie sociale fait naître en l'homme tout un monde d'idées et de sentiments qu'il ne connaîtrait pas, s'il devait rester abandonné à lui-même. En dehors d'elle, il ne serait plus un homme, dans la véritable acception du mot; car il lui faudrait renoncer à toute vie intellectuelle ou morale. C'est aussi dans la vie sociale qu'il trouve la satisfaction des plus nobles penchants de sa nature, et l'occasion de se former à toutes les vertus, de pratiquer la justice, le dévouement et la bonté.

Pour comprendre et apprécier à leur juste valeur les bienfaits de la société, il vous suffira de considérer combien est triste la situation de ceux qu'une infirmité, telle que la surdité, condamne en quelque sorte à demeurer isolés de tous les autres. Encore s'en faut-il de beaucoup que leur isolement soit absolu.

4. L'homme a toujours vécu en société. — En fait, d'ailleurs, l'homme a toujours vécu dans la société de ses semblables. Si loin que remontent les recherches de l'histoire, tout semble établir que nos premiers ancêtres formaient des groupes, assurément peu importants par le nombre, et sans doute à peu près étrangers les uns aux autres, mais dont les individus s'unissaient déjà pour le travail et la chasse, les deux seules fonctions de leur vie encore rudimentaire.

5. Les devoirs sociaux. — Si la vie sociale procure à l'homme d'inappréciables avantages, elle lui impose par une juste réciprocité de nombreuses obligations. Elle n'est en effet possible que sous certaines conditions. Elle exige tout d'abord que chacun des individus s'abstienne de tout acte susceptible de nuire aux autres membres de la société. La raison, d'ailleurs, en me donnant conscience de l'inviolabilité de ma personne morale, m'oblige de reconnaître chez tous mes semblables des personnes également inviolables et pourvues de tous les droits que je revendique pour moi-même (voir, Ire partie, ch. VI, *Le Droit et la Justice*).

D'autre part, la raison exige non moins impérieusement que je m'efforce de rendre aux autres une partie tout au moins des bienfaits que je tiens d'eux. Profitant largement des avantages de la vie sociale, je dois, en toute équité, donner en échange à la société quelque chose de moi-même et me dévouer à mon tour à l'intérêt général.

De là deux sortes de devoirs : les devoirs de justice et les devoirs de charité, qu'il serait plus juste d'appeler devoirs de solidarité ou de fraternité.

6. Devoirs de justice. — Tous les devoirs de justice peuvent se résumer dans cette maxime fondamentale : « Respecte la personne et les droits de tes semblables, au même titre et dans la mesure où tu revendiques le respect de ta personne et de tes droits. »

Pour dresser la liste et déterminer la portée des devoirs que la justice nous impose, il suffit donc de considérer les droits qui relèvent de la personnalité morale. Or, tous nos droits dérivent de ce principe que la personne est seule maîtresse de sa vie et de sa destinée, qu'il lui appartient de se diriger et de se développer librement suivant l'idéal qu'elle s'est formé. Donc tout attentat contre sa liberté, sa puissance ou son indépendance, est une violation de la justice.

7. Respect des personnes dans leur vie. — Le plus criminel de tous est assurément celui qui tend à supprimer la personne elle-même. Le meurtre apparaît d'ailleurs, même aux consciences les moins éclairées, comme un acte abominable, quel que puisse être le motif qui a fait agir le meurtrier, colère, vengeance ou intérêt.

Un seul cas constitue une légitime excuse, celui où nous ne disposons d'aucun autre moyen pour défendre notre propre vie. Mais il faut interpréter cette règle dans le sens le plus strict. La coutume aussi criminelle que ridicule du duel ne saurait, par exemple, se justifier par les nécessités de la défense personnelle. Il serait aisé d'établir que, dans les divers cas où le duel intervient le plus souvent, notre vie n'est pas en question. Quant à notre honneur, n'est-il pas absurde de l'attacher au résultat d'un combat où l'innocent peut succomber tout aussi bien que celui qui l'a injustement attaqué ?

Au fond, il est difficile de ne pas voir dans le duel un reste de la barbarie primitive, alors que la force réglait seule les conflits survenus entre les individus ; à moins qu'il ne survive comme un souvenir de la singulière justice du moyen âge, qui comptait sur l'intervention de Dieu pour faire triompher l'innocence et punir le coupable.

8. Respect des personnes dans leur liberté et dans leur travail. — Le respect de la personne humaine n'implique pas la seule obligation de nous abstenir de toute atteinte à la vie de nos semblables ; il nous interdit également tout acte par lequel nous supprimerions ou amoindririons le droit qu'ils ont de disposer librement d'eux-mêmes. Toute entrave apportée à l'exercice de leur libre arbitre, à l'usage qu'il leur convient de faire de leur puissance naturelle, constitue une injustice, un abus de notre force. Il importe surtout de nous bien pénétrer de cette idée dans les relations que nous avons avec nos subordonnés, avec nos employés ou nos serviteurs, avec tous ceux, en général, sur lesquels notre situation, notre fortune ou les circonstances nous confèrent quelque autorité.

Le même principe nous interdit encore d'attenter d'une manière quelconque, par la force ou la fraude, à la propriété des autres, fruit légitime de leur travail. Comment pourrais-je sans injustice prétendre m'arroger un droit sur ce que d'autres ont créé par leur effort personnel et pour leur propre usage ? Quelque jugement que l'on porte sur l'étendue et sur la portée du droit de propriété (voir IIIe partie, ch. VII), le vol, l'action de dérober le bien d'autrui, soulève la réprobation unanime de toutes les consciences.

9. La probité. — Il n'est pas, en général, besoin d'un grand effort pour s'abstenir de toute atteinte directe au bien d'autrui. Mais le devoir exige de nous quelque chose de plus que cette honnêteté facile ; il implique le souci permanent du droit et de l'intérêt des autres. Il veut que, respectueux de nos engagements, nous les remplissions exactement et sans réserve ; que nous nous gardions soigneusement de toute action susceptible de causer préjudice à qui que ce soit, que nous nous fassions scrupule de la plus légère indélicatesse. Il veut que, nous attachant étroitement à la pensée de la justice, nous réglions sur elle toute notre conduite, que nous nous en inspirions jusque dans nos plus secrètes intentions. A cette condition seulement, l'honnêteté devient probité.

10. Respect des personnes dans leur conscience et dans leur honneur. — Enfin, la raison nous prescrit non moins impérieusement d'éviter toute action susceptible de blesser nos semblables dans leurs croyances, dans leurs sentiments les plus intimes, dans leur dignité personnelle, dans leur réputation.

Les devoirs de cette catégorie s'imposent d'autant plus impérieusement que la conscience est plus éclairée. Pour nous bien pénétrer de cette obligation, il suffit de faire un retour sur nous-mêmes et de nous demander quel sentiment nous éprouverions si nous nous sentions attaqués dans ces biens auxquels nous tenons par-dessus tout. N'est-il pas de toute justice que nous épargnions aux autres ce dont nous souffririons nous-mêmes cruellement ?

11. La tolérance. — C'est de ce sentiment profond et réfléchi de la justice que naît la tolérance, la vertu aimable et douce qui nous inspire le respect de la pensée d'autrui et nous rend même indulgents à l'égard de ses erreurs, surtout quand elles ont pour excuse l'ignorance. La tolérance ne consiste pas à professer cet indifférentisme banal et grossier qui met toutes les opinions et toutes les croyances sur la même ligne, non plus qu'à proclamer l'impuissance de la raison et la vanité de la science, laissant ainsi le champ libre à tous les préjugés ; moins encore à dédaigner, par une sorte d'orgueil ou de présomption, les sentiments ou les convictions de la foule, en réservant à quelques esprits d'élite la connaissance de la vérité. Elle se résume dans l'obligation d'accepter que les autres recherchent librement le vrai par la voie qui leur paraît la plus convenable; ce qui d'ailleurs ne supprime ni le droit, ni le devoir que nous avons de les aider à le découvrir

Nous serons plus disposés à nous montrer ainsi tolérants, si nous nous rappelons combien de fois nous nous sommes égarés nous-mêmes et si nous nous sommes bien pénétrés de ce principe que tout effort sincère de l'esprit est infiniment respectable, que d'ailleurs dans les opinions humaines il y a presque toujours un mélange de vérité et d'erreur, l'erreur elle-même n'étant le plus souvent qu'une vérité mal connue ou défigurée. Au lieu de condamner ceux qui méconnaissent ou combattent nos idées ou de prétendre les amener par la contrainte à les partager, nous nous appliquerons à les éclairer, à leur faire connaître et aimer la vérité pour elle-même et par-dessus tout.

12. La justice et l'équité. — Si nous cherchons ainsi en toute occasion à juger notre conduite vis-à-vis de nos semblables d'après la manière dont nous pouvons souhaiter qu'ils se conduisent eux-mêmes à notre égard, nous arriverons à cette forme plus haute et plus parfaite de la justice qui s'appelle l'*équité*. Être équitable, ce n'est pas simplement s'abstenir de violer les droits d'autrui; c'est s'élever à la conception et à l'amour du bien général, s'identifier avec la vie, les pensées et les sentiments de l'humanité tout entière; c'est comprendre que l'individu ne vit pas pour lui seul, mais qu'il doit s'unir à tous dans la communauté des mêmes joies, des mêmes souffrances et des mêmes aspirations.

Et ainsi la justice elle-même nous amène à cette forme supérieure du devoir social qui constitue la charité, le dévouement à nos semblables et qui s'inspire du sentiment de l'universelle fraternité. A vrai dire, celui-là n'est pas véritablement juste qui, se renfermant dans la stricte observance des obligations fondées sur le respect des personnes, absorbe tous ses soins et tous ses efforts dans le développement de sa propre vie.

Liés à nos semblables par une étroite solidarité, nous nous devons à eux et quand nous nous dépensons en leur faveur, nous ne faisons en somme que payer une dette.

13. Les formes diverses de la charité. — Il est inutile, il serait d'ailleurs bien difficile, d'énumérer toutes les formes particulières que peut prendre le devoir de charité. Donnons aux autres tout ce dont ils ont besoin et dont nous pouvons disposer pour eux. Aidons ceux qui n'ont pas les ressources nécessaires; procurons du travail à ceux qui en manquent; apportons à ceux qui souffrent notre sympathie et notre amitié. Traitons avec bienveillance tous ceux qui viennent réclamer de nous un conseil, un appui; tâchons d'être bons de toute manière et en toute circonstance. Nous le serons sans peine, si nous avons appris à aimer les autres; et nous les aimerons, si nous savons bien comprendre tout ce que nous leur devons.

14. Abnégation et dévouement. — La forme la plus haute de la bonté et de l'amour consiste dans le don de soi-même, le renoncement, en vue du bien des autres, à des avantages personnels, le sacrifice de la fortune, du bien-être, du bonheur et de la vie elle-même. L'homme est-il tenu de se dévouer ainsi? La réponse ne saurait être douteuse pour celui qui a bien pénétré la nature et le principe du devoir. Si la raison nous fait une loi de préférer toujours le plus grand bien, de rechercher en toute circonstance la ligne de conduite qui nous rapprochera le plus de l'idéal entrevu, pourquoi nous permettrait-elle de déroger à cette loi, lorsque notre intérêt personnel est en balance avec le bien général?

Parce que l'homme est raisonnable, parce qu'il est un être moral, et dans la mesure où il a la conscience et la volonté du devoir, il doit aller au meilleur, non à ce qui est le meilleur *pour lui*, mais à ce qui est le meilleur en soi et dans l'ordre universel. Et c'est pourquoi un savant, pénétré de sa mission, s'exposera librement à la mort, s'il pense que son sacrifice peut sauver des milliers de vies humaines. En agissant de la sorte, il ne fait qu'obéir à sa raison, à sa conscience; mais combien faut-il que sa conscience soit pure, que sa raison soit dégagée de toute influence inférieure, pour qu'il y puise la volonté et la force du sacrifice! Aussi est-ce à bon droit que nous admirons et vénérons comme un être supérieur celui qui s'est dévoué, qui a travaillé, qui a souffert, qui est mort pour ses semblables.

15. L'amitié. — Si la conscience de l'intime solidarité qui nous unit à nos semblables nous fait un devoir de les aimer tous, d'être bons et charitables envers tous, il est une autre forme d'affection tout à la fois plus vive et plus spontanée qui nous porte vers quelques-uns d'entre eux, en vertu d'une sorte d'attraction ou de sympathie naturelle; c'est l'amitié.

L'amitié est bonne, parce qu'elle est une forme de la bienveillance; bonne aussi, parce qu'elle est un utile soutien dans la vie. Toutefois, elle ne saurait être considérée en elle-même, ni comme une vertu, ni comme un devoir; elle est simplement l'expression d'un penchant, légitime assurément, mais qui ne devient moral qu'autant que l'amitié a pour fin et pour règle la commune poursuite du bien. Elle est même susceptible de devenir immorale quand elle est une sorte d'égoïsme à deux, quand elle nous rend aveugles sur les droits ou les obligations, les défauts ou les torts de nos amis, qu'elle nous fait perdre de vue les intérêts de la communauté et les exigences supérieures de la justice sociale.

16. Devoirs envers les animaux. — Notre bonté ne doit pas se manifester seulement dans notre conduite à l'égard des autres hommes; elle doit s'étendre aux animaux eux-mêmes. Ne sont-ils pas sensibles à la souffrance et leur vie ne mérite-t-elle pas d'être respectée? Nous éviterons de les maltraiter. Nous ne tuerons que dans les cas seulement où l'intérêt de notre santé ou de notre conservation l'exige. La brutalité ou la cruauté envers les êtres inférieurs répugnent à une conscience délicate, au même titre que l'injustice vis-à-vis de l'humanité.

Ce n'est pas seulement vis-à-vis des animaux domestiques que cette loi de douceur et de pitié s'impose. A ceux-là, nous devons presque une sorte de reconnaissance pour tous les services qu'ils nous rendent ; et l'homme s'honore qui les traite avec douceur et leur témoigne quelque affection. Mais tout ce qui vit doit nous inspirer des sentiments analogues. Tous les animaux sont en somme comme des frères inférieurs. Précisément parce que nous tenons de la raison notre puissance et notre souveraineté, nous n'en devons user que d'après ses lois; et elle nous commande toujours d'être justes, de ne pas faire le mal; toujours aussi d'être bons et de rendre à tout ce qui nous entoure la vie plus facile et meilleure. L'homme dur ou cruel vis-à-vis des animaux prouve qu'il est lui-même imparfaitement dégagé des instincts grossiers de l'animalité.

17. Respect et amour de la nature. — Il convient même d'élargir encore cette forme de la bonté qui nous intéresse à la vie générale et nous inspire la sympathie pour toutes les souffrances, quelles qu'elles soient. La raison veut que nous cherchions à nous pénétrer de l'intelligence et de l'amour de la nature elle-même. Tout ce qui existe dans l'ordre physique, aussi bien que dans l'ordre intellectuel ou moral, est digne de respect. S'il est légitime d'employer à notre usage les ressources que nous offre le monde sensible, c'est à la condition de le faire toujours avec sagesse et de manière à ne pas troubler l'ordre général.

A mesure d'ailleurs que l'esprit de l'homme s'ouvre

et s'éclaire, que sa raison lui donne une conscience plus nette de sa propre destinée et des lois générales, les penchants égoïstes de sa nature primitive font place à l'intelligence et à l'amour de l'existence universelle. Il comprend qu'il n'est lui-même en définitive qu'un élément presque imperceptible du tout et que son rôle est de travailler, dans le champ étroit de l'espace et du temps où sa vie le renferme, au développement indéfini de l'ensemble.

LECTURES

I. — LA VIE MORALE ET LA VIE SOCIALE.

La morale ne consiste plus à mourir, à s'amoindrir, à se ramener en soi, à se faire petit pour passer par le chemin étroit qui mène au ciel; elle consiste à accepter la vie, à la vouloir dans sa plénitude. Qu'on n'objecte pas que la morale est désintéressement, oubli de soi-même, sacrifice, que le libre mouvement de la vie ne peut que mettre aux prises les individus lâchés dans la liberté de leurs instincts contraires. La vraie vie de l'homme est la forme supérieure que la vie prend en lui : la vie spirituelle n'est pas l'égoïsme. Le saint qui se retire de la cité des hommes, uniquement préoccupé de son salut, qui est affaire entre lui et Dieu, ne se sacrifie qu'à lui-même. L'homme moderne, qui accepte le monde et ses lois avec la résolution d'en faire sortir tout le bien qu'il conçoit et qu'ils comportent, ne peut se détacher des autres hommes. Conscient de la solidarité qui l'unit à ses semblables, qui l'en fait en un sens dépendant, il sait qu'il ne peut faire son salut tout seul, que sa paix intérieure est liée à la paix sociale et que cette paix elle-même veut plus de justice dans les cœurs et dans les lois. Homme, il a besoin d'un milieu humain, son œuvre est de le créer.

Doutant où il convient de douter, n'affirmant pas d'abord que les injustices présentes seront amplement réparées ailleurs par le Dieu tout bon et tout-puissant qui les a d'abord permises, il en souffre jusqu'à ne s'y pouvoir résigner.

La vie morale ne consiste pas à remettre le bien, mais à le faire ici-bas; certes elle est, avant tout, vie intérieure, éducation de soi-même, spiritualisation de sa propre nature, car le principe des actes est en l'homme : mais a vie intérieure n'est pas le souci du salut personnel, l'inquiétude maladive des souillures que peut nous faire contracter le contact de nos semblables; loin de nous enfermer dans la retraite d'une perfection solitaire, elle ne se développe, elle ne s'épanouit dans ses fonctions les plus hautes, dans la science, dans l'art, dans la conscience et dans la volonté du bien, qu'en s'identifiant à la vie sociale. La société nous est comme intérieure, en ce sens que par elle nous réalisons ce qui proprement nous confère l'humanité. Ainsi au premier rang des sentiments que l'individu doit développer en lui est le sentiment de sa relation nécessaire aux autres hommes. La morale qui est la mise en œuvre de toutes les puissances humaines, science, technologie, invention morale, a pour fin immédiate de créer l'homme en humanisant l'individu, la société et la planète elle-même.

SÉAILLES, *Les Affirmations de la conscience moderne.* (Librairie Armand Colin.)

2. — JUSTICE ET CHARITÉ.

Ne pas faire à autrui ce que nous ne voudrions pas qu'autrui nous fît, voilà la justice.

Faire pour autrui, en toute rencontre, ce que nous voudrions qu'il fît pour nous, voilà la charité.

Un homme vivait de son labeur, lui, sa femme et ses petits enfants; et, comme il avait une bonne santé, des bras robustes, et qu'il trouvait aisément à s'employer, il pouvait sans trop de peine pourvoir à sa subsistance et à celle des siens.

Mais il arriva qu'une grande gêne étant survenue dans le pays, le travail y fut moins demandé, parce qu'il n'offrait plus le même bénéfice à ceux qui le payaient, et, en même temps, le prix des choses nécessaires à la vie augmenta.

L'homme de labeur et sa famille commencèrent donc à souffrir beaucoup. Après avoir bientôt épuisé ses modiques épargnes, il lui fallut vendre pièce à pièce, ses meubles d'abord, puis quelques-uns de ses vêtements; et quand il se fut ainsi dépouillé, il demeura privé de toutes ressources, face à face avec la faim. Et la faim n'était pas entrée seule en son logis; la maladie y était aussi entrée avec elle.

Or, cet homme avait deux voisins, l'un plus riche, l'autre moins.

Il s'en alla trouver le premier et lui dit : « Nous manquons de tout, moi, ma femme et mes enfants : ayez pitié de nous. »

Le riche lui répondit : « Que puis-je à cela? Quand vous avez travaillé pour moi, vous ai-je retenu votre salaire, ou en ai-je différé le payement? Jamais je ne fis aucun tort ni à vous ni à nul autre; mes mains sont pures de toute iniquité! Votre misère m'afflige; mais chacun doit songer à soi dans ces temps. Qui sait combien ils dureront? »

Le pauvre père se tut, et, le cœur plein d'angoisse, il s'en retournait lentement chez lui, lorsqu'il rencontra l'autre voisin moins riche.

Celui-ci, le voyant pensif et triste, lui dit :

« Qu'avez-vous? Il y a des soucis sur votre front et des larmes dans vos yeux? »

Et le père, d'une voix altérée, lui exposa son infortune.

Quand il eut achevé : « Pourquoi, dit l'autre, vous désoler de la sorte? Ne sommes-nous pas frères? et comment pourrais-je délaisser mon frère en sa détresse? Venez, et nous partagerons ce que je tiens de la bonté de Dieu. »

La famille qui souffrait fut ainsi soulagée, jusqu'à ce qu'elle pût elle-même pourvoir à ses besoins.

LAMENNAIS, *Le Livre du peuple.*

3. — CHARITÉ ET SOLIDARITÉ.

La solidarité semble se rapprocher de la charité chrétienne entendue en son vrai sens, qui est amour. Mais la charité chrétienne repose sur une doctrine métaphysique : elle consiste à aimer Dieu par-dessus toutes choses et les hommes autant que soi-même pour l'amour de Dieu, qui est le Père céleste. La solidarité n'a rien de métaphysique ni de confessionnel. Elle part de ce fait positif que les hommes, sur cette terre, sont obligés par la nature de vivre dans une étroite association, et elle se préoccupe de rendre cette association aussi heureuse que possible par tous les moyens que l'intelligence et le cœur peuvent fournir. Toutes les croyances, toutes les opinions philosophiques peuvent s'accommoder de l'idée de solidarité. En fait, c'est ce qui se voit tous les jours : le mot de solidarité se rencontre sous la plume d'écrivains catholiques, protestants, juifs, libres penseurs, spiritualistes, positivistes, etc. Il faut s'en applaudir. C'est un bon signe du rapprochement futur des esprits que cette adhésion commune à un terme qui n'offense personne. La morale ne peut que gagner à n'être plus, pour les doctrines, un champ de bataille. Le mérite et l'honneur de la solidarité sera peut-être de préparer ce rapprochement. Que tous s'entendent d'abord sur ce point que l'homme n'est vraiment homme que s'il sait s'unir avec ses semblables pour chercher avec eux, par amour et par raison, l'amélioration matérielle et morale du sort de la collectivité. Libre ensuite à chacun de superposer à cette conviction commune sa métaphysique ou sa croyance propre, s'il en a une.

A. Croiset, *Philosophie de la solidarité.*
(Alcan, éditeur.)

TROISIÈME PARTIE

LES DEVOIRS DU CITOYEN

CHAPITRE PREMIER

L'ÉTAT OU LA SOCIÉTÉ CIVILE

LE MAINTIEN ET LE DÉVELOPPEMENT DE LA VIE SOCIALE SONT SUBORDONNÉS A L'EXISTENCE D'UNE CONSTITUTION RÉGULIÈRE.

1. La vie sociale exige une organisation. — En s'associant dans une vie commune, en unissant leur force et leur intelligence, les hommes se sont proposé un double but : d'une part, obtenir la sécurité dont ils avaient besoin, se défendre plus efficacement contre les dangers de toute sorte dont ils étaient menacés : d'autre part, combiner leur travail et leurs efforts individuels afin d'atteindre une plus grande puissance et de s'élever peu à peu à une vie plus facile et meilleure.

Mais ce double avantage ne pouvait être obtenu qu'autant que les individus réunis en société acceptaient de se soumettre à certaines obligations, et de respecter les lois établies pour le maintien de l'ordre et de la concorde, condition essentielle du progrès. Supposez en effet une société où chaque membre prétendrait conserver l'entière indépendance de ses actions, refusant de se soumettre à une règle commune, qu'arriverait-il?

2. L'organisation sociale est la condition de l'ordre et du progrès. — Chacun n'agissant qu'au gré de sa volonté, de ses caprices ou de ses intérêts, de perpétuels conflits surgiraient entre les individus, se disputant la possession des objets nécessaires à leur conservation ou à la satisfaction de leurs désirs. Pour trancher ces conflits, pas d'autre ressource que de faire appel à la violence, à la guerre; le plus fort enlèverait tout au plus faible. Il se verrait d'ailleurs à son tour exposé à être dépouillé par un autre d'une force encore supérieure à la sienne; c'est-à-dire qu'il n'y aurait pour personne de paix ni de sécurité. Nul ne pourrait jamais se tenir pour assuré de rien.

Pour les mêmes motifs, aucun progrès ne serait possible. On ne voit pas, en effet, pourquoi l'individu, ne possédant aucune garantie et ne reconnaissant aucune obligation, s'astreindrait à des efforts dont il ne serait pas assuré de recueillir les fruits. Il se contenterait de chercher à se procurer de quoi satisfaire à ses propres besoins, sans se mettre en peine de travailler pour les autres. Les efforts restant isolés seraient manifestement impuissants à réaliser une amélioration quelconque; et la condition de l'humanité demeurerait éternellement aussi précaire et aussi misérable.

3. L'anarchie serait le retour à la barbarie. — Ainsi, tous les bienfaits de la vie en société sont subordonnés à l'existence d'une organisation régulière, à l'acceptation par les individus d'une règle commune. Ceci suffit à vous faire comprendre la singulière illusion de ceux qui attendent de l'anarchie la réforme et l'amélioration de la société actuelle. L'anarchie, si tant est qu'on puisse en donner une définition quelconque, c'est la suppression de tout gouvernement, de toute loi, de toute obligation sociale ; c'est la liberté absolue, sans limite et sans contrôle, laissée à la volonté de chacun. Mais cela, ce n'est pas autre chose que le retour à la barbarie primitive ; c'est la guerre inévitable et permanente entre les individus; c'est le triomphe de la force brutale; c'est l'exploitation du faible par le fort, du travailleur par le paresseux. C'est le désordre, le chaos, le néant, la négation de toute justice, de tout progrès, de toute raison.

4. Il faut perfectionner l'ordre social, non le détruire. — Assurément, nous sommes bien éloignés de prétendre que l'organisation actuelle de la société, même dans les pays les plus éclairés et les plus civilisés, réponde pleinement aux exigences de la raison. Elle a laissé subsister bien des misères et bien des injustices, qui peut-être sont devenues plus insupportables encore par le contraste qu'elles offrent avec les recherches souvent extravagantes d'un luxe inutile et l'exagération de fortunes monstrueuses. La vue de ces iniquités explique les généreuses indignations, et, dans une certaine mesure, excuse les emportements d'esprits qu'anime un vif amour de la justice.

Mais, parce que l'œuvre de la civilisation, due à l'intelligence et à l'énergie de tant de générations, a été en partie viciée par l'action corruptrice des instincts inférieurs de notre nature, encore bien proche de l'animalité; parce que l'égoïsme, la vanité, l'amour immodéré du plaisir, rendent trop souvent les forts et les privilégiés indifférents à des maux dont ils ne souffrent pas; parce que la paresse, l'imprévoyance, le désordre et le vice entravent sans cesse la marche du progrès, faut-il donc condamner l'œuvre elle-même, et nous rejeter dans la barbarie dont nos ancêtres ont eu tant de peine à se dégager?

Ou bien faut-il penser que la seule destruction de l'ordre actuel, par un bouleversement qui ne s'accomplirait pas sans verser bien du sang et provoquer bien des crimes, suffirait à faire naître un monde idéal où tous les hommes, ne s'inspirant plus que de la raison et de la justice, apporteraient librement leur concours à l'œuvre commune, sans arrière-pensée d'intérêt et sans préoccupation personnelle ?

5. La transformation de l'ordre social est soumise à la loi de l'évolution. — Ce sont là de dangereuses chimères, et c'est par un autre chemin que la raison doit nous mener à la réalisation progressive d'une société plus parfaite et plus humaine. Rien dans la nature ne se fait brusquement; tout procède par une lente évolution, par une série continue de transformations. L'œuvre de l'homme ne peut réussir et durer, qu'à la condition de se conformer à cette loi essentielle des choses, qui est aussi celle de notre vie morale. Il ne s'agit donc pas de détruire, il s'agit de développer, de perfectionner tout ce qui est juste et raisonnable, d'éliminer de l'ordre social tout ce qui persiste encore de la barbarie et des iniquités du passé.

Mais nous ne pourrons travailler utilement à l'œuvre de progrès et de justice, à laquelle chacun de nous doit, comme citoyen, contribuer pour sa part, si nous n'essayons pas de concevoir ce que serait l'organisation de cette société idéale qui doit nous servir de modèle, en quoi elle différerait de la société actuelle, et quels moyens il convient d'employer pour nous en rapprocher peu à peu.

6. La vie sociale a un double but. — La vie sociale a pour objet de permettre à l'homme de vivre en sécurité, et dans des conditions de jour en jour meilleures. La société civile a donc un double rôle à remplir. D'une part, elle est tenue de garantir d'une façon efficace le respect de la personne, de la vie et des droits de chacun. D'autre part, elle doit faire converger tous les efforts vers un avenir meilleur, par l'établissement d'une solidarité toujours plus étroite entre ses membres.

7. L'ordre social garantit la sécurité des individus. — En fait, il est incontestable que la base première de la vie sociale, le besoin qui a tout d'abord rapproché les hommes et les a amenés à s'associer, fut la nécessité de donner à la vie individuelle des garanties contre les attaques venant ou des animaux ou même des autres individus. Se sentant trop faibles pour résister isolément au danger, les hommes se sont groupés afin d'opposer à leurs ennemis une résistance efficace.

Plus la société a progressé, plus elle s'est étendue et développée, plus aussi s'est manifestée la volonté de garantir, contre les dangers naturels et contre les atteintes de la violence ou de l'arbitraire, la vie des individus. Aux cruautés de l'esclavage antique, aux barbares représailles qui suivaient autrefois les guerres, aux luttes incessantes des princes ou des chefs, aux châtiments si durs des lois et des tribunaux de jadis, se sont peu à peu substituées des mœurs plus douces.

Le but que doivent poursuivre tous ceux qui s'intéressent aux destinées de l'humanité, tous ceux qui sont épris de l'idéal et qui travaillent à en préparer la réalisation progressive, c'est d'éliminer peu à peu, par une transformation rationnelle des lois et des mœurs, les derniers vestiges de la barbarie, les guerres, les crimes et tous les attentats contre les personnes et contre les peuples.

8. L'ordre social assure l'harmonie des efforts individuels. — Mais ce n'est là qu'une part des obligations imposées à la société et des bienfaits que nous sommes en droit d'attendre de son organisation. Elle ne doit pas avoir pour unique fin d'assurer la sécurité des individus, de les défendre contre les atteintes qui pourraient être portées à leur vie, à leurs personnes ou à leurs droits; elle doit aussi les grouper et les associer dans une œuvre commune de progrès et d'amélioration en établissant entre tous une intime solidarité.

Nous avons vu comment, à mesure que les siècles se sont succédé et que la civilisation s'est développée, il s'est formé entre les individus d'abord, puis entre les cités et les nations elles-mêmes, des liens de plus en plus solides et étroits, comment les moyens d'échange et de communication se sont multipliés. En même temps se précisaient peu à peu les règles qui doivent présider à ces relations.

9. L'organisation de la société permet la division du travail. —De là est résulté cet inappréciable avantage, qu'il est devenu possible à chaque individu, à chaque groupement, à chaque région, de s'attacher plus spécialement à développer ses ressources naturelles, à produire ce qui se trouvait le mieux en rapport avec ses facultés; c'est-à-dire que peu à peu s'est réalisée entre les uns et les autres la division du travail, grâce à l'assurance que chacun avait de pouvoir échanger les produits de son industrie contre les divers objets dont il avait lui-même besoin.

Mais ce développement régulier et si profitable de la production et des échanges, c'est-à-dire de l'industrie et du commerce, suppose une organisation, une réglementation de plus en plus rationnelles de la société, puisqu'il repose sur la confiance mutuelle et les garanties qu'inspirent des conventions acceptées et respectées par tous.

L'association de tous les efforts individuels, la communication incessante des idées, et aussi la sécurité assurée aux travailleurs, ont permis d'ajouter sans cesse aux progrès acquis de nouveaux progrès, d'amener dans la vie générale plus de bien-être et de l'améliorer de jour en jour sous la bienfaisante influence de la science et du travail.

10. Utilité de l'éducation civique. — Tous ces résultats, dus à l'organisation rationnelle de la vie sociale, ne peuvent être maintenus et développés qu'autant que les principes sur lesquels elle repose seront compris et acceptés par tous. Voilà pourquoi il est indispensable à tout citoyen de s'en pénétrer dès sa jeunesse, et de se préparer par l'étude qui éclairera et fortifiera son esprit, par la discipline qui formera son caractère et sa volonté, au rôle qu'il doit remplir. C'est pour répondre à cette nécessité que nous nous proposons de rechercher les conditions diverses auxquelles doit satisfaire une société bien organisée, les obligations qu'elle impose à chacun de ses membres, et aussi à la collectivité tout entière, les moyens qu'elle doit employer pour remplir sa mission, en travaillant à réaliser dans la plus large mesure possible l'idéal de la raison, c'est-à-dire la justice, la paix et le bonheur. De cette étude se dégagera pour chacun de vous la conscience des devoirs que lui impose la vie sociale, la connaissance aussi des droits qu'elle lui confère, et des espérances qu'elle lui permet de concevoir pour lui-même et pour l'humanité.

LECTURES

I. — LA CITÉ.

J'ai vu un jour ce tableau : au revers d'un mont, sous une tempête déchaînée, un petit groupe frissonnant. Ce sont des brebis surprises par la tourmente, et qui se pressent et se blottissent les unes contre les autres, mues par l'instinct de conservation.

*
* *

Qu'est-ce que l'humanité ? me disais-je. Un troupeau aussi, un humble troupeau suspendu aux flancs escarpés d'un astre, la Terre, qui décrit dans le vide immense un orbe vertigineux, à des distances écrasantes des millions d'autres astres qui peuplent de leurs solitaires multitudes les champs de l'univers.

Que pourrait-il bien attendre, le pauvre troupeau humain, de ces autres astres, planètes ou soleils, si lointains que leur énormité se fond en un point d'or et que leur vol se fige en immobilité?

Rien assurément.

Mais, sous le vent de l'abîme, l'humain troupeau se presse, se serre, s'agrège, mû par l'instinct sacré de la conservation. Et c'est... la Cité.

∴

L'association est l'unique recours de l'homme, dans sa chétivité. L'union est son rempart; l'accord, sa forteresse; la solidarité, son salut. *La Cité*, c'est le nid tiède, et le bouclier de diamant.

∴

Aussi le vieil Aristote, savant philosophe, disait-il déjà :

L'homme est un animal constructeur de cités.

Et vingt siècles plus tard, Lamartine, poète, philosophe, chantant l'homme, n'a pas manqué de signaler magnifiquement le trait essentiel de son héros :

Il fonde les cités, familles immortelles ;
Et pour les soutenir, il élève les lois,
Qui, de ces monuments colonnes éternelles,
Du temple social se divisent le poids !

IZOULET, *La Cité moderne*.
(Alcan, éditeur.)

2. — L'ÉTAT ET LE PROGRÈS.

Le progrès a pour conséquence d'augmenter le nombre des habitants et de rendre leurs relations plus compliquées, plus exposées aux conflits. Il faut donc à l'État un surcroît de puissance, chargé qu'il est d'un plus grand devoir de tutelle et d'organisation. Voyez que de règlements de toutes sortes dans les grandes villes où tant d'éléments de désordre fermentent et menacent. Le progrès met au monde des forces nouvelles de l'ordre physique et de l'ordre économique qu'il faut discipliner et soumettre à l'empire du droit : les manufactures où il faut protéger la vie et la santé de l'ouvrier, les chemins de fer qu'il faut exploiter ou tout au moins surveiller, les sociétés commerciales, les banques, le crédit, dont il faut régler l'existence et réprimer les abus, la grande navigation, où il faut empêcher que la prime d'assurance n'engage les armateurs à faire de leurs navires des « cercueils flottants » (loi Plimsoll); la vapeur, l'électricité, dont il faut contrôler l'emploi et ainsi de suite, à n'en pas finir.

Le progrès développe dans la société la conscience morale et le sentiment du juste; de là, naturellement, des lois nouvelles pour sanctionner le devoir plus détaillé et plus impérieux qui apparaît aux âmes. On défend ce qui était considéré comme indifférent, on incrimine ce qui paraissait très naturel. L'ivresse publique, qui était un rite des cultes orgiaques et plus tard le péché mignon du bon vivant, est aujourd'hui punie de l'amende et de la prison. Autrefois tuer un homme, était un acte rachetable; maintenant brutaliser un âne est un délit. Jadis le père disposait librement de ses enfants, qu'il pouvait exposer ou même supprimer, comme à Sparte et à Rome; aujourd'hui on l'oblige à les entretenir, à leur donner une instruction suffisante, et on lui interdit de les envoyer à l'atelier jusqu'à un certain âge. Tout ceci est cité à titre d'exemples.

Le progrès est une plus grande diffusion parmi les hommes de moralité, de dignité, de savoir, de bien-être. Jetez les regards autour de vous, vous verrez quelle part énorme en revient à l'État, par ses écoles, par ses académies. Civilisation signifie accroissement de vie dans tous les sens. A une vie plus intense il faut plus d'organes; à plus de force il faut plus de règles. Or, l'organe et la règle de toute société ordonnée est l'État. La liberté est le déploiement souvent déréglé de la volonté; c'est au pouvoir à en formuler la loi et à l'imposer.

E. DE LAVELEYE, *Le Gouvernement dans la démocratie.*
(Alcan, éditeur.)

3. — L'ANARCHIE.

L'anarchie est le rêve à la fois de certains fous furieux et des plus pacifiques des utopistes.

C'est Proudhon qui a le premier vanté l'anarchie, entendant par là l'absence de gouvernement. Et en effet, si les hommes étaient parfaits, s'ils voyaient tout ce qu'ils doivent faire et s'ils le faisaient ; si spontanément ils accomplissaient leur devoir, toute contrainte et par conséquent tout gouvernement serait inutile.

Mais plus les êtres humains sont près de la brute, obéissant à leurs appétits, plus ils doivent être bridés, pour que le progrès s'accomplisse. Sans l'autorité des lois et du pouvoir, c'est le choc universel des concupiscences déchaînées, la lutte de tous contre tous.

Les anarchistes s'imaginent qu'en abattant les institutions qui écrasent aujourd'hui le peuple, on verrait naître de son instinct affranchi de toute entrave un ordre si parfait que la contrainte ne serait plus nécessaire, les besoins et les désirs de tous étant satisfaits. C'est au fond l'idée de Rousseau, ou mieux encore celle de Fourier, qui voit naître l'ordre parfait du jeu libre de toutes les passions. Tout le mal social provient, non des hommes qui sont bons, mais des institutions qui sont mauvaises. Il faut revenir à l'état de nature. Ce serait le retour de cet âge d'or chanté par les poètes anciens et qui a hanté l'imagination du moyen âge. Montaigne vante aussi « l'état de nature » et ainsi ont fait la plupart des écrivains du dix-huitième siècle. Mais hélas ! on le rencontre chez les sauvages, ce régime naturel : c'est l'écrasement des faibles qu'on tue et qu'on réduit en esclavage quand on ne les mange pas ; c'est la femme, toujours esclave dans la ruche polygame ou dans le ménage monogame, travaillant la terre, portant les fardeaux, exécutant tout le travail, tandis que l'homme chasse, boit, fume et parle.

Plus augmentera le nombre de ceux qui veulent établir l'anarchie par l'emploi de la force et la destruction de l'ordre social, plus sera proche la restauration du despotisme et l'emploi de la compression la plus dure et la plus inexorable.

E. DE LAVELEYE, *Le Gouvernement dans la démocratie.*
(Alcan, éditeur.)

4. — LA DIVISION DU TRAVAIL.

L'important travail de faire une épingle est divisé en dix-huit opérations distinctes ou environ, lesquelles, dans certaines fabriques sont remplies par autant de mains différentes, quoique dans d'autres le même ouvrier en remplisse deux ou trois.

J'ai vu une petite manufacture de ce genre qui n'employait que dix ouvriers, et où, par conséquent, quelques-uns d'entre eux étaient chargés de deux ou trois opérations.

Mais, quoique la fabrique fût fort pauvre et, par cette raison, mal outillée, cependant, quand ils se mettaient en train, ils venaient à bout de faire entre eux environ douze livres d'épingles par jour ; or, chaque livre contient au-delà de 4 000 épingles de taille moyenne.

Ainsi ces dix ouvriers pouvaient faire entre eux plus de quarante-huit milliers d'épingles dans une journée ; donc chaque ouvrier, faisant un dixième de ce produit, peut être considéré comme faisant dans sa journée 4 800 épingles.

Mais, s'ils avaient tous travaillé à part et indépendamment les uns des autres, et s'ils n'avaient pas été façonnés à cette besogne particulière, chacun d'eux, assurément, n'eût pas fait vingt épingles, peut-être pas une seule, dans sa journée, c'est-à-dire pas, à coup sûr, la 240e partie, et pas peut-être la 4 800e partie de ce qu'ils sont maintenant en état de faire, en conséquence d'une division et d'une combinaison convenables de leurs différentes opérations.

IZOULET, *La Cité moderne.*
(Alcan, éditeur.)

CHAPITRE II

LA LOI

LA LOI EST L'EXPRESSION DE LA VOLONTÉ GÉNÉRALE. ELLE A POUR OBJET LA SAUVEGARDE DES INTÉRÊTS COMMUNS.

1. L'ordre social est garanti par la loi.— La vie sociale a pour but et pour raison d'être, avons-nous vu, d'assurer la sécurité des individus et la réalisation du bien général par le concours de toutes les volontés particulières. D'autre part, elle ne peut atteindre ce double but qu'en se soumettant à une organisation régulière. Ainsi se constitue la société civile, la Cité ou l'État, formé par le groupement d'un certain nombre de personnes ou de familles, librement associées en vue d'une œuvre commune de défense et de progrès.

Par quels moyens la société ainsi constituée peut-elle garantir tout à la fois et le respect des droits de chaque personne et la participation de tous aux charges et aux obligations de la vie commune? En établissant des règles auxquelles chacun des membres de la Cité ou de l'État, chaque *citoyen* prend l'engagement de se soumettre, par le fait même qu'il entre dans l'association.

L'ensemble de ces règles qui s'imposent également à tous les citoyens constitue la *loi*.

La loi apporte évidemment certaines restrictions à la

puissance ou à la liberté naturelle des individus, puisqu'elle leur interdit l'accomplissement des actes jugés contraires à l'intérêt général, et leur en impose d'autres en vue de ce même intérêt. Mais la raison fait à l'homme une obligation d'accepter ces restrictions, parce qu'elle y voit la condition nécessaire de la vie sociale, qui seule peut assurer sa tranquillité et l'amélioration de sa destinée.

2. L'autorité de la loi repose sur l'intérêt commun.— D'ailleurs chacun des citoyens trouve une large compensation aux sacrifices ainsi consentis, dans les garanties que la loi lui donne à lui-même, et qui lui permettent de jouir en paix des biens qu'il a en partage et du fruit de ses efforts personnels, en même temps qu'elle lui assure une certaine part dans les biens de la communauté. Si elle a pour origine et pour justification l'intérêt général, elle sert manifestement l'intérêt individuel, l'intérêt général ne pouvant être que l'ensemble des intérêts de tous les individus.

De ce principe, que l'autorité de la loi repose sur l'intérêt commun, qu'elle a pour unique objet d'assurer à tous les membres de la communauté, à tous les citoyens, la plus grande somme possible d'avantages et de biens, il résulte qu'elle ne peut avoir d'autre origine que le libre consentement des individus.

3. La loi civile et la loi morale.—C'est précisément là, comme nous l'avons déjà remarqué, le caractère qui distingue la loi *civile*, celle qui a été établie par la volonté des hommes et peut être modifiée au gré de leurs intérêts, de la loi *morale*, qui repose sur la raison elle-même et qui, comme la raison, est universelle et absolue, s'imposant avec une égale autorité à tous les hommes et dans tous les temps.

Ainsi le vol, le mensonge, le meurtre, contraires à la loi morale, parce qu'ils sont contraires au respect que nous devons aux autres et que nous nous devons à nous-mêmes, sont toujours et nécessairement des actions mauvaises et condamnables, tandis que les prescriptions de la loi civile sont susceptibles d'être modifiées. Des obligations peuvent être supprimées ou ajoutées, des libertés plus ou moins restreintes, suivant que la société, c'est-à-dire l'ensemble des citoyens, le juge possible ou nécessaire. La plupart des mesures prescrites en vue de l'intérêt général, impôts, service militaire, organisation des pouvoirs publics ou de la justice, etc. ont été maintes fois changées, et le seront sans doute encore bien souvent par la suite.

4. L'individu doit s'incliner devant la loi fixée par la majorité des citoyens. — Mais si la société a le pouvoir et le droit de modifier, au gré de ses intérêts ou de la conception qu'elle se forme du bien général, les règles imposées à chacun de ses membres, il est évident que la loi, qui doit être égale et uniforme pour tous, ne saurait être subordonnée à la volonté arbitraire de chaque individu. Elle est l'expression de la volonté générale, et chacun doit incliner devant elle ses préférences ou ses opinions personnelles.

D'autre part, il est aisé de comprendre qu'en raison de la diversité des esprits et des caractères, en raison surtout de ce que les intérêts particuliers ne se trouvent pas toujours d'accord les uns avec les autres, il n'y a pas lieu d'espérer entre tous les citoyens une entente unanime pour l'établissement des lois. Et comme le droit naturel est égal pour tous, puisque chacun des membres de la société jouit au même titre de tous les privilèges attachés à la personne humaine, le seul moyen conforme à la raison de trancher les conflits inévitables consiste à accepter pour loi la volonté du plus grand nombre ou de la majorité des citoyens.

Assurément il peut arriver parfois que cette majorité se trompe, et que ses décisions ne soient pas exactement d'accord avec ses véritables intérêts. Mais comme aucun de ses membres n'a plus que les autres le droit de se juger infaillible, malgré les chances d'erreur qui subsistent, le plus juste est d'accepter l'égalité de tous les suffrages.

5. La loi doit être obéie et respectée par tous. — D'ailleurs chacun des citoyens garde, bien entendu, le droit de travailler de tous ses efforts à faire prévaloir ce qu'il considère comme le plus juste et le plus raisonnable, et à préparer la transformation de la loi dans un sens conforme à ses opinions ou à ses intérêts. Mais tant qu'elle est la loi, tant qu'elle n'a pas été modifiée ou rapportée par une décision de la volonté générale, elle doit être respectée et obéie par tous. Il n'est pas plus permis de chercher à lui échapper par des moyens détournés et hypocrites, que de la braver en face; de même qu'il est aussi coupable de voler le bien d'autrui en abusant de sa crédulité qu'en le dépouillant de vive force.

6. La raison nous inspire le respect et l'amour de la loi. — Vous ne sauriez jamais vous pénétrer trop tôt ni trop profondément du respect et de l'amour de la loi. Ce n'est pas seulement pour l'homme honnête un devoir impérieux de lui obéir. Pour celui qui a bien compris la dignité et l'excellence de la raison, il n'y a rien de plus grand, de plus beau, ni de plus doux que d'incliner sa volonté personnelle, ses préférences et ses intérêts particuliers, devant la loi, expression de la volonté commune et de l'intérêt général. Sachant qu'elle a été établie pour le plus grand bien de tous, il accepte sans réserve et sans arrière-pensée toutes ses prescriptions, lors même qu'elles exigent de lui quelque sacrifice.

D'ailleurs, à mesure que l'homme plus éclairé et plus juste apprend à respecter et à aimer la loi, l'obéissance lui devient plus facile et plus douce; de telle sorte que, dans une société toute pénétrée de raison et de sagesse, la loi s'imposerait avec une souveraine autorité, sans avoir besoin de s'appuyer sur la force ou sur la crainte (1).

(1) Voir G. Lamy et Mayrargue, *Traité pratique de droit usuel* : Les lois, p. 80 (A. Picard et Kaan, éditeurs).

7. Les sanctions de la loi civile.— Comme il n'en est pas ainsi dans notre humanité encore si imparfaite, il faut bien que la société, pour assurer sa propre sécurité et le bon fonctionnement de son organisation, garantisse le respect et l'observation des lois qu'elle a établies, par un ensemble de mesures destinées à arrêter ou à réprimer ceux qui prétendraient s'y soustraire. On ne saurait contester la légitimité des sanctions pénales, puisqu'elles sont indispensables au maintien de l'ordre public, à la jouissance paisible des libertés individuelles aussi bien qu'au développement des œuvres d'intérêt commun; mais il est à désirer que leur action soit de plus en plus restreinte, qu'elle s'efface peu à peu devant les progrès de l'instruction, et aussi devant une organisation de plus en plus équitable de la société. En fait, il est facile de constater que les pénalités légales, qui dans les premiers âges de l'humanité s'entouraient d'un appareil redoutable et de cruelles tortures, se sont peu à peu adoucies, à mesure que les hommes, plus éclairés et plus civilisés, se prêtaient mieux aux conditions de la vie sociale. Ainsi la peine de mort, qui chez les peuples primitifs était le châtiment d'un nombre considérable de fautes dont certaines nous paraissent plutôt légères, et qui s'accompagnait souvent de supplices atroces, tend à disparaître de nos codes.

LECTURES

I. — RESPECT DU A LA LOI.

Mes amis, dit Socrate, avez-vous oublié qu'il y a un témoin qui nous voit et qui me condamnera si je suis vos conseils, à savoir : les lois de notre pays ? Ne les entendez-vous pas qui me crient : « Que vas-tu faire, Socrate ? Exécuter l'entreprise que tu prépares, qu'est-ce autre chose que ruiner, autant qu'il est en toi, les lois de la République ? Quel sujet de plainte as-tu donc contre nous ? N'est-ce pas à nous que tu dois la vie ? N'est ce pas grâce aux lois relatives au mariage que ton père a épousé celle qui t'a mis au monde ? N'est-ce pas à nous que tu dois ton éducation ? N'est-ce pas nous qui avons prescrit à ton père de te former à tous les exercices de l'esprit et du corps ? Mais, s'il en est ainsi, penses-tu que tu aies des droits égaux aux nôtres, de telle sorte qu'il te soit permis de nous rendre le traitement que nous t'infligeons ? Le droit que tu ne saurais avoir contre un père, contre un maître, de lui rendre le mal pour le mal, injure pour injure, coup pour coup, penses-tu l'avoir contre la patrie et contre les lois ? Quoi ! si nous avions résolu de te perdre estimant que cela soit juste, tu voudrais nous prévenir et perdre les lois et ta patrie ? Appellerais-tu cela justice, toi qui fais profession d'être attaché à la vertu ? Ta sagesse te laisse-t-elle ignorer que la patrie est plus digne de respect et de vénération qu'un père, qu'une mère, et que tous les parents ensemble ? Qu'il faut honorer sa patrie, lui céder, et la ménager plus qu'un père lorsqu'elle est irritée ? Qu'il faut ou la ramener par la persuasion ou obéir à ses commandements et souffrir sans murmurer tout ce qu'elle ordonnera ? Si elle veut que tu sois battu de verges et chargé de chaînes, si elle veut que tu ailles à la guerre et que pour elle tu y verses tout ton sang, tu dois obéir sans balancer, car tel est ton devoir. »

PLATON, *Criton.*

2. — CONTRE UN GOUVERNEMENT LIBRE TOUTE INSURRECTION EST UN CRIME.

Une condition essentielle du gouvernement républicain, c'est que les partis respectent les lois et sachent se résigner à demeurer minorités, jusqu'à ce qu'ils acquièrent la suprématie par les moyens légaux.

Aux États-Unis, rien n'égale l'âpreté, la violence même des luttes électorales, si ce n'est la soumission avec laquelle les partis acceptent le verdict du scrutin.

En France, les républicains avaient hérité de la première révolution la tradition des journées. Un groupe de citoyens de Paris, qui de bonne foi s'appelle le peuple et se croit l'incarnation du droit, marche sur le siège du gouvernement et s'empare du pouvoir.

C'est à coups de journées populaires qu'on a renversé successivement tous les gouvernements; c'est à coups de journées militaires qu'on a aussi établi deux fois le despotisme.

L'esprit d'obéissance peut être le propre des âmes serviles sous le despotisme, mais, sans cet esprit, la république ne subsistera pas, puisqu'elle doit s'appuyer sur le concours spontané de tous.

Contre un tyran, l'insurrection est parfois un devoir; contre un gouvernement libre, elle est toujours un crime.

Malheureusement la France ayant presque toujours eu à sa tête des pouvoirs soit usurpateurs, soit combattus par un parti puissant, éclairé et influent, l'hostilité contre le pouvoir était devenue un mal chronique.

Comme jusque récemment aucun gouvernement n'a jamais admis la liberté complète, toutes les insurrections ont pu être considérées comme de glorieuses revendications d'un droit méconnu et ainsi l'esprit de rébellion est entré dans le sang. En Angleterre, on fomente pendant des années une « agitation » qui soulève le pays jusque dans ses fondements; des meetings surexcitent les passions populaires; des orateurs enflamment les foules dans les parcs; enfin des centaines de mille hommes roulent leurs flots menaçants jusqu'aux abords du Parlement; mais il n'est point fait usage des armes, la légalité est respectée.

E. de Laveleye, *Le Gouvernement dans la démocratie.*
(Alcan, éditeur.)

3. — LE RESPECT DE LA LOI.

Convenons-en, le respect de la loi, porté à un si haut point chez tel ou tel peuple voisin, est assez mitigé chez nous. A vrai dire même, nous réservons nos sourires de complicité et de sympathie à celui-là, au contraire, qui viole ou nargue la loi. Il suffit qu'une chose soit défendue pour qu'aussitôt nous viennent l'idée et le désir de la faire. Et nous sommes convaincus que nous donnons ainsi une preuve d'esprit et d'audace, tout à fait à notre honneur. Chez nous, en un mot, la « galerie » est pour l'infracteur. C'est lui qui est le personnage sympathique et populaire. Celui qui respecte la loi est un benêt; et celui qui la fait respecter, un importun ou un odieux.

Ce plaisir « gamin » de s'appliquer à faire précisément ce qui est défendu, est évidemment un indice de la persistance du virus servile. L'insubordination et la servilité, la révolte et l'asservissement, l'anarchie et la dictature, ce ne sont là, comme l'insolence et la bassesse, que les deux faces d'une seule et même réalité, à savoir : l'insipience (1) politique, l'inaptitude civile, l'incapacité sociale.

On sait à quel degré, au contraire, est poussé le respect de la loi, en Angleterre, par exemple. Là, le « policeman » est populaire. Là, quand il y a conflit entre un contrevenant et un policeman, c'est au policeman que le public est enclin à prêter main forte. Non par bassesse et lâcheté, bien au contraire, mais par élévation d'esprit et de caractère. Là, en effet, le public sait et sent que la loi est faite dans son intérêt, et que le défenseur de la loi est donc le propre défenseur du public. Chez nous, les hommes instruits savent cela; mais ils ne le sentent pas. Et la foule pense et sent précisément tout à rebours.

Il faudra bien du temps encore pour arracher de l'esprit français cette idée que la loi est une prescription purement arbitraire et tyrannique, purement vexatoire, et non une mesure de sauvegarde, qui peut se tromper parfois dans une certaine mesure, mais qui, en tout cas, ne saurait être suspectée quant à l'intention.

IZOULET, *La Cité moderne.*
(Alcan, éditeur.)

(1) Insipience, défaut de sagesse.

CHAPITRE III

LA SOUVERAINETÉ NATIONALE

LE POUVOIR DE FAIRE LES LOIS ET D'EN ASSURER L'EXÉCUTION N'APPARTIENT QU'AU PEUPLE OU A SES REPRÉSENTANTS

1. La volonté générale ne peut agir que par délégation. — Dans une société organisée conformément à la raison, la seule autorité qui s'impose à la volonté des citoyens est celle de la loi, et la loi n'est elle-même que l'expression de la volonté générale.

Mais comment la volonté générale pourra-t-elle s'affirmer et se faire respecter de tous ?

Il lui serait impossible d'intervenir pratiquement et utilement pour régler toutes les questions qui peuvent se présenter, et exercer une action efficace sur la conduite de chacun des citoyens. Il est donc de toute nécessité qu'il existe un organe ou des organes spécialement chargés d'étudier et de résoudre les questions intéressant la vie générale, et aussi d'assurer l'exécution des décisions prises et le respect de la loi commune. En d'autres termes, la Loi qui n'est en elle-même qu'une formule abstraite doit être dans la vie sociale représentée par un pouvoir concret. Ce pouvoir, c'est le gouvernement.

2. Nécessité d'un gouvernement. — Pour les mêmes

raisons qui rendraient impossible le maintien de l'ordre social dans l'hypothèse de la suppression de toute loi, on ne saurait davantage se représenter une société dépourvue de toute forme de gouvernement. En l'absence d'une autorité publique, possédant la mission et le pouvoir de défendre la liberté des citoyens et les intérêts généraux contre les atteintes de la force ou de l'arbitraire, les droits individuels se trouveraient constamment à la merci d'hommes ou de groupes plus entreprenants et dépourvus de scrupules. Ce serait donc encore une fois le retour au règne de la force et à la barbarie primitive, chacun ne pouvant compter que sur ses propres ressources pour se protéger contre la rapacité des autres et les lois demeurant impuissantes et vaines.

3. Le gouvernement assure la liberté des citoyens. — L'existence d'un gouvernement, devant l'autorité duquel s'inclinent les volontés individuelles, loin d'être une cause d'amoindrissement pour la liberté des citoyens, constitue donc la garantie et la condition indispensable de son exercice et de son développement, parce qu'elle leur permet de se livrer sans souci de leur sécurité personnelle et sans inquiétude pour l'avenir, à leurs travaux et à la culture de leurs facultés naturelles.

4. La souveraineté appartient au peuple. — D'ailleurs l'autorité du pouvoir gouvernant vient tout entière, comme celle de la loi elle-même, de la volonté commune. C'est donc véritablement le peuple, c'est-à-dire l'ensemble des citoyens, qui détient seul la véritable souveraineté. S'il la délègue à des représentants choisis par lui, c'est simplement parce qu'il lui serait difficile, ou plutôt pratiquement impossible, de l'exercer par lui-même.

Le droit du peuple à se gouverner librement est inaliénable et imprescriptible, parce qu'il dérive des privilèges indestructibles de la personne morale. Non seulement, nul ne peut sans crime l'en dépouiller, en usurpant par la force ou de toute autre manière l'autorité suprême; mais le peuple lui-même ne saurait en aucun cas y renoncer, abdiquer sa souveraineté entre les mains d'un homme, d'une assemblée ou d'une caste : car ce serait abdiquer les droits et les obligations qu'il tient de la raison elle-même.

5. La République est le seul gouvernement légitime. — De ce principe abolument incontestable découle cette conséquence que la seule forme rationnelle et légitime de gouvernement est la République, c'est-à-dire le régime qui confie l'autorité publique à des représentants du peuple, désignés pour une période et avec une mission déterminées, et révocables au cas où ils trahiraient les intérêts ou la volonté de ceux qui les ont nommés. La loi fondamentale du gouvernement républicain est en effet que tout dépositaire, à un titre quelconque, de l'autorité publique, tenant son pouvoir de la volonté générale et sous la condition expresse de s'en servir pour l'intérêt commun, est responsable devant la nation de l'usage qu'il en fait, et reste toujours son mandataire (1).

6. Le système monarchique est dangereux et injuste. — Le système monarchique, qui place l'autorité suprême entre les mains d'un homme désigné par la naissance, jouissant d'un pouvoir indéfini et soustrait à toute responsabilité, est aussi contraire à la raison qu'à l'intérêt général. Non seulement il pourra se faire, et l'histoire en montre d'assez nombreux exemples, que le roi détenteur du pouvoir par l'effet de l'hérédité soit un homme dépourvu d'intelligence ou d'honnêteté, un ambitieux qui fera massacrer des millions de citoyens pour s'acquérir une gloire immorale, un débauché qui ruinera le peuple pour satisfaire ses passions, un fou qui vendra son pays; mais, fût-il doué des plus éminentes qualités et des plus rares vertus, il n'en est pas moins un usurpateur, parce que l'autorité qu'il exerce

(1) Voir G. Lamy et Gayrargue, *Traité pratique de droit usuel*: La République et les droits publics des Français, p. 10. (A. Picard et Kaan, édit.).

ne lui appartient pas, qu'elle appartient à la nation, à la masse des citoyens.

A vrai dire, de nos jours il existe bien peu de ces monarchies absolues, où le roi gouvernait seul au nom de son bon plaisir (1).

Dans les monarchies constitutionnelles, le roi est assisté de chambres élues qui font les lois, de ministres qui dirigent les affaires de l'Etat, sous le contrôle des représentants de la nation. Mais trop souvent il arrive que le souverain, fort de sa situation et des droits qu'il tient ou croit tenir de sa naissance, cherche à se soustraire à des entraves qui le gênent, et à faire prévaloir ses conceptions personnelles sur la volonté générale ; et dans ce cas les garanties constitutionnelles deviennent à peu près illusoires. Ou bien il abandonne effectivement à ses ministres et aux chambres la direction de toutes les affaires; et alors on se demande vraiment de quelle utilité il peut être.

7. Tous les citoyens ont les mêmes droits. — On ne saurait davantage admettre le système qui réserve le droit de gouverner à une aristocratie, à un certain nombre d'hommes qui sont censés tenir de leur naissance, de leur fortune ou de leurs talents, des droits supérieurs et des privilèges. Telle était, par exemple, l'organisation de la République romaine; telle est encore, au moins dans une assez large mesure, la constitution de l'Angleterre contemporaine.

Rien ne justifie de telles distinctions. Toutes les personnes étant égales, tous les citoyens possédant les mêmes droits, il n'y a pas d'autre forme légitime de gouvernement que la démocratie, qui attribue au peuple lui-même la souveraineté tout entière.

C'est la gloire des philosophes français du XVIIIe siècle d'avoir mis en lumière ce grand principe de la souveraineté nationale, aujourd'hui reconnu et pro-

(1) Les ordonnances royales, jusqu'à la Révolution française, se terminaient par ces mots : « Tel est notre bon plaisir. »

clamé par presque tous les peuples. La Révolution l'a inscrit en tête de nos lois, mais il a fallu près d'un siècle pour le faire passer dans les mœurs. Nous pourrions même facilement établir qu'en fait bien des réformes seraient encore nécessaires pour en assurer l'exacte application.

8. L'élite dans la démocratie. — Si le gouvernement démocratique a pour principe et pour règle suprême l'égalité absolue des citoyens au double point de vue des libertés personnelles et des droits politiques, il ne s'ensuit pas qu'elle doive courber tous les hommes sous un même niveau. Le voulût-elle, que la nature s'y refuserait encore. L'inégalité dans les aptitudes et aussi dans le travail et la bonne volonté, les hasards et les accidents de toute espèce que la vie comporte, la diversité nécessaire des fonctions dans une société régulièrement organisée, tout cela implique l'impossibilité d'assurer à tous les citoyens une part égale et des avantages analogues.

La raison ne s'oppose pas d'ailleurs à l'existence d'une élite appelée à remplir dans la communauté un rôle de direction, à exercer une certaine autorité. Elle l'exigerait plutôt ; car c'est à cette élite qu'il appartient de s'engager toujours plus avant dans la voie du progrès scientifique, moral et social, afin d'y entraîner après elle l'humanité tout entière. Sa disparition amènerait bien vite la déchéance et la ruine de la société elle-même.

Mais, dans une démocratie, l'élite ne constitue ni une caste fermée ni une classe privilégiée. Ouverte à tous, elle doit se recruter par l'accession aux plus hautes fonctions sociales des plus capables et des plus dévoués, à l'exclusion de toute considération de naissance, de fortune ou de faveur. Elle doit aussi demeurer soumise à toutes les charges et obligations de la vie commune. Sa mission, honorable entre toutes, quand elle ne la tient que de son seul mérite et de l'estime publique, lui impose de plus lourdes responsabilités ; elle ne la dégage d'aucun devoir.

9. La division des pouvoirs. — Comme nous l'avons dit plus haut, le peuple délègue à des représentants choisis parmi les citoyens l'autorité qu'il ne peut exercer lui-même et le soin de gouverner en son nom. Le rôle du gouvernement et des pouvoirs publics est d'ailleurs très complexe et comporte des fonctions qui, dans la plupart des Etats modernes, sont confiées à des catégories distinctes de citoyens.

10. Le pouvoir législatif. — La plus haute et la plus importante des fonctions publiques est assurément celle des citoyens appelés à discuter et à voter les lois. Aussi est-elle dévolue à des représentants directs de la nation qui doivent, pour demeurer fidèles à leur mission, se tenir constamment en rapport avec leurs électeurs, dont ils ne font que traduire et défendre les idées et les intérêts. D'ailleurs, dans tout État vraiment démocratique, les pouvoirs élus voient à de fréquents intervalles renouveler leur mandat. Bien qu'il résulte de ces renouvellements réguliers un certain trouble dans la direction des affaires publiques et la préparation des lois, on ne saurait chercher à s'y soustraire, sous peine de voir la volonté des représentants se substituer peu à peu à celle des citoyens et la souveraineté du peuple devenir à peu près illusoire (1).

11. Le pouvoir exécutif. — A côté du pouvoir législatif se place le pouvoir exécutif, chargé de veiller à l'application des lois et de pourvoir aux besoins de la vie générale. C'est lui qui, à l'aide des ressources mises à sa disposition, assure le maintien de l'ordre et le respect des droits individuels. C'est lui aussi qui dirige

---

(1) Voir G. Lamy et G. Mayrargue, *Traité pratique de droit usuel* : La constitution et le pouvoir législatif, p. 38.

tous les fonctionnaires, citoyens choisis, en raison de leurs aptitudes spéciales et dans des conditions déterminées par les lois elles-mêmes, pour assurer la bonne marche des services publics. Il est en quelque sorte l'organe moteur de toute la vie nationale, l'expression concrète et l'agent de la volonté générale et constitue, à proprement parler, le gouvernement (1).

12. Le pouvoir judiciaire.—Enfin, le pouvoir judiciaire a pour fonction de réprimer les atteintes portées soit à l'ordre public, soit à la personne ou aux droits des individus, en appliquant à chaque cas particulier les dispositions de la loi commune.

Il est bon que le pouvoir judiciaire possède une sorte d'autonomie, pour que toute garantie soit donnée à la liberté et aux droits de l'individu. Son indépendance est d'ailleurs limitée par la loi elle-même, à laquelle il est tenu de se conformer en l'interprétant (2).

13. Tous ceux qui détiennent l'autorité publique l'exercent au nom du peuple. — Les agents du pouvoir exécutif et du pouvoir judiciaire, aussi bien que les législateurs eux-mêmes, tiennent toute leur autorité du peuple, dont ils sont les délégués. Les citoyens investis d'une fonction publique l'exercent sous le contrôle et la responsabilité du gouvernement, soumis lui-même au jugement et à la volonté des élus de la nation.

En principe, il pourrait être désirable que le mandat donné aux fonctionnaires fût toujours temporaire et qu'ils fussent tous choisis par élection. Déjà dans quelques pays démocratiques il en est ainsi, au moins pour la plupart des cas. Mais, en fait, bien des fonctions exigent une expérience et une préparation toutes spéciales ; et l'intérêt public demande qu'elles ne passent pas de main en main.

(1) Voir G. Lamy et G. Mayrargue, *Traité pratique de droit usuel :* Le pouvoir exécutif, p. 52.
(2) *Ibid.* : La justice, p. 85.

De quelque manière qu'ils soient choisis ceux qui détiennent une part quelconque de la puissance publique doivent toujours se considérer comme les représentants de la nation ; et pour ce motif, ils ont l'obligation de se conformer, dans la sphère de leur action propre, à sa volonté et à ses aspirations. Un fonctionnaire, quel qu'il soit, qui se trouve en opposition avec la volonté générale, n'a donc le choix qu'entre deux alternatives : se soumettre ou se démettre.

Le devoir de soumission à la volonté générale n'est d'ailleurs pas le seul qui s'impose aux citoyens chargés d'une fonction publique. Investis d'une mission de confiance, ils doivent ne jamais perdre de vue les intérêts dont ils ont la garde, ne se prévaloir de l'autorité qu'ils détiennent que pour le bien général, enfin et surtout apporter dans la gestion de leur service beaucoup de bienveillance, un respect absolu de la justice et le désir sincère de se rendre utiles à tous.

LECTURES

I. — LE SUFFRAGE UNIVERSEL.

Le plus grand acte de la République de 1848 fut d'établir le suffrage universel.

Et voyez comme ce qui est profondément juste est en même temps profondément politique. Le suffrage universel, en donnant à ceux qui souffrent un bulletin, leur ôte le fusil. En leur donnant la puissance, il leur donne le calme.

Le suffrage universel dit à tous, et je ne connais pas de plus admirable formule de la paix publique : « Soyez tranquilles, vous êtes souverains. »

Il ajoute : « Vous souffrez ? Eh bien ! n'aggravez pas vos souffrances, n'aggravez pas les détresses publiques par la révolte. Vous souffrez ? Eh bien ! vous allez travailler vous-mêmes, dès à présent, à la destruction de la misère, par des hommes qui seront à vous, par des hommes en qui vous mettrez votre âme, et qui seront en quelque sorte votre main. Soyez tranquilles ! »

Puis, pour ceux qui seraient tentés d'être récalcitrants, il dit :

« Avez-vous voté ? — Oui. — Vous avez épuisé votre droit, tout est dit. Quand le vote a parlé, la souveraineté a prononcé. Il n'appartient pas à quelques-uns de défaire ni de refaire l'œuvre de tous. Vous êtes citoyens, vous êtes libres, votre heure reviendra, sachez l'attendre. En attendant, travaillez, écrivez, parlez, discutez, éclairez-vous, éclairez les autres. Vous avez à vous aujourd'hui la liberté, demain la souveraineté : vous êtes forts ! »

Il y a un jour dans l'année où le gagne-pain, le journalier, le manœuvre, l'homme qui traîne les fardeaux, l'homme qui casse des pierres au bord des routes, juge les représentants, le sénat, les ministères, le président de la République. Il y a un jour dans l'année où le plus modeste citoyen prend part à la vie immense du pays tout entier, où la plus étroite poitrine se dilate à l'air vaste des affaires publiques, un jour où le plus faible sent en lui la grandeur de la souveraineté nationale, où le plus humble sent en lui l'âme de la patrie !

Quel accroissement de dignité pour l'homme, et par conséquent de moralité ! Quelle satisfaction et par conséquent quel apaisement !

V. Hugo, *Actes et paroles.*
(Hetzel, éditeur.)

2. — LES AVANTAGES DE LA DÉMOCRATIE.

Quand la démocratie assure à un pays l'ordre et la liberté, ses avantages sont si évidents qu'il est à peine nécessaire de les faire ressortir.

L'homme n'est vraiment libre dans l'acception politique du mot, que quand il prend part au gouvernement de son pays. C'est dans ce sens surtout que les anciens entendaient la liberté.

Celui qui est gouverné, non par des fonctionnaires qu'il

a contribué à élire, mais par des autorités constituées au-dessus de lui est un *sujet* et non un *citoyen*.

Quand tous choisissent les magistrats de la République et font les lois directement ou par intermédiaires, le bien de tous sera le but poursuivi, ce qui doit être celui de tout gouvernement.

Ceux qui gouvernent peuvent être individuellement corrompus ou incapables; ils ne forment pas une caste séparée, en faveur de qui les lois seront faites, et l'administration dirigée, comme sous le régime aristocratique.

Si tous interviennent dans la direction des affaires, la majorité peut abuser de son pouvoir, mais au moins ce sera dans l'intérêt du plus grand nombre et cette majorité est variable; elle peut être minorité demain, elle ne forme pas une classe fermée, poursuivant son intérêt particulier, avec perspicacité et persévérance.

... L'un des bons effets de la démocratie est l'action « éducative » qu'elle exerce sur les citoyens. « C'est, dit Tocqueville, en participant à la législation que l'Américain apprend à connaître les lois; c'est en gouvernant qu'il s'instruit des formes de gouvernement. » Comment le gouvernement direct et le *referendum* peuvent-ils fonctionner en Suisse sans dommage ?

Parce que la démocratie pratiquée y a fait l'éducation politique du peuple tout entier. Le despotisme prépare mal les hommes à le remplacer par la liberté, et le malheur est que les nations longtemps opprimées sont ainsi engagées dans un cercle vicieux, dont elles ne peuvent sortir que par un violent effort et à la suite d'une série d'épreuves.

Quand la loi émane du peuple tout entier, elle a par elle-même plus de force qu'elle n'en peut avoir sous toute autre forme de gouvernement et son autorité est d'autant plus grande, qu'elle est approuvée directement par une majorité plus considérable. On en voit la raison : la loi est soumise au vote populaire; les deux partis, l'un qui la veut, l'autre qui la repousse, se comptent; le premier l'emporte; comment le second songerait-il à s'insurger ? Il n'a pour lui ni le droit ni la force.

E. DE LAVELEYE, *Le Gouvernement dans la démocratie.*
(Alcan, éditeur.)

3. — L'IDÉAL DE LA DÉMOCRATIE.

L'esprit de la Révolution repousse tout ce qui peut diminuer la dignité intérieure du genre humain. Gardez-vous donc d'abaisser le niveau moral, croyant par là rendre plus aisé l'avènement de la démocratie; vous feriez précisément l'opposé de ce que vous voulez faire... Car ne pensez pas qu'à aucun prix l'homme, le genre humain consente à déchoir du beau moral qu'il a une fois entrevu... L'avènement de la démocratie ne peut être qu'un nouveau progrès de l'esprit, de la civilisation, de l'ordre universel. Ou elle sera tout cela, ou elle ne sera jamais rien; ce qu'il est impie de supposer.

Vous voulez émanciper le peuple de la glèbe; relevez donc sans relâche son esprit à la hauteur du nouveau ciel moral. Que sont ces théories par lesquelles chacun sera dispensé tôt ou tard de toutes les vertus! L'homme fera tout ce qui lui plaira, dites-vous, et jamais rien qui lui coûte. Eh! ne voyez-vous pas que vous détruisez jusqu'au ressort de l'âme? Pour moi, j'aimerais mieux cent fois cette devise : Fais toujours ce que tu as peur de faire. Car je sais que dans cet assaut intérieur, dans ce travail héroïque, l'âme s'accroît, elle prend sa force, son point d'appui, elle crée, elle soulève un monde; l'homme enfante le surhumain.

Si la souveraineté du peuple n'est pas le plus trompeur des mots, c'est une âme royale qu'il faut élever dans ce berceau, non pas seulement un artisan dans l'atelier, un laboureur sur le sillon. Je ne veux pas seulement que la démocratie ait son pain quotidien; avec l'esprit de mon siècle, je veux encore qu'elle règne; voilà pourquoi je demande d'elle des vertus souveraines.

On dira que je suis trop exigeant, que j'élève jusqu'au ciel l'idéal de la démocratie. Cela est vrai; mais songez qu'il faut le placer haut, puisqu'il doit être vu, comme un phare, du globe entier.

Ed. Quinet, *Extraits.*
(Hachette et Cie, éditeurs.)

CHAPITRE IV

LA SOLIDARITÉ SOCIALE

LA SOCIÉTÉ CIVILE A POUR MISSION D'ASSURER L'ACCORD DES ACTIVITÉS INDIVIDUELLES EN VUE DE LA RÉALISATION DU BIEN GÉNÉRAL.

1. Dans une société organisée tous les membres sont solidaires les uns des autres. — Nous avons déjà montré (1) dans quelle étroite dépendance l'individu se trouve vis-à-vis de la société humaine, au point de vue de sa vie morale. Mais l'organisation régulière de la société civile a pour effet de resserrer étroitement ces liens et de créer entre tous les membres de la communauté une solidarité tout à la fois plus intime et plus large, puisqu'en confondant dans la poursuite du bien général toutes les volontés et tous les intérêts, elle fait du groupe lui-même une sorte de personne morale.

Chez les peuples civilisés, tout atteste la puissance de la solidarité sociale. Chacun des citoyens emprunte le travail et le concours de tous les autres, comme aussi il doit en retour servir la communauté. L'industrie, la science, les arts, toutes les manifestations, toutes les fonctions de la vie générale, impliquent la coopé-

---

(1) Voir 1re partie, Ch. VII : La Solidarité morale.

ration et l'harmonie des activités individuelles ; nées de l'effort commun et persévérant du corps social tout entier, elles profitent à tous ses membres, de telle sorte que le bien et le mal de chacun s'identifient, en quelque sorte, avec le bien et le mal de la société elle-même.

2. L'État ou la société civile représente et personnifie la solidarité sociale. — C'est précisément pour répondre aux exigences résultant de la solidarité sociale et aussi pour en régler les effets, en réalisant l'accord nécessaire entre les intérêts de l'individu et ceux de la communauté, que la société civile est constituée. Elle a donc une double mission à remplir : d'une part, garantir à l'individu le respect de ses droits naturels, d'autre part, assurer la participation de tous les citoyens aux avantages et aux charges de la vie commune.

Elle représente ainsi et personnifie la raison et la volonté générale : la raison, puisqu'elle a pour fin de réaliser toujours plus de bien, d'ordre et de justice ; la volonté générale, puisqu'elle tient du libre consentement de tous les citoyens son organisation et son autorité.

3. L'État doit assurer la liberté et la sécurité des individus. — Le premier, le plus essentiel des devoirs de l'État, d'une société organisée conformément à la raison, est de mettre l'individu à l'abri de toute violence, de lui garantir la sécurité, la libre jouissance de tous ses droits, le libre exercice de ses facultés naturelles, le libre emploi de son activité et de son travail. La société sauvegarde les droits des citoyens en mettant la puissance publique, l'autorité et la force dont elle dispose, au service de tous les individus, en réprimant les attaques qui viendraient à se produire, en punissant ceux qui en sont coupables, et en les mettant dans l'impossibilité de renouveler leurs attentats.

4. L'État travaille à améliorer les conditions de la vie sociale. — Mais le rôle de l'État ne se réduit pas à ces attributions. Il n'a pas seulement pour mission de protéger et de défendre la sécurité et la liberté individuelles. Il lui appartient de travailler au progrès, au développement et à l'amélioration de la vie sociale, en resserrant, d'une part, les liens de solidarité qui existent entre les membres de la Cité, en les amenant à collaborer d'un commun accord aux œuvres d'utilité générale; d'autre part, en réglant suivant la raison et le droit leurs relations mutuelles, en introduisant sans cesse plus de justice dans la répartition des biens et des obligations.

5. L'État doit veiller à l'instruction et à l'éducation des citoyens. — Avant tout, l'État devra s'attacher à répandre et à développer l'instruction et l'éducation, à éclairer et à élever l'esprit des citoyens, pour les mettre mieux à même de remplir utilement leur rôle social. Aussi la principale préoccupation de tout gouvernement républicain et démocratique est-elle de multiplier les écoles de tout degré, les cours, les conférences publiques, d'encourager et de soutenir toutes les œuvres d'instruction et d'éducation populaires.

En éclairant les intelligences, en dirigeant les bonnes volontés vers la poursuite d'un idéal commun, l'école établit un accord plus intime entre tous les esprits; de telle sorte que les individus, pénétrés de la connaissance et de l'amour du bien général, n'obéissent plus à la loi par l'unique effet de la contrainte ou de la nécessité, mais qu'ils se portent spontanément à tout ce qui leur paraît plus favorable à l'intérêt de la communauté. Elle amène l'harmonie des aspirations, et la libre coopération de tous à l'œuvre du progrès général. La société civile apparaît ainsi comme un guide, un soutien de l'activité individuelle, et l'inspiratrice de tout ce que produit de bon et d'utile chacune des personnes dont elle est formée.

6. L'enseignement intégral. — Qu'un état républicain et démocratique doive également à tous l'instruction, cela n'est pas contesté; mais doit-il seulement l'instruction élémentaire, ou bien a-t-il l'obligation de mettre l'enseignement secondaire et supérieur à la portée de tous ? Au double point de vue moral et social, la réponse n'est pas douteuse. Tous les citoyens sont égaux en droit; comment pourrait-on justifier le privilège réservé aux favorisés de la fortune, l'instruction intégrale étant une condition nécessaire d'accès à presque toutes les hautes situations ? L'intérêt public exige, d'autre part, que toutes les capacités soient mises en mesure de se développer pour le plus grand profit de la communauté. Donc, une seule règle est équitable et bonne : l'enseignement à tous les degrés ouvert largement à ceux qui auront prouvé qu'ils sont assez intelligents et assez laborieux pour en tirer profit. De cette manière seulement se réalisera en fait le droit égal pour tous à toutes les fonctions sociales.

7. L'État crée et soutient les œuvres d'utilité publique. — L'État doit en outre contribuer, par ses propres ressources et par tous les moyens d'action dont il dispose, à l'amélioration des conditions générales de la vie. L'initiative individuelle serait souvent insuffisante pour cette œuvre qui, au reste, en tant qu'elle est d'intérêt général, revient plutôt à la collectivité tout entière. En fait, il en est ainsi dans toute société régulièrement constituée. L'État ou dans certains cas la commune — qui n'est elle-même qu'un petit État dans le grand — crée et entretient les routes et les canaux, construit les monuments affectés aux divers services de la vie publique, mairies, écoles, musées, bibliothèques, théâtres, assure le fonctionnement des organes indispensables, tels que les postes et télégraphes, l'assistance donnée aux malades et aux vieillards, la défense contre les épidémies ou les fléaux naturels. Il a des attributions plus ou moins étendues suivant les temps et les lieux; mais, par les garanties particulières qu'il donne, en tant qu'il représente l'intérêt même de la collectivité, par les ressources plus importantes dont il dispose, par le contrôle auquel il est soumis, il semble avoir, pour tout ce qui intéresse la vie générale, une incontestable supériorité. Loin de s'effrayer à l'idée que son action puisse être amenée à s'étendre, on doit souhaiter dans l'intérêt de la justice et du progrès, qu'elle embrasse toutes les fonctions et toutes les entreprises d'intérêt public, telles que les divers moyens de transports, les banques et établissements de crédit, les assurances, etc.

8. L'État doit protéger les plus faibles. — D'ailleurs, son intervention de plus en plus active et générale lui permettra de remplir plus efficacement un autre de ses devoirs, le plus important peut-être, celui de protéger les faibles et les déshérités. Si les événements étaient abandonnés aux seuls effets des lois naturelles, les conflits et la concurrence qui s'élèvent inévitablement entre les intérêts individuels tourneraient invariablement au profit des plus forts et des plus hardis, comme il arrive dans la lutte incessante que les animaux se livrent pour la vie. Parce que l'homme est un être doué de raison, parce que la société qu'il forme représente l'ordre et la justice, il faut qu'il en soit autrement et que tout ne soit pas livré aux seules influences de la force ou du hasard. Il faut que tous les membres du corps social soient assurés de participer, au même titre, aux avantages et aux garanties de la vie commune. Et comme ils ne sont pas toujours à même de se protéger contre les dangers et les difficultés de la concurrence, il faut que l'État prenne en main la cause des plus faibles.

9. Solidarité naturelle et justice sociale. — L'État, avons-nous dit, représente la solidarité sociale, le lien qui rattache entre eux tous les membres de la communauté. Que nous le voulions ou non, nous sommes tous en fait solidaires les uns des autres. L'individu dépend, à chacun des moments de sa vie et pour chacune de ses fonctions, de la collectivité tout entière. Il ne peut subsister, travailler, se développer qu'en faisant appel à des ressources qu'il n'a pas créées et dont il n'est pas le maître.

D'autre part, toute manifestation de l'activité individuelle a son contre-coup dans l'ordre social ; tout progrès accompli par l'un quelconque des membres de la société est un gain pour la communauté, comme aussi la faute ou la déchéance d'un seul amoindrissent la puissance de tous.

Mais la solidarité naturelle est aveugle et brutale ; la part qui revient à chacun dans la distribution des biens et des charges de la vie sociale n'est pas toujours en rapport avec son mérite, ni avec les services qu'il a rendus. Les hasards de la naissance, les inégalités physiques et intellectuelles, la diversité des conditions et les mille accidents de la vie créent entre les uns et les autres des distinctions qui n'ont rien à voir avec les droits essentiels de la personne.

En un mot, la solidarité naturelle ne répond pas à une loi de justice, mais simplement à une nécessité inéluctable. Il appartient à l'homme, agent de la raison et de la moralité, d'introduire dans les relations qui unissent l'individu à la communauté un équilibre plus conforme à l'équité. La volonté générale, éclairée et dirigée par la pensée de l'idéal, peut et doit transformer progressivement la solidarité naturelle en justice sociale.

10. La loi doit assurer la justice dans l'ordre social. — C'est conformément à ce principe que la société actuelle tend à faire intervenir la loi dans nombre de questions réservées jusqu'ici à la libre initiative des particuliers. Elle a tout d'abord agi en faveur de ceux qui sont plus incapables de se protéger eux-mêmes, les enfants, les femmes, les vieillards. Mais elle a le droit et le devoir de faire davantage ; d'assurer à tous par des mesures d'ordre public, les garanties indispensables d'hygiène, de repos, de sécurité et d'indépendance ; d'intervenir notamment dans la réglementation du travail, des salaires, etc. On ne saurait lui dénier ce rôle. Car, en tant qu'elle assure à tous ses membres la possession des avantages attachés à l'organisation sociale, elle a le droit d'exiger d'eux les sacrifices nécessaires en vue de l'intérêt collectif; et d'autre part, en tant qu'elle représente la raison et la volonté générale, elle doit chercher à se rapprocher le plus possible de l'idéal de justice et de fraternité qu'elle a précisément pour objet de réaliser.

11. L'État doit travailler à la réalisation de l'idéal social. — On se fait donc de la mission de l'État une idée singulièrement étroite et incomplète, quand on prétend la réduire à la protection de la liberté et des droits de l'individu, quand on demande qu'il demeure le spectateur impartial et désintéressé du jeu des forces naturelles ou économiques. Ce n'est là, en quelque sorte, que la partie négative de son rôle. Il a d'autres devoirs et d'autres responsabilités. Il lui appartient de réagir contre tous les abus de la force, contre les lois aveugles et brutales de la concurrence vitale, contre l'oppression du pauvre par le riche, contre l'accumulation entre les mains de quelques privilégiés de toutes les ressources et de tous les biens et de rétablir l'équilibre par des lois sages et humaines.

Il doit, par la direction imprimée aux initiatives individuelles, faire en sorte que le travail et les efforts de tous s'unissent pour le bien commun et préparer ainsi l'avènement d'une société meilleure qui donnerait à chacun de ses membres les mêmes garanties de liberté, de justice et de bonheur.

12. Le devoir social d'assistance. — Ce n'est pas tout encore; la société civile n'a pas rempli tous ses devoirs quand elle a réglé, dans un esprit conforme aux lois de la justice, les relations mutuelles des individus.

Son idéal fût-il même atteint, que des causes indépendantes de toute volonté humaine perpétueraient encore dans le monde la misère et la souffrance, en mettant quelques-uns de nos frères dans l'impossibilité de se suffire à eux-mêmes. A ceux-là, la communauté doit protection et assistance; elle est moralement obligée de lutter contre la maladie et les accidents de toute nature, de soutenir les enfants, les infirmes, les vieillards, d'aider les familles nombreuses, et, d'une manière générale, de secourir tous ceux qui sont dans le besoin. C'est une honte pour nous tous qu'il puisse y avoir des malheureux dépourvus des biens les plus indispensables, réduits à mourir de faim, de froid et de misère, ou acculés par l'abandon au suicide.

Le devoir social d'assistance ne se confond pas avec l'obligation imposée à chaque individu par la conscience de la solidarité humaine d'aider et de secourir ses semblables. La bienfaisance privée peut faire beaucoup pour soulager la misère et la souffrance; mais elle ne saurait suffire à tout. D'ailleurs la charité, précisément parce qu'elle représente un don volontaire et gratuit, revêt un caractère humiliant et pénible pour ceux mêmes qui en bénéficient; elle blesse et amoindrit en eux le sentiment de la dignité personnelle. C'est la communauté elle-même qui est tenue d'acquitter sa dette envers les deshérités, victimes des inégalités naturelles ou des accidents du sort; et pour le faire, elle a le droit d'user en leur faveur d'une partie de la richesse sociale, richesse qui n'a pu être acquise et qui ne peut être conservée que par son concours et sous sa protection.

13. La mutualité, très recommandable au point de vue moral et social, ne supprime pas pour la communauté le devoir d'assistance. — L'assistance sociale ne saurait non plus être remplacée par la mutualité. Pour remédier, dans la mesure du possible, aux coups imprévus du sort et diminuer les risques encourus, les individus ont assurément tout intérêt à s'associer en vue d'une garantie mutuelle. Ils font ainsi œuvre de prévoyance, œuvre aussi de solidarité et de fraternité.

L'organisation des associations mutualistes est féconde en excellents résultats; elle incite l'individu à compter sur lui-même, sur sa prévoyance, pour la sauvegarde de l'avenir. Elle contribue, d'autre part, à diminuer les charges et les responsabilités de la communauté. L'État doit par conséquent l'encourager et l'aider de toute manière, travailler à multiplier les œuvres de mutualité et à étendre leur champ d'action. Mais il ne saurait s'en remettre simplement à elles du soin de remédier à toutes les misères.

En fait, la mutualité ne supprime ni les difficultés ni les risques ; elle les met simplement en commun. Elle ne peut garantir quelques-uns des membres de l'association contre des maux extrêmes qu'en imposant à tous des sacrifices certains. Or il est manifeste que ces sacrifices, ce prélèvement que l'associé doit faire sur ses ressources personnelles en vue d'éventualités telles que la maladie, les accidents, le chômage, la vieillesse, la mort prématurée du chef de la famille, dépassent les facultés de ceux précisément qui ont le plus grand besoin du secours promis. Il est donc indispensable, tout au moins dans certains cas et pour une certaine part, que la société elle-même garantisse l'individu contre les risques auxquels il est exposé. Au reste, la question doit être envisagée de plus haut. Le travailleur est l'artisan de la fortune publique ; il enrichit la société de son labeur éternel ; la société lui doit en retour protection et assistance ; et c'est à la communauté qu'incombe la charge de pourvoir aux difficultés contre lesquelles son initiative personnelle demeurerait impuissante. En somme, le développement très désirable des associations mutualistes peut aider l'État et élargir le cercle restreint de son action ; mais il ne le dispense d'aucune de ses obligations.

LECTURES

1. — LES LOIS NATURELLES ET LA JUSTICE SOCIALE.

Il faut mettre les lois naturelles au service des lois morales; il faut faire pénétrer la justice où ne règne actuellement que la force. Il ne suffit pas de laisser les plus forts l'emporter toujours par l'accroissement naturel et du capital et de la puissance financière; il faut au contraire — et c'est le devoir de la société — faire en sorte que ces forces toutes puissantes au premier abord voient leur puissance se restreindre peu à peu par notre raison.

Si nous avions laissé les lois naturelles étreindre l'homme, croyez-vous que l'intelligence se serait développée, croyez-vous que la conscience ne serait pas morte, croyez-vous qu'il y aurait autre chose que la barbarie sur la surface de la terre? Qu'est l'histoire de l'humanité, sinon la lutte éternelle de la raison et de la conscience contre les lois naturelles qu'on prétend immuables et qu'on ne veut pas changer? Mettre la raison qui découvre les lois, au service du sentiment moral et social, qui les tourne au profit et au bien de tous, c'est le but de la société humaine. Sinon à quoi bon nous être associés, à quoi bon vivre en société, à quoi bon ne pas être purement et simplement épars dans les plaines et dans les bois, cherchant chacun notre nourriture au hasard de notre force physique et de la puissance de nos dents?

Non, depuis que le monde est monde, depuis qu'il y a des hommes qui ont dressé le front sous le ciel, s'est élevée cette pensée que cela ne pouvait pas durer et qu'il fallait faire à chacun sa part légitime dans la société de tous.

Léon Bourgeois, *L'Éducation de la démocratie.*
(Cornély, éditeur.)

2. — LA SOCIÉTÉ DOIT METTRE L'INSTRUCTION A LA PORTÉE DE TOUS.

Les idées se communiquent sans que personne s'enrichisse ou s'appauvrisse en les communiquant. Il nous est à peu près impossible d'en connaître l'auteur, le véritable inventeur. Ont-elles, même à l'origine, un créateur bien certain ? Il est permis d'en douter. En tous cas, elles ne peuvent être l'objet d'aucune appropriation personnelle.

Que résulte-t-il de là ? C'est que ce trésor doit être accessible à tous les associés et qu'il est impossible qu'il soit particulièrement retenu par quelques-uns. Ceux qui chercheraient à le garder d'une façon exclusive, en tout ou en partie, commettraient un véritable détournement. Mais il ne suffit pas d'affirmer que tout homme doit avoir accès à l'ensemble des trésors intellectuels et moraux de l'humanité, il faut que cet accès soit pratiquement assuré.

La communication des idées se fait par l'enseignement. L'enseignement des vérités définitivement acquises, soit dans l'ordre scientifique, soit dans l'ordre moral, doit donc être donné à tous les hommes indistinctement. Il est inadmissible qu'un individu capable de recevoir ces vérités en soit privé par des obstacles dus au fait des autres hommes.

Il y aura naturellement entre les hommes des inégalités d'aptitudes. Les uns sont intelligents, les autres ne le sont pas. Les uns pourront s'élever dans les connaissances jusqu'au plus haut degré ; les autres ne dépasseront jamais les degrés inférieurs de l'échelle ; c'est l'affaire de la nature et nous n'y pouvons rien.

Ce qui importe, c'est que la seule cause d'arrêt, pour chacun des associés, soit son inaptitude naturelle.

C'est pourquoi je n'hésite pas à dire que, dans une société bien organisée, l'enseignement ne doit pas être seulement gratuit au degré primaire, il doit l'être aussi au degré secondaire et au degré supérieur. Il faut que la seule cause qui puisse écarter les enfants ou les jeunes hommes des études supérieures soit leur inaptitude et non le prix de l'enseignement. La gratuité de l'enseignement à tous les degrés est une des conséquences premières de la solidarité sociale. Mais on doit aller plus loin encore dans cette voie. Ce n'est pas seulement à l'âge scolaire qu'on forme son esprit, qu'on développe sa conscience ; on s'instruit et on *s'élève* toute sa vie, et il faut qu'à tout âge, l'individu dispose d'un loisir suffisant pour pouvoir compléter aisément cette éducation de soi-même sans laquelle on ne peut parvenir au développement intégral de ses facultés.

LÉON BOURGEOIS, *Philosophie de la solidarité*, (Alcan, éditeur.)

3. — L'INSTRUCTION ET LE PROGRÈS SOCIAL.

Plus on aura une grande démocratie instruite et éclairée, plus nombreuses seront les chances de voir s'élever de son sein des inventeurs, des hommes industrieux et entreprenants qui découvriront les ressorts et les procédés, physiques ou chimiques, avec leurs agencements et leurs combinaisons, pour accroître sans cesse les forces de l'industrie productive.

Il faudrait que pas un sillon de l'intelligence nationale ne demeurât où « la main ne passe et repasse ». C'est seulement alors que nous commencerons à savoir ce que la puissance intellectuelle de la France peut produire. Le génie court les rues, ignoré de lui-même et des autres; et il y a tel petit vagabond ramassé dans le ruisseau et qu'on traîne bêtement au poste voisin, qui aurait trouvé, si on l'avait instruit, un procédé de génie pour livrer à moitié prix des chapeaux et des souliers à la multitude des gens qui vont encore nu-pieds et tête nue.

Notre tâche est de parvenir à diminuer de jour en jour la perte de forces intellectuelles qui s'écoulent obscurément par toutes les fissures de la société. Toutes ces forces perdues, si nous savions les utiliser, feraient marcher le monde tout autrement qu'il ne marche. Il faut que nous apprenions à explorer tout le domaine intellectuel pour capter les sources de ces eaux vivifiantes et puissantes qui ne servent à rien ou qui ne servent qu'à produire des dévastations, des écroulements et des déchirements du sol, quand elles s'échauffent et fument aux entrailles du monde.

Alors nous aurons en abondance tous les inventeurs qui nous manquent, toutes les facultés, toutes les intelligences qui nous font défaut, et dont l'absence nous laisse impuissants en face de tant de problèmes qui nous assiègent et nous déconcertent.

Ce champ ouvert à l'apostolat de l'instruction, aux efforts de l'initiative privée, aidée de l'initiative de l'État, aux sociétés, aux cercles et aux ligues d'enseignement, offre les perspectives les plus vastes et les plus puissamment attrayantes ; il sollicite des légions d'explorateurs qui ne manqueraient pas d'accourir, si l'on voulait considérer un moment l'importance et la beauté de la conquête.

Hector Depasse, *Du Travail et de ses conditions.*
(*Revue pédagogique*, Delagrave, éditeur.)

4. — LE DEVOIR SOCIAL D'ASSISTANCE.

Nous supposerons un individu qui travaille et qui tire de son travail le salaire qui le fait vivre. La société ne peut pas garantir à chacun de ses membres l'égalité du salaire. Cette égalité n'est ni désirable, ni possible. Mais il y a un minimum d'existence; la vie elle-même, que la société doit d'abord assurer à chacun de ses membres. On a eu raison de dire qu'il n'est pas tolérable qu'un homme meure de faim à côté du superflu des autres hommes. Le secours de la force commune est dû, pour garantir le minimum de l'existence, à tout associé qui se trouve, d'une façon permanente, par suite de son âge ou de ses infirmités, dans l'impossibilité physique ou intellectuelle de se conserver par ses seules forces. Il est dû aussi à tout associé rendu temporairement incapable de se suffire, soit par la maladie, soit par les accidents du travail, soit par le chômage forcé. Ce sont là des risques sociaux, dont la charge doit être, en partie tout au moins, supportée par la collectivité et auxquels doit s'appliquer naturellement la mutualisation.

Léon Bourgeois, *Philosophie de la solidarité.*
(Alcan, éditeur.)

CHAPITRE V

LES DROITS DU CITOYEN

LA SOCIÉTÉ CIVILE DOIT ASSURER A CHAQUE CITOYEN LA LIBRE JOUISSANCE DE SES DROITS INDIVIDUELS

1. L'État doit sauvegarder les droits des citoyens. — En se constituant en société, les hommes ont voulu s'assurer, avant tout, la sécurité et l'indépendance, la possibilité de vivre tranquilles, à l'abri de toute crainte et de toute violence. Le contrat qui les lie les uns aux autres doit donc être pour eux un principe d'affranchissement, et il serait odieusement violé, si l'organisation de l'ordre social aboutissait à la suppression ou à la confiscation des libertés essentielles de l'individu, alors qu'il a précisément pour objet de les défendre.

2. Le gouvernement ne doit pas se transformer en instrument d'oppression. — Et cependant, en fait, l'autorité de l'État, ou plus exactement du gouvernement qui était censé le représenter, s'est trop souvent transformée, à l'égard du plus grand nombre des citoyens, en une puissance injuste et tyrannique. Un homme ou une classe d'hommes, abusant de leur force ou de leurs richesses, confisquaient à leur profit la liberté de tous les autres, en les réduisant à l'esclavage, ou tout au moins à l'asservissement politique. Non seulement, à diverses époques, les monarchies absolues en ont usé de la sorte, mais les républiques de l'antiquité, dirigées le plus souvent par une aristocratie orgueilleuse et dure, n'ont pas été plus respectueuses des droits individuels. Songez qu'à Rome, par exemple, un nombre insignifiant de patriciens décidaient souverainement de toutes les affaires publiques et détenaient toute la puissance, tous les honneurs et aussi presque toute la fortune, tandis que de nombreux plébéiens étaient réduits à subir leur patronage, et que d'innombrables esclaves étaient condamnés à les servir.

3. La Révolution a revendiqué les Droits de l'Homme et du Citoyen. — C'est pour protester contre tous ces abus, contre ces attentats à l'indépendance de la personne humaine, qu'au début de la Révolution française l'Assemblée constituante a jugé nécessaire de proclamer, dans une déclaration demeurée justement célèbre, les Droits de l'Homme et du Citoyen (1). S'inspirant de la doctrine des philosophes du XVIIIe siècle, elle a inscrit dans la loi le principe de l'inviolabilité des libertés qui appartiennent au même titre à tous les citoyens, sans distinction de naissance, de situation ou de fortune.

En rappelant aux citoyens les droits qu'ils tiennent de la nature et de la raison et qu'ils doivent défendre contre toute atteinte, l'Assemblée constituante ne se proposait pas simplement de sauvegarder l'intérêt personnel des individus et la dignité de la personne humaine; elle servait en même temps la cause de l'intérêt général. Si, en effet, les droits de l'homme constituent son vrai titre de noblesse, le principe de sa supériorité et de sa souveraineté sur la nature, ils sont aussi la condition indispensable à l'accomplissement de sa mission.

---

(1) Voir, page 285, le texte de la Déclaration avec l'explication de chacun des 17 articles.

Priver les citoyens de leurs libertés essentielles, ce n'est pas seulement attenter à leur privilèges, c'est les mettre dans l'impossibilité de remplir leurs devoirs et de collaborer, comme ils sont tous appelés à le faire, à l'œuvre commune de progrès et de civilisation.

4. Le principe de tout progrès est dans l'initiative individuelle. — C'est, en effet, dans l'individu, dans l'intelligence et dans l'activité de chacune des personnes dont le groupement forme la société civile, que résident la véritable puissance et le principe de tout progrès. L'effort individuel, la libre initiative des citoyens peuvent seuls faire vivre, se développer et prospérer la communauté. Le rôle de l'État, nous l'avons vu, est par lui-même assez étendu. Il consiste tout à la fois à protéger l'exercice de l'activité personnelle contre les attaques et les violences qui pourraient la menacer et, d'autre part, à coordonner les efforts des individus, en vue de leur assurer plus d'efficacité et d'amener une plus juste répartition des charges et des avantages de la vie sociale. Mais ce n'est pas l'État qui agit, qui crée lui-même; il n'est qu'un pouvoir régulateur qui maintient l'ordre et l'harmonie. Si, par une méconnaissance absolue de son rôle, il tend à supprimer le libre essor des initiatives individuelles qu'il devrait soutenir et encourager, il tarit lui-même la source de tout progrès.

L'expérience confirme ces principes. En fait, la puissance et le développement de la vie sociale ont toujours été en rapport avec la somme de liberté assurée à la science, à l'industrie, au commerce et en général à toutes les formes de l'activité humaine.

5. Il y a plusieurs sortes de droits. — Toutefois, il importe de remarquer que, parmi les droits qui appartiennent à l'homme et que la société doit lui garantir, il en est de plusieurs sortes. Si tous sont également imprescriptibles et inviolables, ils n'offrent pourtant pas des caractères identiques. Ils diffèrent même assez profondément au point de vue de l'usage que nous en pouvons faire et des limites que peut leur fixer la loi civile. Ils se partagent en effet en trois grandes catégories : droits *naturels*, droits *civils* et droits *politiques*.

6. Les droits naturels sont attachés à la personne elle-même. — Au premier rang, par leur importance et leur valeur morale, se placent les droits naturels, ceux qui sont inhérents à la personne elle-même, et qui participent de son absolue inviolabilité. Tout citoyen a droit à être respecté dans sa vie, dans l'indépendance de sa personne et de son travail, dans ses opinions et ses croyances. Non seulement la société ne peut légitimement porter atteinte à aucun de ces droits, mais elle est tenue, en vertu même du principe sur lequel elle repose, de les défendre et d'en assurer le libre exercice.

7. L'esclavage et le servage. — Puisque le droit primordial de la personne morale est la liberté de disposer d'elle-même, toute institution qui implique la suppression ou la limitation de cette liberté est contraire à la justice et à l'ordre social. L'esclavage qui confère à un homme un véritable droit de propriété sur d'autres hommes est un crime qu'aucune considération ne saurait excuser. Le servage, forme adoucie de l'esclavage, n'est pas moins sévèrement condamné par la raison.

Aujourd'hui, d'ailleurs, tous les peuples civilisés se sont mis d'accord pour proscrire ces odieux abus de la force. Mais on ne saurait affirmer pourtant qu'il n'en reste aucune trace dans les mœurs ou les institutions de nos sociétés. Les conditions faites au travail, notamment dans l'industrie, ne mettent-elles pas encore, plus qu'il ne conviendrait, l'ouvrier sous la dépendance de celui qui l'emploie ?

De grands progrès ont déjà été accomplis depuis l'avènement du gouvernement républicain. La liberté d'association, garantie aux travailleurs de tout ordre, leur a permis de se protéger contre les abus de pouvoir et de réaliser progressivement une organisation plus conforme à la justice. Il est permis d'espérer, par le concours de toutes les bonnes volontés, l'avènement d'une société dont tous les membres jouiront effectivement d'une égale indépendance.

8. Liberté des opinions philosophiques, politiques et religieuses. — La liberté du citoyen ne doit pas être seulement respectée dans les manifestations extérieures de son activité; elle est également inviolable dans l'expansion de sa pensée, dans ses croyances et dans les actes qu'elles lui inspirent, dans sa conscience et dans tout ce qui constitue sa vie morale.

En s'organisant en société, les hommes n'abdiquent ni le droit ni le devoir qu'ils ont de se diriger suivant l'idéal que leur raison a conçu. Si l'État a pour mission, en distribuant largement à tous l'instruction et l'éducation, d'assurer le progrès et l'ascension continue vers une vie meilleure et plus parfaite, il ne peut s'arroger le privilège de fixer une limite aux efforts de la pensée individuelle, ni l'emprisonner dans un symbole quelconque. Toutes les croyances religieuses ou philosophiques, toutes les opinions ou les aspirations politiques ont le même droit à se manifester. La société n'a d'autre rôle que de veiller à maintenir entre tous une complète égalité, de manière à ce que chacun puisse librement exercer tous ses droits, sans être gêné par les autres.

9. A l'égard des croyances religieuses, la société civile doit garder une stricte neutralité. — De ce principe même que la société civile doit à toutes les religions une égale tolérance il résulte qu'elle n'en saurait patronner aucune, ni se mettre elle-même sous le patronage d'une Église quelconque. La croyance religieuse ne relève que de la conscience individuelle ; l'existence d'une religion d'État n'est pas seulement contraire à la liberté de conscience ; elle ne peut être qu'un vain simulacre, dénué de toute signification.

Mais de ce que l'État doit observer vis-à-vis des religions une neutralité absolue il ne s'ensuit pas qu'il en doive être de même à l'égard des doctrines morales et sociales. Si en toute matière la tolérance la plus large s'impose, ce serait un véritable non-sens de demander que l'État demeure indifférent ou neutre à cet égard. Ce serait méconnaître la fin même pour laquelle il a été organisé, le développement et l'amélioration de la vie commune. En fait, toute société s'inspire nécessairement d'un idéal ; ses lois impliquent une conception déterminée du droit et de la justice. Mais l'idéal de l'Etat doit être purement laïque, dégagé de tout élément confessionnel, et s'appuyer sur les seules données de la science et de la raison.

10. Les droits civils impliquent l'existence d'une société organisée. — Les droits civils diffèrent des droits naturels, en ce qu'ils ne dérivent pas de la nature même de la personne humaine et de ses fonctions essentielles, mais des conditions de la vie sociale. Tout citoyen est libre d'user à son gré de son activité, de disposer des produits de son travail, pour les consommer ou pour les mettre en réserve, de contracter des engagements, de s'associer à d'autres pour la poursuite d'un but commun, etc. Mais, précisément parce que ces droits impliquent déjà l'existence d'une société organisée, ils peuvent être soumis à certaines règles ou même à certaines restrictions imposées par l'intérêt général. L'individu ne saurait s'y refuser, puisque, sans le concours de la société, il lui serait pratiquement impossible de jouir de tous les avantages que ces droits lui procurent.

11. La liberté d'association. — De tous les droits civils, le plus essentiel est peut-être celui qui garantit aux citoyens la faculté de se grouper pour l'action et pour la défense. En face du conflit inévitable des intérêts particuliers l'individu demeurerait impuissant et toujours menacé, s'il ne pouvait librement s'associer à ceux qui travaillent à la même œuvre, qui partagent les mêmes besoins et qui ont à faire valoir les mêmes revendications. La constitution de syndicats professionnels, de sociétés coopératives de production et de consommation, de ligues formées pour la poursuite d'une fin déterminée, peut être utile non seulement aux citoyens qui en font partie, mais aussi à la communauté tout entière, dont elle rend l'action plus harmonieuse, plus juste et plus féconde.

La liberté d'association comporte assurément, comme toute liberté, certains dangers, parce qu'elle est susceptible d'engendrer des abus. Les fabricants ou les détenteurs d'un produit d'utilité générale peuvent, par exemple, en se coalisant, amener une hausse injustifiée dans le prix de vente et porter ainsi préjudice aux consommateurs, c'est-à-dire à la masse de la nation. Il appartient à la société de prendre les mesures nécessaires pour parer à de tels dangers. Toute association dirigée contre les intérêts primordiaux de la communauté est manifestement immorale. Les restrictions apportées par la loi au droit individuel sont alors plus que légitimes ; elles s'imposent au nom de la justice et de l'humanité.

12. Les droits politiques garantissent la participation du citoyen à la vie de la cité. — En dernier lieu viennent les droits politiques, qui représentent la participation personnelle de chaque citoyen à la direction des affaires publiques et à la confection des lois. En principe, ces droits sont imprescriptibles et inaliénables, c'est-à-dire que l'individu ne peut en être privé sans injustice ; mais ils ne peuvent être exercés que dans les conditions déterminées par la loi, c'est-à-dire par la volonté générale elle-même.

Nous avons vu d'ailleurs qu'il serait bien difficile aux citoyens, sinon pratiquement impossible, d'intervenir par une action personnelle et continue dans le règlement des questions qui intéressent la communauté. Ils sont amenés à s'en remettre à des mandataires désignés par leurs libres suffrages. En fait, la liberté politique consiste donc dans le droit conféré à tous les citoyens de participer,au même titre et dans les conditions déterminées par la loi,à l'élection des représentants chargés de la gestion des intérêts généraux (1).

13. La liberté individuelle n'est pas contraire à l'ordre social. — Droits naturels, droits civils et droits politiques ne sont en somme que des formes et des manifestations diverses du privilège que possède toute personne morale, tout être intelligent et libre, de se diriger par lui-même et de ne reconnaître d'autre autorité que celle de la raison. En assurant ainsi l'indépendance de l'initiative personnelle, ils ne sauraient d'ailleurs être une cause de désordre ou d'impuissance, parce que la raison inspirant et dirigeant toutes les volontés, la pensée d'un même idéal de progrès et de justice maintient l'harmonie entre tous les membres de la communauté.

LECTURES

I. — L'IDÉE DU DROIT ET LA RÉVOLUTION.

Le principe fondamental est dans l'idée d'un droit naturel ou rationnel, inhérent à la personne humaine, à toute personne, quels que soient sa condition sociale, sa naissance et son sexe, par suite antérieur ou supérieur à la loi civile, à l'institution de l'État, et par conséquent encore inaliénable aussi bien qu'imprescriptible. D'où il suit que l'institution de l'État a pour but de consacrer et de garantir le droit individuel. Puis, viennent les deux principes

(1) Voir G. Lamy et Maybargue, *Traité pratique de droit usuel: L'organisation du suffrage universel*, p. 26.

qui dominent l'évolution démocratique : la liberté et l'égalité, la liberté sous toutes ses formes, la liberté individuelle, avec la propriété individuelle qui en est la consécration dans l'ordre économique, la liberté religieuse, la liberté de discussion; et l'égalité avec toutes ses conséquences, l'égalité devant la loi, l'égalité devant l'impôt, l'égale admissibilité aux emplois publics, et un même certain droit égal à l'instruction : la liberté, dont on peut dire qu'elle est la substance du droit, l'égalité qui est l'objet du devoir social. Comment méconnaître qu'il y a là une nouvelle conception non seulement de la loi, de l'État, de l'organisation sociale, mais du droit et du devoir, de la morale ?

Or, qu'une telle conception se soit formée dans les consciences en dehors de l'influence de la religion chrétienne, c'est ce dont les faits rendent témoignage, ce semble, assez clairement; car c'est en luttant violemment contre cette influence qu'elle s'est fait jour et a prévalu. Joseph de Maistre l'a dit avec raison, au fond, quoique avec un peu d'exagération dans les termes : « La Révolution française est satanique dans son essence », c'est-à-dire qu'elle est purement humaine, toute laïque, nullement religieuse. Et c'est avec le même caractère rationnel et laïque que le principe du droit, mêlé sans doute aux intérêts des peuples et aux passions des hommes, a produit en France les révolutions de 1830 et de 1848, établi le suffrage universel et la République, organisé l'instruction populaire; a transformé en Angleterre le droit public et émancipé les catholiques eux-mêmes; a donné des chartes et des constitutions à l'Autriche, à l'Italie, à l'Espagne; hier encore, en Hongrie, a institué un état civil qu'il a fallu arracher aux évêques et aux magnats de ce pays. Ainsi ce principe a fait éclater l'ancien ordre de choses, comme le vin nouveau, dont parle l'Évangile, fait éclater les vieux vaisseaux. Il a excité chez les meilleurs des hommes de ce temps une ardeur de prosélytisme qu'on peut appeler apostolique, et, dans les masses profondes de l'humanité, des espérances qu'on peut appeler religieuses. Il est bien une des parties les plus vivantes de la conscience contemporaine.

DARLU, *La Morale chrétienne*.
(Alcan, éditeur.)

2. — LA LIBERTÉ INDIVIDUELLE EST GARANTIE PAR LA LOI SOCIALE.

Loin de porter atteinte à la liberté individuelle, la loi sociale ainsi définie lui donne au contraire tout son caractère et toutes ses sûretés; car, en en fixant les limites naturelles, elle lui assure, en dehors de tout arbitraire, d'inébranlables garanties.

L'organisme ne se développe qu'au prix du développement des éléments qui le composent : la société ne peut progresser que par le progrès des hommes.

La liberté n'est autre chose que la possibilité pour l'être de tendre au plein exercice de ses facultés, au plein développement de ses activités ; en développant incessamment l'organe, la fonction élève l'être vers le degré supérieur d'existence où tend toute vie.

La liberté du développement physique, intellectuel et moral de chacun des hommes est donc la première condition de l'association humaine. Et puisqu'il n'existe pas de puissance extérieure, État, société politique, à laquelle appartienne un droit opposable au droit de l'individu, la faculté du développement de chaque individu ne peut trouver de limite que dans la faculté du développement également nécessaire à chacun de ses semblables.

Tout arrangement politique ou social qui cherchera à déterminer autrement les bornes de la liberté des hommes sera contraire aux lois naturelles de l'évolution de la société.

Mais ces libertés des individus ne sont pas des forces indépendantes les unes des autres; les hommes sont, non des êtres isolés, mais des êtres associés; au point de contact, ces libertés, se limitant l'une l'autre, ne doivent point se heurter, se faire échec et s'entre-détruire, mais au contraire, comme des forces de même sens appliquées à un point commun, elles doivent se composer en résultantes, qui accroîtront le mouvement du système tout entier.

Rousseau apercevait en partie cette conséquence quand, voulant montrer l'utilité du pacte social, il disait : « Chacun se donnant à tous ne se donne à personne, et comme il n'y a pas un associé sur lequel on n'acquière le même droit qu'on lui cède sur sol, on gagne l'équivalent de tout ce qu'on perd, et plus de force pour conserver ce que l'on a. »

Léon Bourgeois, *Solidarité.*
(Librairie Armand Colin.)

3. — LE DROIT NATUREL ET LE DROIT POSITIF.

Parmi les droits les uns sont naturels, les autres positifs. Il n'y a pas une différence absolue entre les uns et les autres, car les droits de chacun de nous, aussi bien positifs que naturels, sont : la vie, la liberté, l'égalité, la propriété; en un mot : le respect de la personne humaine dont ces droits sont les aspects divers.

La vraie différence réside dans leur origine : les uns dérivent en effet de la nature de l'homme, les autres dérivent de la loi positive (du latin *ponere*, *positum*, établir, voter), qui n'est autre que la loi au sens ordinaire du mot.

On dit communément que les droits naturels sont égaux chez tous, invariables, imprescriptibles, inaliénables, supérieurs à la loi positive qui les reconnaît comme au fait qui les viole. Au contraire les droits positifs sont inégalement répartis; ils varient suivant les individus, les temps et les pays; ils peuvent être suspendus, révoqués, prescrits et quelques-uns même cédés, aliénés.

Tout homme a un droit absolu, exclusif, sur les produits de son travail, voilà un droit naturel. Les hommes n'ont pas sur leur propriété les mêmes droits, suivant le mode de son acquisition, suivant la nature des choses acquises, suivant les droits antérieurs des vendeurs et des créanciers, suivant les contrats consentis, suivant les servitudes personnelles ou réelles, suivant les restrictions imposées par l'intérêt public, etc., voilà des droits positifs. Ils partent du droit naturel comme de leur racine, mais ils se ramifient dans tous les sens, suivant les exigences de la vie sociale et la variété des relations entre les hommes.

F. Alengry, *Précis de droit usuel.*
(Alcide Picard et Kaan, éditeurs.)

CHAPITRE VI

LE TRAVAIL

CONDITION INDISPENSABLE DU MAINTIEN DE LA VIE SOCIALE, LA LOI DU TRAVAIL S'IMPOSE ÉGALEMENT A TOUS

1. L'obligation de travailler est la loi fondamentale de la vie civique. — C'est dans l'initiative personnelle, dans l'effort individuel et indépendant de chacun des citoyens, que se trouvent, avons-nous dit, la source de tout progrès et la condition indispensable du maintien de la vie sociale. Mais l'application de l'activité naturelle à une fin utile, l'effort réfléchi accompli en vue de l'acquisition d'un bien ou d'un avantage quelconque, constitue ce qu'on appelle le *travail*. Nous avons donc le droit d'affirmer que la loi fondamentale de toute société organisée conformément à la raison est l'obligation imposée à tous ses membres de travailler.

2. Tout citoyen est assujetti à la loi du travail. — Nul ne saurait se soustraire à la loi du travail. Rappelez-vous ce que nous avons dit au sujet de la solidarité qui rattache l'individu à la société tout entière. Chacun de nous ne profite-t-il pas pour son usage personnel de tous les biens, de tous les progrès conquis par les efforts accumulés des générations antérieures ? Ne fait-il pas sans cesse et sous mille formes appel au concours de ses semblables ? Le moindre des objets indispensables à l'entretien et aux besoins de notre vie journalière représente une somme considérable de travail dont nous recueillons tout le fruit. Les aliments que nous consommons, les vêtements que nous portons, la maison que nous habitons, les objets de toute nature dont nous nous servons, les livres que nous lisons, les routes ouvertes à notre usage, les monuments qui décorent nos villes, les chefs-d'œuvre qui garnissent nos musées, tout cela a été créé par d'autres pour notre usage et notre satisfaction. N'est-il pas juste qu'à notre tour nous prenions notre part de la tâche commune, que nous cherchions à payer la dette que nous avons contractée vis-à-vis de la société, en nous rendant utiles, et en travaillant, nous aussi, pour les autres ?

3. Le travail est la condition de la vie morale. — D'ailleurs, le travail ne s'impose pas seulement à l'homme comme une conséquence nécessaire des exigences de la vie sociale; il est en même temps la condition essentielle du développement de la personnalité morale. C'est uniquement par l'action, pourvu qu'elle soit éclairée et dirigée par la raison, que les facultés naturelles s'organisent et se perfectionnent. La vertu, nous l'avons dit, n'est que l'habitude de vouloir et de faire le bien, et cette habitude résulte en nous de la pratique réfléchie et persévérante du devoir. Le progrès de la vie morale dépend donc, tout aussi bien que celui de la vie sociale, de l'application de notre activité à la réalisation du bien, c'est-à-dire précisément du travail tel que nous l'avons défini.

4. Toute occupation régulière tendant à un résultat utile est un travail. — Deux conditions sont, en effet, nécessaires et suffisantes pour qu'il y ait travail. D'une part, il faut un effort, une application volontaire et soutenue de nos forces, de notre intelligence, de nos aptitudes naturelles, quelles qu'elles soient. D'autre part, il faut que cet effort tende à un résultat utile, à une amélioration de notre existence personnelle ou de la vie générale.

Il faut donc bien se garder, si l'on veut comprendre le sens et la pensée de l'obligation tout à la fois sociale et morale du travail, de restreindre l'acception du mot travail au seul cas où l'homme accomplit un effort physique, c'est-à-dire aux seules professions manuelles. Assurément ces professions, qu'une sotte vanité fait considérer par certains esprits superficiels comme inférieures et peu dignes d'être recherchées, méritent au contraire d'être tenues pour éminemment honorables, puisque ceux qui les exercent sont les véritables artisans de la richesse et de la prospérité générales. Mais il serait injuste et ridicule de prétendre qu'elles sont seules utiles ou nécessaires. Le médecin qui lutte contre les souffrances et la maladie, l'instituteur qui se dévoue à l'instruction et à l'éducation de la jeunesse, l'ingénieur qui construit ou dirige les machines dont l'emploi décuple les forces de l'homme, le savant qui, en étendant indéfiniment le domaine de la science, permet la réalisation de progrès toujours nouveaux, le fonctionnaire qui, dans une sphère souvent modeste, collabore à la gestion des intérêts de la communauté, tous ceux-là ne sont-ils pas des travailleurs ? Il faut même reconnaître que les fatigues et surtout les soucis ne sont pas toujours moindres dans ces professions, que leurs dehors plus brillants désignent de préférence à l'envie.

Il faut avoir une conception plus juste et plus large des charges et des obligations de la vie. Le travail mérite un égal respect sous toutes les formes qu'il peut prendre. Quiconque s'astreint à des occupations régulières, pour contribuer à une œuvre ayant un caractère d'intérêt commun, doit être considéré comme remplissant son devoir vis-à-vis de la société.

Mais on ne peut légitimement assimiler à un travail une occupation qui ne comporte ni effort, ni application, comme la promenade ou le jeu, non plus que celle qui a pour unique objet de nous procurer un plaisir ou une distraction, comme les visites et les relations mondaines, les voyages, etc. Non que ces diverses occupations soient par elles-mêmes blâmables, et qu'elles ne puissent légitimement trouver place dans la vie; mais elles ne doivent y représenter que l'accessoire, le délassement après le travail, qui seul constitue le but et la raison d'être de la vie elle-même.

5. L'oisif est un être inutile et inférieur. — L'obligation du travail étant absolue et universelle, il n'est permis à personne de vivre dans l'oisiveté, sauf dans le cas où l'âge, la santé, les infirmités font du repos une nécessité. La fortune elle-même, bien qu'elle rende possible à quelques privilégiés de rester oisifs, en faisant travailler à leur place et à leur profit d'autres hommes moyennant un salaire, ne constitue, en aucune façon, une dérogation légitime à la règle générale. L'oisiveté est contraire à la justice : car l'individu qui tient de la société tous les biens dont il fait usage ne peut raisonnablement se refuser à travailler lui-même pour elle. Elle est contraire à la fraternité ; car elle suppose que le riche se désintéresse du bien général, puisqu'il s'abstient d'y collaborer de ses efforts personnels. Elle est contraire au respect de la personne morale, puisqu'en assignant pour unique but à la vie la recherche des satisfactions égoïstes, elle écarte la pensée de l'idéal qui en fait toute la grandeur.

Loin d'être, comme certains sont peut-être disposés à le croire, un privilège et une marque de supériorité, l'oisiveté doit donc être considérée comme un aveu d'impuissance et de faiblesse. Elle n'est pas simplement, suivant le vieux dicton populaire, la mère de tous les vices ; elle est en elle-même chose mauvaise et honteuse. Car l'oisif est un être inutile ; il constitue une charge pour la communauté qui le nourrit et qui serait en droit d'exiger de sa part une collaboration personnelle à l'œuvre collective.

6. Le travail contribue au bonheur. — D'ailleurs, l'obligation qui s'impose à tout homme de travailler n'a rien de pénible pour celui qui l'accepte résolument. La tâche accomplie courageusement devient, au contraire, pour lui la source des joies les plus solides. Enclin naturellement à agir, l'homme éprouve une réelle satisfaction à se dire que son action profite à lui-même et aux autres. L'amour du travail peut même devenir une véritable passion, à ce point que l'oisiveté et même les délassements les plus légitimes en viennent à paraître pénibles.

Si dès votre jeunesse vous vous habituez à travailler, soyez assurés que vous vous préparez non seulement une existence utile, mais aussi une vie bonne et heureuse. Contre les épreuves et les déceptions inévitables qui vous attendent, il n'y a pas de meilleur refuge que le travail.

7. — L'obligation de travailler implique le droit au travail. — La même loi de justice qui impose à chaque individu l'obligation de travailler veut que tout citoyen soit en mesure de gagner sa vie par le travail. S'il est fâcheux de voir des hommes vivre dans l'oisiveté, se soustrayant à l'impérieux devoir de collaborer au bien général, il est peut-être plus triste encore de constater que d'autres, capables et désireux de s'occuper utilement, se trouvent dans l'impossibilité de le faire. Cela peut assurément tenir, dans nombre de cas, à ce que l'homme ne sait pas se plier aux nécessités de la vie, ou bien encore à ce que ses fautes ou son imprévoyance l'ont empêché de se faire une place dans le monde. Mais souvent aussi le hasard, ou les coups imprévus du sort peuvent le réduire à cette douloureuse extrémité. Il y a là une iniquité à laquelle la société doit chercher par tous les moyens à porter remède.

Le droit au travail est aussi incontestable et imprescriptible que le droit à la vie et à la liberté, dont au fond il ne diffère pas. Aux devoirs sociaux de protection et d'assistance que nous avons énumérés se joint donc pour l'État l'obligation de faire en sorte, par une réglementation plus prévoyante et plus juste du travail, que tout homme en état de travailler puisse trouver l'utile emploi de ses facultés.

8. Les devoirs professionnels. — Indépendamment du devoir fondamental qui s'impose à tout citoyen de collaborer par ses efforts personnels au développement de la prospérité générale, il en est d'autres qui découlent plus spécialement de la fonction particulière que chaque individu est appelé à remplir dans la société. Toute profession implique, en effet, des obligations en rapport avec les aptitudes qu'elle exige et les services qu'elle est appelée à rendre. Nous ne saurions aborder ici l'examen détaillé des vertus professionnelles, mais on peut poser en principe qu'elles revêtent un caractère d'autant plus élevé et demandent d'autant plus d'abnégation et de dévouement que la charge occupée est elle-même plus haute.

LECTURES

1. — LA LOI DU TRAVAIL S'IMPOSE A TOUS.

L'homme et le citoyen, quel qu'il soit, n'a d'autre bien à mettre dans la société que lui-même; tous ses autres biens y sont malgré lui, et, quand un homme est riche, ou il ne jouit pas de sa richesse, ou le public en jouit aussi. Dans le premier cas, il vole aux autres ce dont il se prive, et dans le second il ne leur donne rien. Ainsi la dette sociale lui reste tout entière tant qu'il ne paye que de son bien. Mais mon père, en le gagnant, a servi la société... Soit; il a payé sa dette, mais non la vôtre. Vous devez plus aux autres que si vous fussiez né sans bien, puisque vous êtes né favorisé. Il n'est point juste que ce qu'un homme a fait pour la société en décharge un autre de ce qu'il lui doit ; car chacun se devant tout entier ne peut payer que pour lui, et nul père ne peut transmettre à son fils le droit d'être inutile à ses semblables; or, c'est pourtant ce qu'il fait, selon vous, en lui transmettant ses richesses, qui sont la preuve et le prix du travail. Celui qui mange dans l'oisiveté ce qu'il n'a pas gagné lui-même le vole, et un rentier que l'État paye pour ne rien faire ne diffère guère, à mes yeux, d'un brigand qui vit aux dépens des passants. Hors de la société, l'homme isolé, ne devant rien à personne, a droit de vivre comme il lui plaît; mais dans la société, où il vit nécessairement aux dépens des autres, il leur doit en travail le prix de son entretien; cela est sans exception. Travailler est donc un devoir indispensable à l'homme social. Riche ou pauvre, puissant ou faible, tout citoyen oisif est un fripon.

J.-J. ROUSSEAU.

2. — L'OBLIGATION SOCIALE DU TRAVAIL.

C'est un devoir social et personnel en même temps que de travailler, eût-on trouvé la richesse dans son berceau. C'est un devoir social, car on doit prendre sa part du commun effort, contribuer à l'œuvre sacrée du progrès, et pour cela il ne suffit pas de *s'être donné la peine de naître*, et de se reposer ensuite toute sa vie. On n'a même pas acquitté sa dette envers la société parce qu'on a payé régulièrement l'impôt et satisfait aux exigences de la loi. L'oisiveté est d'un mauvais exemple ; elle risque de provoquer dans le cœur des travailleurs pauvres des colères malsaines, de compromettre ainsi la bonne harmonie qui doit exister entre les membres du corps social, et, par là, dans une certaine mesure, la sécurité publique elle-même. Elle est comme une insulte à la dure existence de celui qui, chaque jour, doit gagner son pain et celui de ses enfants.

L. CARRAU, *De l'éducation.*
(Alcide Picard et Kaan, éditeurs.)

3. — LE TRAVAIL, C'EST LA VIE.

Le travail, ah ! le travail, je lui dois d'avoir vécu. Vous voyez quel pauvre petit être chétif je suis ; je me souviens que ma mère devait m'envelopper dans des couvertures, les jours de grand vent ; et c'est pourtant elle qui m'a mis au travail, comme à un régime certain de bonne santé. Elle ne me condamnait pas à des études écrasantes, vrais bagnes où l'on torture les intelligences en formation. Elle me donnait l'habitude d'un labeur régulier, varié sans cesse, attrayant. Et c'est ainsi que j'ai appris à travailler, comme on apprend à respirer, à marcher. Le travail est devenu la fonction de mon être, le jeu naturel et nécessaire de mes membres et de mes organes, le but et le moyen de ma vie. J'ai vécu parce que j'ai travaillé, un équilibre s'est fait entre le monde et moi, je lui ai rendu en œuvres ce qu'il m'apportait en sensations, et je crois que toute la santé est là, des échanges bien réglés, une adaptation parfaite de l'organisme au milieu... Et, tout fluet que je suis, je vivrai très vieux, c'est certain, du moment que je suis une petite machine montée avec soin et qui fonctionne logiquement.

. . . .

— Mais ce n'est là que la santé des êtres, une bonne hygiène pour bien vivre, continue Jordan. Le travail est la vie elle-même, la vie est un continuel travail des forces chimiques et mécaniques. Depuis le premier atome qui s'est mis en branle pour s'unir aux atomes voisins, la grande besogne créatrice n'a point cessé, et cette création qui continue, et qui continuera toujours, est comme la tâche même de l'éternité, l'œuvre universelle à laquelle nous venons tous apporter notre pierre. L'univers n'est-il pas un immense atelier où l'on ne chôme jamais, où les infiniment petits font chaque jour un labeur géant, où la matière agit, fabrique, enfante sans relâche, depuis les simples ferments jusqu'aux créatures les plus parfaites ? Les champs qui se couvrent de moissons travaillent, les forêts dans leurs poussées lentes travaillent, les fleuves ruisselant le long des vallées travaillent, les mers roulant leur flot d'un continent à l'autre travaillent, les mondes emportés par le rythme de la gravitation au travers de l'infini travaillent. Il n'est pas un être, pas une chose qui puisse s'immobiliser dans l'oisiveté; tout se trouve entraîné, mis à l'ouvrage, forcé à faire sa part de l'œuvre commune. Quiconque ne travaille pas, disparaît par là même, est rejeté comme inutile et gênant, doit céder la place au travailleur nécessaire, indispensable. Telle est l'unique loi de la vie, qui n'est en somme que la matière en travail, une force en perpétuelle activité, le dieu de toutes les religions, pour l'œuvre finale du bonheur dont nous portons en nous l'impérieux besoin.

.... Et, quel admirable régulateur que le travail, quel ordre il apporte, partout où il règne! Il est la paix, la joie, comme il est la santé. Je reste confondu, lorsque je le vois méprisé, avili, regardé ainsi qu'un châtiment et qu'une honte. S'il m'a sauvé d'une mort certaine, il m'a donné encore tout ce que j'ai de bon en moi: il m'a refait une intelligence et une noblesse. Et quel admirable organisateur il est, comme il règle les facultés de l'intelligence, le jeu des muscles, le rôle de chaque groupe dans une multitude de travailleurs!

Il serait à lui seul une constitution politique, une police humaine, une raison d'être sociale. Nous ne naissons que pour la ruche, nous n'apportons chacun que notre effort d'un instant, nous ne pouvons expliquer la nécessité de notre vie que par le besoin où est la nature d'un ouvrier de plus pour faire son œuvre. Toute autre explication est orgueilleuse et fausse. Nos vies individuelles semblent sacrifiées à l'universelle vie des mondes futurs. Il n'est pas de bonheur possible, si nous ne le mettons dans ce bonheur solidaire de l'éternel labeur commun. Et c'est pourquoi je voudrais que fût enfin fondée la religion du travail, l'hosanna au travail sauveur, la vérité unique, la santé, la joie, la paix souveraine.

ÉMILE ZOLA, *Travail.*
(Fasquelle, éditeur.)

4. — L'ORGANISATION SOCIALE DU TRAVAIL.

Puis, c'était l'autre coup de génie, le travail remis en honneur, devenu la fonction publique, l'orgueil, la santé, la gaieté, la loi même de la vie. Il suffirait de réorganiser le travail, pour réorganiser la société tout entière, dont il devait être l'obligation civique, la règle vitale. Mais il ne s'agissait plus d'un travail brutalement imposé à des vaincus, à des mercenaires avilis, qu'on écrase et qu'on traite en bêtes de somme affamées, il s'agissait d'un travail librement accepté par tous, réparti selon les goûts et les natures, exercé pendant le très petit nombre d'heures indispensable, sans cesse varié au choix des ouvriers volontaires. Une ville, une commune, n'était plus qu'une immense ruche, dans laquelle il n'y avait pas un oisif, ou chaque citoyen donnait sa part d'effort à l'œuvre d'ensemble, dont la cité avait besoin pour vivre. La tendance à l'unité, à l'harmonie finale, rapprochait les habitants, les faisait se grouper, se classer d'eux-mêmes dans des séries. Et tout le mécanisme était là, le travail divisé à l'infini, l'ouvrier choisissant la tâche qu'il ferait le plus gaiement, cessant d'ailleurs d'être cloué au même métier, passant à son gré d'un groupe, d'un labeur à un autre. On ne révolutionnerait pas le monde d'un coup, on commencerait petitement, en expérimentant le système sur une commune de quelques milliers d'âmes, pour en faire un vivant exemple ; et le rêve prenait corps, on créait la phalange, base unitaire de la grande armée humaine, on bâtissait le phalanstère, la maison commune. Au début, pour sortir de l'état actuel, rien n'était plus simple, on se contentait de faire appel à toutes les bonnes volontés, à tous ceux qui souffraient de tant de douloureuse injustice. On les associait, on créait une vaste association du capital, du travail et du talent. On disait à ceux qui avaient aujourd'hui l'argent, à ceux qui avaient les bras, à ceux qui avaient le cerveau, de s'entendre, de s'unir pour mettre leur fortune en commun. Ils produiraient avec une énergie, avec une abondance centuplées, ils s'enrichiraient des bénéfices qu'ils se partageraient le plus équitablement possible, jusqu'au jour où le capital, le travail, le talent ne feraient plus qu'un, seraient le patrimoine commun d'une libre société de frères, où tout serait enfin à tous, dans l'harmonie réalisée.

ÉMILE ZOLA, *Travail.*
(Fasquelle, éditeur.)

CHAPITRE VII

LA PROPRIÉTÉ

LE DROIT DE PROPRIÉTÉ, FONDÉ SUR LA RAISON ET SUR L'INTÉRÊT GÉNÉRAL, PEUT ET DOIT ÊTRE RÉGLÉ PAR LA LOI.

1. Le droit de propriété est la conséquence du travail. — Quand l'homme par son travail a produit, transformé, ou amélioré quelque chose, la raison et la justice exigent qu'il puisse jouir librement du fruit de ce travail. Si d'un sol jusque-là stérile, j'ai fait sortir une moisson, si avec un morceau de bois, de pierre ou de métal, j'ai fabriqué un outil, n'est-il pas légitime que cette moisson ou cet outil m'appartiennent et que j'en puisse disposer pour mon usage personnel, puisque sans moi ils n'existeraient pas, qu'ils sont mon œuvre et représentent en quelque sorte une part de moi-même, de mon activité et de mon intelligence?

Le droit de propriété est donc la conséquence naturelle et nécessaire du travail. Il se justifie au point de vue moral; car la raison ne saurait admettre que l'homme puisse être privé de ce qu'il a conquis au prix de ses efforts, en vue de pourvoir à ses besoins. Il se justifie également au point de vue social; car l'individu est sollicité à travailler par l'assurance qu'il a de jouir librement du produit de son travail, et il contribue ainsi, pour une part, à l'entretien et au développement de la vie générale.

2. Le droit de propriété relève de l'ordre social. — Le respect de la propriété peut même être considéré comme une des conditions essentielles de la vie sociale, puisque l'organisation de la Société a pour but de garantir la sécurité des personnes et d'aider au libre développement de leur puissance naturelle. Il est, d'ailleurs, si intimement lié avec l'idée même d'ordre social, que toujours et partout on a vu les débuts de la civilisation coïncider avec la constitution de la propriété.

Mais la réciproque n'est pas moins vraie. Si une société régulière ne peut guère se concevoir sans le respect de la propriété, le droit de propriété ne saurait non plus exister en dehors de toute organisation sociale, puisque seule la société lui donne une réelle valeur, en le défendant contre les atteintes auxquelles il est exposé.

On peut dire que la société crée, à proprement parler, la propriété par la garantie qu'elle lui donne, et sans laquelle le droit du propriétaire serait purement illusoire, puisqu'il ne pourrait s'exercer pratiquement. Dès lors, si le droit de propriété est la conséquence de l'ordre social, il ne saurait évidemment être soustrait aux exigences de la vie sociale elle-même; il doit en bonne justice être subordonné aux intérêts essentiels de la communauté.

3. Le travail individuel est lié à des conditions sociales. — D'ailleurs, le travail lui-même, base et justification de toute propriété, ne peut pas être considéré comme indépendant de l'organisation sociale. L'homme qui travaille tient de la société la possibilité de travailler; car elle seule met à sa disposition les instruments et les matériaux indispensables. En fait, il n'est personne qui n'emprunte une partie tout au moins de ce qui lui est nécessaire pour travailler. Le laboureur crée-t-il lui-même les outils dont il se sert, le grain qu'il sème ? A-t-il lui-même conquis et défriché le sol ou domestiqué les animaux indispensables à son exploitation ?

4. Le droit individuel de propriété n'est donc pas absolu. — Si le travail que chacun accomplit n'est devenu possible que grâce au travail des hommes qui l'ont précédé, et aussi grâce au concours incessant de ceux qui vivent autour de lui, comment pourrait-on dire que son droit de propriété est absolu sur les produits qu'il en tire, que ces produits appartiennent à lui seul, sans partage et sans restriction ? Ne résultent-ils pas d'une véritable coopération de l'individu et de la communauté tout entière ?

Dans ces conditions, il est manifeste que la société doit être considérée comme ayant une part de propriété dans tout ce que produit chacun de ses membres. Et dès lors on ne saurait lui contester raisonnablement le droit de revendiquer cette part pour l'employer au service de l'intérêt général. La solidarité sociale qui s'affirme dans l'organisation du travail implique la participation de la communauté aux fruits de ce travail.

5. Sous sa forme actuelle, la propriété n'est pas attachée au travail. — D'ailleurs, dans l'état actuel de la société, la propriété n'est pas le produit direct et exclusif du travail. Nombre de travailleurs n'arrivent jamais à posséder en propre l'objet qu'ils ont produit ; d'autres, au contraire, jouissent de richesses et de biens considérables qui ne proviennent en aucune façon de leur travail personnel. Le droit que la raison reconnaît à l'individu de disposer librement de ce qu'il a créé ne s'exerce pas en fait et l'équilibre normal est rompu.

Nous comprendrons mieux d'où résulte cette anomalie et aussi comment la société peut et doit y porter remède, si nous considérons l'évolution qu'a déjà subie dans la suite des siècles la conception du droit de propriété, tant au point de vue moral qu'au point de vue social.

6. Au début, la propriété se confond avec la possession et n'a d'autre loi ni d'autre limite que la force. — A l'origine, et tant que dure la barbarie primitive, la propriété ne constitue pas un droit à proprement parler; elle n'est rien de plus qu'une prise de possession, obtenue le plus souvent par la violence, chasse, pillage ou guerre, et maintenue par la force. De nos jours encore il n'en est pas autrement chez les peuples demeurés étrangers à toute civilisation.

Dans cette conception barbare, exclusive de toute idée morale, on ne cherche même pas à justifier la propriété; elle n'est en aucune façon liée au travail; elle ne représente que la force brutale, avec tous les abus, toutes les injustices qu'elle peut engendrer.

7. Dans les sociétés civilisées, le droit de propriété revêt un caractère moral. — Quand l'homme a appris à élever les animaux et à cultiver la terre, quand il s'organise en société régulière et qu'il commence à se civiliser, la propriété peu à peu se transforme; l'idée de justice s'ajoute et se substitue par degrés à celle de la force. La propriété apparaît comme un droit, comme la consécration d'un effort personnel, elle s'impose au respect au même titre que la personne elle-même.

Pourtant de graves abus subsistent qui témoignent encore de son origine violente. Le droit de propriété s'exerce pour ainsi dire sans contrôle et sans restriction; il s'étend à l'homme lui-même aussi bien qu'à la terre ou aux animaux. L'esclave est la chose de son maître qui l'exploite, le vend, le tue même au gré de son intérêt ou de son caprice.

Mais à mesure que la raison s'éclaire, la propriété est soumise à des lois plus précises et à des restrictions justifiées par l'intérêt commun et le respect mutuel des droits ; les formes sous lesquelles elle peut être acquise, cédée ou transmise, sont réglées par des dispositions d'ordre public. Les rapports entre les personnes sont mieux définis. L'antique institution de l'esclavage s'adoucit par degrés et finit par disparaître. En somme, c'est le droit, le respect dû à la personne et à son travail qui remplace la primauté de la force.

Sur ce point comme sur tant d'autres, la Révolution française a repris et formulé avec plus de netteté les idées de justice et d'émancipation que les philosophes avaient défendues et divulguées. En même temps qu'elle assure à chacun des citoyens la liberté du travail, elle déclare la propriété inviolable et la soustrait aux confiscations arbitraires.

8. L'organisation actuelle de la propriété est encore bien éloignée de l'idéal moral et social. — Mais cette conception de la justice demeure trop étroite et incomplète ; elle laisse subsister bien des abus. Si elle marque un légitime souci de sauvegarder la liberté individuelle, elle ne tient pas assez compte de la solidarité qui relie entre eux tous les membres de la communauté, et qui réclamerait une plus équitable répartition des avantages et des charges de la vie commune.

En principe, la propriété est la consécration et le fruit du travail personnel. Ce que la raison proclame, c'est que l'homme a le droit de consommer, d'appliquer à la satisfaction de ses besoins ou de ses convenances personnelles le produit de son travail, sans avoir à craindre d'en être privé ou dépouillé par les autres ; c'est aussi que le travailleur, au lieu de consommer immédiatement tout ce qu'il a produit, peut l'épargner et le mettre en réserve pour s'en servir le jour où le besoin s'en fera sentir.

9. Le droit de propriété ne comporte pas une extension indéfinie. — Mais de ce principe même découle cette conséquence que le droit de propriété devrait être limité aux besoins de l'individu et à sa faculté de consommation. Du moment qu'il possède tout ce que réclament les légitimes exigences de sa nature et qu'il est assuré de ne manquer de rien à l'avenir, que lui faut-il de plus ?

Assurément, nous pouvons étendre indéfiniment nos aspirations, et, dans une certaine mesure, cela est juste et raisonnable. En dehors de la satisfaction des besoins matériels, nous avons le droit de faire une large place aux saines et hautes jouissances de l'art, à tout ce qui peut orner et développer l'esprit, embellir la vie et lui donner du charme. Mais contestera-t-on que la recherche excessive du luxe et les vaines complications engendrées par la vanité ne contribuent ni au vrai bonheur de l'homme, ni à son amélioration intellectuelle et morale ? Et tout ce superflu, aussi coûteux qu'inutile, ne rend-il pas plus pénible la misère des déshérités ?

10. Le droit de transmission ne découle pas nécessairement du droit de propriété. — D'autre part, le droit de propriété, tel que nous l'avons défini, n'implique pas pour l'individu la faculté de transmettre à d'autres les biens dont il a la jouissance. Car, s'il est un privilège attaché au travail, c'est-à-dire à l'effort personnel, on ne voit pas comment il pourrait être transmis à d'autres qui ne sont pour rien dans le travail accompli.

Cette extension du droit de propriété, en fait illimitée, puisque le nouveau propriétaire peut à son tour transmettre à d'autres le bien reçu et cela indéfiniment, entraîne des conséquences singulièrement difficiles à concilier avec le principe même sur lequel il repose. Comment justifier, par exemple, qu'après un siècle, dix siècles peut-être, un descendant ou même un étranger puisse être considéré, sans y avoir en aucune manière collaboré et par l'effet d'une transmission gratuite, comme le légitime propriétaire de ce que le premier avait acquis, créé ou gagné par son travail ?

Certes, il peut être bon, aussi bien dans l'intérêt

général de la communauté que pour la sauvegarde du bonheur individuel, que la faculté soit assurée au travailleur, producteur de la richesse, de léguer à ses enfants les ressources indispensables pour leur faciliter l'accès d'une carrière et les mettre à l'abri de la misère. La société crée de la sorte un puissant stimulant au travail et à l'épargne, en même temps qu'elle donne satisfaction à une préoccupation des plus légitimes. Mais il ne s'agit plus ici d'un droit strict et c'est seulement en vertu d'une convention sociale que le droit primitif de propriété peut être ainsi étendu au delà des limites de la vie individuelle. Rien ne s'oppose dès lors à ce qu'il soit réglé et limité par la loi.

11. La société civile doit tendre sans cesse vers une répartition plus équitable de la propriété. — En somme, la raison et la justice demandent que la propriété demeure attachée au travail, que l'individu puisse jouir librement de ce qu'il a produit ou créé personnellement. Elles veulent aussi que la collectivité qui seule garantit la sécurité dans le travail et dans la possession soit en mesure d'assurer à tous ses membres une part équitable dans la jouissance des biens acquis par l'union des efforts individuels.

Pour aider à la réalisation progressive de cet idéal, l'État doit protéger le travail, garantir au travailleur la propriété effective des produits de son activité, revendiquer pour la collectivité la part qui lui revient en bonne justice, intervenir enfin dans le jeu naturel des forces économiques en vue de rétablir l'équilibre normal entre le travail et la propriété.

Il en a le droit : car sans lui, sans son concours et sa sauvegarde, nulle propriété ne pourrait se constituer. Il en a le devoir : car la mission de l'autorité publique est précisément d'assurer l'accord des intérêts particuliers en les subordonnant à l'intérêt supérieur de la collectivité et de réaliser, dans la plus large mesure possible, le bonheur de tous.

LECTURES

I. — L'INSTINCT DE LA PROPRIÉTÉ.

Légitime est le désir de posséder. Il y a des saisons où la vie végétale s'arrête, où le blé et les grappes cessent de pousser dans les champs, les fruits dans les vergers. Il y a de même, dans la vie, la saison de l'enfance, encore impropre à saisir les biens de la nature, et la saison de la vieillesse, où le corps épuisé est incapable de subvenir à ses besoins. Afin donc qu'en été nous puissions faire des provisions pour l'hiver et, dans la vigueur de l'âge, préparer des réserves pour nos vieux jours et pour la faiblesse de nos enfants, nous avons été doués de l'instinct de la propriété et de l'économie. Considérez dans l'enfant cet aveugle instinct de posséder. Dès ses premiers pas, l'enfant ne conçoit pas que l'univers puisse appartenir à un autre que lui; il s'approprie spontanément tout ce qui lui plaît ; ses désirs sont ses seuls titres, ses contrats. Il s'inquiète peu de savoir à qui est le jardin où le fruit a poussé ou quel est le plongeur qui pêche la perle. Tout son code civil tient en trois mots : je veux cela. Si la lumière lui plaît, il lui faut la lumière; si c'est l'arc-en-ciel ou l'étoile, il exige l'étoile ou l'arc-en-ciel.

Combien cet aveugle instinct, non réglé par la raison, dépasse le but pour lequel il a été créé ! Non content de l'aisance et dédaigneux du bien-être graduel, fruit d'une honnête industrie, il s'élève à l'avarice insatiable, à la rapacité. Cette maudite soif de l'or a donné lieu aux fraudes coupables du commerce, au vol, aux pas furtifs du brigand autour de l'homme endormi, aux meurtres du pirate, au pillage des villes, à la captivité des nations.

Ne frémissez pas à la pensée de telles énormités. N'existe-t-il pas parmi nous des monstres qui vendent leurs enfants, en tirent profit, battent monnaie, non seulement avec leur vie, mais avec leur intelligence, leur vertu ? qui doués de nobles facultés, d'une intelligence, créée pour voler d'étoile en étoile dans le firmament de la science, se plongent et s'absorbent dans la poursuite ignoble du gain ? Et si d'aventure un de leurs coffres superflus disparaît, les voilà devenus fous, pleurant et se lamentant dans les cours d'un hospice d'aliénés, parce qu'il faut réduire le train de leur maison, les tapisseries de leur salon, le luxe de leurs vêtements : crimes et faiblesse qui montrent à quel degré de rapacité peut atteindre l'instinct de la propriété.

HORACE MANN, Extrait des documents scolaires publié par le *Musée pédagogique*.

2. — CARACTÈRE SOCIAL DE LA PROPRIÉTÉ.

Si absolument personnelle que soit la propriété, celui qui la détruit et en use jusqu'à l'abus ne peut soutenir qu'elle soit à lui autrement que par le consentement public, consentement que la loi exprime et conditionne. Il ne peut davantage prétendre qu'il a créé sa propriété à lui tout seul, sans l'aide de ses concitoyens, quelque travail qu'il ait personnellement incorporé aux matériaux bruts que lui a fournis la nature. Il lui faudrait, dans ce cas, prétendre aussi qu'il s'est créé lui-même et qu'il ne doit pas plus son corps aux parents qui l'engendrèrent que son intelligence au milieu social qui la produisit et la développa. On ne trouve la propriété, qui est le fruit du travail, que dans l'état de société parvenu à un certain degré de développement ; car cet état, par sa stabilité et par la sécurité qu'il assure aux membres du corps social, permet seul des travaux plus durables que ceux par lesquels l'homme primitif assure au jour le jour la satisfaction de besoins aussi peu nombreux que peu recherchés. Si la propriété ne peut être créée et ne peut subsister que dans l'état de société, si l'individu est incapable de se passer du concours de ses semblables pour acquérir ou constituer la propriété, il va de soi que, par ce premier caractère, la propriété est réellement une création sociale.

En l'état de civilisation où nous sommes, nous pouvons saisir avec plus de force et plus de certitude l'évidence d'un autre point par lequel s'affirme encore le caractère social de la propriété. Pour ameublir le sol qui produit le blé, pour construire des maisons, fabriquer des outils, dompter les forces de la nature et les utiliser, il a fallu l'effort continu de plusieurs centaines de générations, dont chacune a laissé à la suivante un héritage accru de matériaux et aussi de connaissances pour mieux utiliser ces matériaux. Paie-t-on à tel inventeur, dont la découverte décuple la production industrielle, la valeur exacte du bienfait dont il gratifie non seulement ses contemporains, mais encore les générations qui naîtront d'eux ? Cet inventeur, mort il y a cinquante ou cent ans, contribue encore aujourd'hui à constituer une propriété à une infinité de gens.

Ceux-ci prétendront-ils que, si l'inventeur n'avait pas existé, ils seraient quand même propriétaires du matériel industriel qui les fait vivre ? N'y a-t-il pas dans ce matériel une part sociale donnée à tous par le génie inventif d'un seul, et que des particuliers utilisent à leur profit ? Allons plus loin : cet inventeur ne fut-il pas lui-même un produit social ? Pourrait-il naître indifféremment sur la Terre de Feu ou en Angleterre, au Kamchatka ou en France, dans une tribu sauvage dénuée de tous arts et de toute industrie, ou dans une civilisation riche d'acquisitions intellectuelles et industrielles, plusieurs dizaines de fois séculaires ?

FOURNIÈRE, *L'Idéalisme social.*
(Alcan, éditeur.)

CHAPITRE VIII

LES DEVOIRS DU CITOYEN

BÉNÉFICIANT DES AVANTAGES ATTACHÉS A LA VIE SOCIALE, L'INDIVIDU EST TENU DE PARTICIPER AUX CHARGES QU'ELLE IMPOSE.

1. Tout citoyen doit participer aux charges de la vie sociale. — La constitution d'une société régulièrement organisée, soumise à des lois communes, et dont les membres unissent leurs efforts en vue de la réalisation du bien général, assure à l'individu la possession d'avantages précieux. Elle lui garantit la sécurité, le libre exercice de ses droits naturels. Elle met à sa disposition les ressources accumulées par le travail des générations antérieures, et les divers concours dont il a besoin. En échange de tous ces services, elle lui impose des obligations auxquelles il ne saurait se soustraire, sans manquer à la justice et compromettre l'intérêt général. Car la vie sociale implique un certain nombre de charges, qui découlent des nécessités de son organisation, et dont chaque individu doit manifestement prendre sa part.

2. Chacun est tenu d'obéir à la loi commune. — Si le citoyen a des droits, il a donc aussi des devoirs. Le premier de ces devoirs est d'obéir fidèlement et sans réserve à la loi commune. Nous avons montré que la société ne pourrait subsister, si tous ses membres n'acceptaient de se conformer aux règles établies par la volonté générale et de subordonner, quand il le faut, leurs préférences ou leurs convenances personnelles aux nécessités qui résultent de la vie sociale. Il est sans doute des cas où ce devoir d'obéissance peut paraître pénible, parce qu'il met en jeu nos intérêts ou nos sentiments; mais il n'est jamais permis de s'y soustraire. Celui qui, par la rébellion ou par la fraude, se dérobe à l'application des lois régulièrement établies, commet un attentat contre l'ordre public et contre la raison elle-même. Car on ne saurait tout à la fois se prévaloir des bienfaits de l'organisation sociale, et se refuser aux obligations qu'elle impose.

3. Le citoyen doit user de ses droits d'électeur. — D'ailleurs, le devoir d'obéissance à la loi trouve son complément et aussi, dans une certaine mesure, sa compensation dans le droit qui appartient à tout citoyen, et qui lui constitue en même temps une obligation, de concourir à la confection des lois elles-mêmes. Puisque le suffrage universel est appelé à résoudre toutes les questions d'intérêt général, sinon par une intervention directe, tout au moins par le choix des représentants chargés de les régler, et par le programme qu'il leur donne mandat de remplir, c'est assurément un devoir impérieux pour tout citoyen d'user de son droit d'électeur. Son intérêt personnel, aussi bien que le souci qu'il doit avoir de défendre et de faire prévaloir les principes qu'il juge les plus conformes à la justice et au bien général, lui commandent de contribuer par son vote à la désignation du candidat le plus apte à les servir. Il est triste de constater que, dans un état démocratique, un trop grand nombre de citoyens s'abstiennent de remplir leur devoir d'électeur, soit par une inexcusable indifférence, soit sous ce prétexte inadmissible que les candidats en présence ne répondent pas de tout point à leur idéal.

4. Il doit s'intéresser à la vie publique. — Le citoyen conscient de sa responsabilité et soucieux des conséquences que peuvent avoir ses votes cherchera, en toutes circonstances, à s'éclairer sur les problèmes qui intéressent la vie sociale. Il suivra avec une attention soutenue les événements qui se déroulent autour de lui, les discussions qui s'engagent et le mouvement des idées politiques. Il tiendra à honneur de se former des convictions personnelles, appuyées sur la connaissance réfléchie du but à atteindre. Et chaque fois qu'il sera appelé à faire usage de son droit d'électeur, il s'inspirera des seules considérations d'intérêt général, à l'exclusion de toute autre préoccupation.

5. Tout citoyen doit participer aux œuvres qui intéressent la collectivité. — Il est encore une autre manière de collaborer à la vie sociale. Chacun peut et doit apporter un concours actif aux œuvres d'intérêt général ; œuvres d'assistance, de mutualité, de prévoyance, syndicats et associations, qui constituent les applications pratiques du principe de la solidarité, et qui tendent à en développer toutes les conséquences. Ces associations, déjà nombreuses, le deviendront plus encore quand tous les citoyens seront également pénétrés de leur devoir. Chacun, dans la mesure de ses ressources et de ses capacités, doit y participer. L'honnête homme y apportera d'autant plus d'empressement et de bonne volonté que, dans ce domaine, l'action individuelle demeure libre et dégagée de toute contrainte légale.

D'ailleurs, en servant l'intérêt collectif, l'individu fait preuve de sagesse et de prévoyance : car il est lui-même intéressé à la prospérité publique. Sans parler des cas nombreux où, en échange des services rendus à la communauté ou aux associations dont il fait partie, il peut espérer recueillir des avantages directs et personnels, il contribue, en aidant à l'amélioration de la vie générale, à alléger des responsabilités et des charges dont une part retomberait sur lui.

6. L'impôt représente la part contributive de chacun dans les dépenses d'ordre social. — Un autre devoir s'impose à tous les citoyens : celui de participer aux charges communes qui résultent des exigences de la vie sociale. La société civile comporte, en effet, des nécessités et des obligations spéciales. L'État n'a-t-il pas la charge de veiller à l'application des lois, au maintien de l'ordre et de la paix, d'assurer la marche régulière de tous les services publics ? En raison des multiples fonctions que comporte l'organisation de la vie civile, tout État supporte des dépenses assez lourdes auxquelles tous les citoyens sont obligés de participer par une contribution personnelle. De là les *impôts*. L'impôt est un prélèvement que la société opère sur les ressources de chacun de ses membres et les produits de son travail, au profit du trésor public, chargé de pourvoir, dans les conditions déterminées par la loi, à tous les services généraux (1).

7. L'impôt sert à améliorer la vie générale. — L'impôt est absolument légitime, puisque, nous l'avons vu, la société a le droit de revendiquer, pour une certaine part, les produits du travail individuel. Il répond d'ailleurs à une nécessité de la vie sociale : car un grand nombre de résultats ne sauraient être assurés par l'initiative privée dans des conditions satisfaisantes. La police qui sauvegarde la sécurité des citoyens et garantit le respect par tous de la loi commune ; l'établissement et l'entretien des routes qui facilitent les relations et les échanges ; l'instruction qui doit être mise à la portée de tous ; bien d'autres services encore ne peuvent être convenablement organisés que par la société elle-même.

---

(1) Voir G. Lamy et G. Mayrargue, *Traité pratique de droit usuel* : Le budget et les impôts, p. 118.

La mise en commun d'une partie des ressources créées par le travail individuel permet en outre de réaliser sans cesse de nouveaux progrès et d'améliorer la vie pour le plus grand bien de tous. Ainsi s'élèvent à frais communs des monuments dont chacun est appelé à profiter pour sa part : mairies, écoles, musées, théâtres, etc. Les villes deviennent plus belles et plus saines. La fortune publique aide au développement incessant des arts et de la science, et constitue ainsi un des plus puissants facteurs de la civilisation. En somme, l'impôt est la manifestation de cette grande loi de la solidarité qui domine toute la vie sociale.

8. Dans la répartition des impôts il faut tenir compte des ressources de chacun. — Mais, pour demeurer juste et conforme à sa destination rationnelle, l'impôt doit avoir un double caractère. Il doit être volontaire, c'est-à-dire fondé sur le libre consentement des citoyens; il doit aussi être équitablement réparti, en tenant compte des ressources de ceux qu'il frappe. Sur le premier point, tout le monde est d'accord et personne aujourd'hui n'admettrait la légitimité d'impôts qui n'auraient pas été régulièrement votés par les représentants du peuple. Mais il n'en est pas de même sur la question de la répartition de l'impôt. Le système qui a jusqu'ici prévalu repose sur ce principe que la contribution personnelle de chacun doit être proportionnelle à ses ressources. Celui qui est censé, par exemple, posséder un revenu dix fois supérieur doit payer dix fois plus d'impôts. En fait d'ailleurs il n'en est pas ainsi : car les impôts, dits « de consommation » ou contributions indirectes, pèsent uniformément sur tous, et se font par conséquent sentir plus lourdement aux plus pauvres.

9. D'après la raison et l'équité, l'impôt doit être progressif. — Mais le principe même de la proportionnalité de l'impôt, qui de prime abord peut paraître fort équitable, n'est au fond qu'une souveraine injustice. Car il y a un minimum de ressources indispensable à la satisfaction des besoins essentiels de la vie, et qui par conséquent devrait, semble-t-il, échapper à toute revendication de la part de la communauté. On peut concevoir, au contraire, une limite au delà de laquelle la fortune ne répond plus à aucun besoin naturel. Ce qui dépasse ce degré n'étant plus vraiment nécessaire à l'individu, rien ne s'oppose, si l'on en juge d'après la raison ou le simple bon sens, à ce qu'il soit revendiqué par la communauté pour le service des intérêts généraux. Entre les deux extrêmes, la part réclamée par la société pourra et devra croître naturellement avec l'importance de la richesse. De là l'idée de l'impôt *progressif*, le seul qui réponde vraiment à notre notion de la justice.

10. Le service militaire est dû par tous les citoyens.— Enfin, il est un autre devoir, non moins impérieux, qui s'impose à tous les citoyens; c'est l'obligation du service militaire. Le besoin d'assurer la sécurité du pays contre les attaques possibles des nations voisines entraîne pour la société la nécessité de constituer et d'entretenir une armée. Il est juste que chacun participe également, non pas simplement de son argent, mais de sa personne, aux charges qui résultent de cette nécessité.

Assurément, il est à désirer, dans l'intérêt de tous, que les dangers de la guerre, auxquels doit parer l'organisation de l'armée, tendent à s'éloigner de jour en jour. On peut espérer qu'ils finiront par disparaître complètement, grâce à une conception plus raisonnable et plus humaine des relations internationales (1). Mais jusque-là il n'est évidemment permis à personne de refuser au pays le concours de son dévouement (2).

11. Le service militaire peut être une école de vertus civiques. — Le service militaire, accompli comme il

(1) Voir chap. X : Les Devoirs internationaux.
(2) Voir G. Lamy et G. Mayrargue, *Traité pratique de droit usuel* : L'Armée de la France et le service militaire, p. 109.

doit l'être, peut d'ailleurs devenir une école de vertus civiques : obéissance à l'autorité qui représente la loi, abnégation de soi-même, courage à supporter les épreuves et les difficultés de la vie. Le soldat qui a conscience de ses droits et de ses devoirs de citoyen ne subit pas la discipline comme une servitude, mais il accepte librement les obligations que lui imposent le souci des intérêts supérieurs de la communauté et les nécessités de la défense nationale.

12. Le rôle social de la femme. — Dans l'organisation actuelle de la société, il semble que l'homme seul a des devoirs civiques à remplir, comme aussi, d'ailleurs, seul il a des droits ; la femme demeure étrangère à toutes les fonctions et à toutes les manifestations de la vie publique. Pourtant, si l'on y regarde de plus près, on constate qu'en fait elle a, dans l'ordre social, un rôle important à remplir. La prépondérance légitime et nécessaire qu'elle exerce dans la vie intérieure de la famille et dans la première éducation des enfants lui assurerait déjà par elle-même une influence considérable en lui imposant aussi une lourde responsabilité. Mais elle peut et doit faire davantage. Douée par la nature d'une sensibilité plus vive, plus capable que l'homme peut-être de dévouement et d'abnégation, elle est à même d'apporter à l'action sociale un concours qui, même indirect, peut être fécond en heureux résultats. Toutes les idées d'émancipation, de justice, de paix et de fraternité trouvent en elle un écho ; il lui appartient d'aider à leur diffusion.

Quand elle saura s'affranchir de préjugés étroits et d'une préoccupation excessive de l'opinion des autres, quand plus éclairée, mieux instruite de ses devoirs et de la grandeur de sa mission, comme femme et comme citoyenne, elle comprendra que la vie peut lui réserver des joies plus hautes que les puériles satisfactions de la vanité, plus solides que des plaisirs frivoles, sans portée et sans valeur morale, elle contribuera certainement, pour une large part, à l'œuvre commune de progrès et de solidarité.

LECTURES

I. — LA DETTE SOCIALE DE L'INDIVIDU.

Tout ce passé qui se prolonge bien au delà de ce que l'œil peut percevoir, de ce que l'imagination peut rêver, c'est lui qui nous pénètre, nous soutient, nous constitue, nous fait vivre. Il y a là un fait prodigieux, un fait énorme, qu'il ne faut pas méconnaître. J'ai contracté de ce fait, et que j'y consente ou non, une dette que je n'ai pas le droit de nier, sous peine de faire acte de mauvais débiteur. Cette dette, il la faut payer.

La notion de justice ne va-t-elle pas se trouver par là totalement modifiée, et comme transfigurée? Je prends ici le mot justice dans son sens le plus général, le plus incontesté comme signifiant l'égalité de droit, chacun recevant de son effort, de son travail, le prix légitime. Cette justice est-elle satisfaite quand chacun n'a pas payé à tous ce qu'il leur doit? Puisqu'il y a une dette sociale, la justice ne sera possible et la liberté véritable de l'individu ne commencera que quand cette dette aura été acquittée. Nous devons à tous, et nous devons inégalement, chacun dans la mesure où il se sert de l'outillage social et en retire des avantages. Or, il est des hommes que le sort met à même de profiter sans mesure de ces forces accumulées et disciplinées par la société; il en est d'autres qui malgré tous leurs efforts et tout leur mérite n'en recueillent que le plus infime bénéfice. Il est des débiteurs éternellement insolvables, des créanciers éternellement impayés. Qui a reçu le capital et l'instruction est plus, peut plus que qui n'a reçu ni l'un ni l'autre. Le premier loue l'outillage social, l'emploie pour son profit dans une proportion considérable, l'autre infiniment peu. Le premier peut accroître prodigieusement la fortune qu'il tient de l'héritage et que, grâce à cet outillage social, il a fait encore fructifier. L'autre, si laborieux, si économe qu'il soit, n'aura que le salaire journalier, de quoi vivre et faire vivre les siens, tout au plus un minimum d'existence pour sa vieillesse. N'est-il donc pas nécessaire que quelque chose de social intervienne entre ces hommes pour rétablir la justice, pour obtenir que l'un paie la dette sociale? Cette dette étant la charge préalable de la liberté, la libération ne sera possible que quand elle aura été acquittée. Et peut-on contester qu'il y ait dette? Peut-on maintenant continuer à soutenir qu'il suffit, pour que la justice soit, que chacun n'empiète pas sur le domaine d'autrui? Ne faut-il pas aussi, et d'abord, que celui qui doit ait payé?

Léon Bourgeois, *Philosophie de la solidarité.*
(Alcan, éditeur.)

2. — TOUT CITOYEN A LE DEVOIR DE SE DÉVOUER A L'ŒUVRE COMMUNE.

Gardez-vous bien, mes enfants, de n'entendre par fraternité, comme on le fait trop souvent, qu'une sorte de sentimentalité vague et toute platonique; vous devez y reconnaître, au contraire, une loi scientifique qui régit la constitution même des États, et surtout des États républicains. Pour ceux-ci, la fraternité n'est pas seulement du luxe, elle est le nécessaire. Il est des formes de gouvernement où c'est la force qui fait et maintient l'union; il en est d'autres où c'est l'union seule qui fait et maintient la force. L'honneur de ces dernières et aussi leur péril, comme l'a remarqué Montesquieu, c'est de vivre par les vertus civiques de leurs membres et de périr par leurs vices. Une monarchie, à la rigueur, peut se contenter d'une cohésion forcée entre ses membres; une monarchie peut trouver une unité en quelque sorte matérielle, un point d'appui artificiel et extérieur dans l'immutabilité ou l'hérédité de certaines institutions, dans la crainte du pouvoir et du maître, dans l'assujettissement aux traditions ou aux privilèges; une monarchie n'a pas absolument besoin de la fraternité. Une république, au contraire, est obligée de se donner volontairement à elle-même une unité tout intérieure et toute morale, un centre de vie où les volontés viennent librement converger et se confondre. La patrie est alors comme une forteresse vivante dont chaque pierre serait soutenue par l'effort d'une main et d'une volonté : que les mains se séparent, que les cœurs se divisent, que les volontés se combattent, l'édifice entier, depuis ses fondements jusqu'à ses murailles et à ses tours, s'écroule d'un seul coup. Ah ! Messieurs, et vous tous, enfants des écoles qui êtes la France de demain, ne l'oubliez jamais : chacun de nous soutient, pour sa part, quelque chose de l'édifice national ; que nos mains fraternelles ne faiblissent pas, que nos volontés se tendent, que nos cœurs restent unis, si nous voulons que la France reste libre et grande.

ALFRED FOUILLÉE, Discours prononcé à la distribution des prix de la Société pour l'Instruction élémentaire, 1886. (*Revue pédagogique*. Delagrave, éditeur.)

CHAPITRE IX

LA PATRIE

LA PATRIE, C'EST LE GROUPEMENT SOCIAL CRÉÉ ET MAINTENU PAR L'ACCORD DES VOLONTÉS ET SOUMIS A UNE LOI COMMUNE.

1. Comment se forme la patrie. — Nous avons vu comment l'organisation d'une société dont chaque membre apporte à la communauté le concours de son travail et de son dévouement, recevant d'elle en échange une part de tous les biens qu'elle a recueillis et qu'elle développe sans cesse, constitue pour l'homme une source inépuisable de bienfaits. Elle lui donne la sécurité, lui permet de jouir librement de ses droits et de sa puissance naturelle, et de s'élever peu à peu à une vie supérieure, plus douce et plus parfaite.

L'humanité se trouve ainsi partagée en un certain nombre de groupes ou d'États, dont chacun a son existence propre, ses lois et son gouvernement. Il y a là, semble-t-il, une nécessité naturelle; car les avantages de la vie sociale sont subordonnés à des relations et à une entente qui ne pourraient guère se réaliser en dehors d'un cercle plus ou moins restreint.

L'individu se sent rattaché plus étroitement au groupe auquel il appartient par sa naissance, et qui est pour lui la *Patrie*. Il y a là non seulement un sentiment légitime et naturel, mais un devoir de justice et de solidarité. L'idée de patrie évoque en effet tout à la fois une communauté d'affections, de souvenirs et d'espérances, et aussi la réciprocité d'obligations morales, la soumission à une même loi, la collaboration à une même œuvre.

2. Les éléments de l'idée de patrie. — Si nous voulons bien comprendre tout ce que l'idée de patrie représente pour nous de bon et de grand, il nous faut considérer les éléments multiples et divers dont elle est formée. La patrie, c'est d'abord le sol sur lequel nous sommes nés, avec sa physionomie qui nous est familière et que l'habitude nous a rendue chère ; c'est aussi la race à laquelle nous appartenons, dont nous partageons les aptitudes, les goûts, les traditions; c'est la langue que nous avons parlée dès notre enfance et dans laquelle se sont traduites toutes nos affections, toutes nos pensées, toutes nos aspirations. La patrie, c'est la communauté d'un même passé avec ses gloires, ses souffrances et ses rêves; c'est le partage d'un même idéal, l'effort vers le même but, l'association dans la recherche du progrès, de la vie meilleure et plus parfaite. C'est, en un mot, la fraternité, l'esprit de famille étendu à tous les membres d'une société à qui nous devons tant et à laquelle nous nous sentons attachés par toutes les fibres de notre être.

3. Pourquoi nous devons aimer notre patrie. — Nous avons donc toutes sortes de raisons d'aimer notre patrie. Il y a là tout d'abord pour nous un devoir strict de reconnaissance, puisque nous tenons d'elle tant de bienfaits, les trésors de bien-être, de savoir et de moralité qu'elle a accumulés pour nous depuis des siècles. Il y a aussi un sentiment bien naturel, une sympathie en quelque sorte spontanée et instinctive qui nous porte vers des hommes si complètement semblables à nous.

Dans l'amour de la patrie, il faut encore faire rentrer la conscience du rôle que nous sommes appelés à remplir, la pensée de la grandeur de l'œuvre à laquelle nous sommes associés, et aussi une sorte de fierté bien légitime, résultant de ce que nous participons en quelque manière à la dignité de cette grande personne morale qu'elle représente.

4. Grandeur morale de la France. — Français, nous avons peut-être plus que d'autres le droit et le devoir d'aimer notre patrie. Car elle n'est pas seulement une des plus belles, des plus riches, des plus douces à ceux qui l'habitent. Elle a été souvent, elle est encore le foyer des idées les plus généreuses, des initiatives qui honorent le plus l'humanité. Non seulement elle occupe dans les sciences et dans les arts une place privilégiée, mais c'est d'elle que se sont répandus dans le monde ces principes de liberté, de justice, de solidarité et de fraternité qui ouvrent l'espoir d'une vie meilleure à l'humanité tout entière.

Nous tiendrons à honneur de nous montrer dignes d'elle, de la servir, de continuer ses nobles traditions, de travailler, chacun dans la mesure de nos forces, à sa prospérité et au développement de sa puissance et de son œuvre. Nous tiendrons surtout à nous pénétrer des idées et des sentiments qui ont fait sa véritable grandeur. Nous l'aimerons comme il faut l'aimer, en la voulant respectée et honorée, mais pacifique et bienveillante, moins jalouse de dominer les autres que de les aider et de les diriger dans la voie du progrès.

5. L'amour de la patrie n'implique pas la haine de l'étranger. — D'ailleurs le véritable patriotisme n'est pas l'amour aveugle et exclusif de la patrie : il ne comporte surtout rien qui ressemble au mépris ou à la haine des autres nations. C'est, au contraire, un sentiment qui se concilie fort bien avec l'amour de l'humanité. De même en effet que la famille n'est qu'une partie de la patrie, — la commune ou la province étant elle-même une petite patrie, — de même la patrie n'est qu'une fraction de cette communauté plus large que forme le genre humain tout entier. Ce serait donc une étrange erreur de croire que la morale nous commande de considérer comme des ennemis naturels les hommes que le hasard a fait naître de l'autre côté de la frontière. Ces hommes, de tout point semblables à nous, aiment leur propre patrie comme nous aimons la nôtre, et pour les mêmes raisons. Chacune des nations n'a-t-elle pas sa part de mérite, de vertu et de gloire, ses titres à l'estime et à la reconnaissance de l'humanité? Il est aussi peu légitime de poursuivre de notre haine l'étranger qu'il le serait de voir un ennemi dans l'homme qui habite la maison ou la commune voisines.

6. L'idée de patrie n'a pas une valeur absolue.— A vrai dire, l'idée de patrie n'a pas en elle-même une valeur absolue et invariable. Le groupement qu'elle représente a bien souvent quelque chose d'artificiel ou de conventionnel. En fait, les limites de la patrie ne sont pas toujours ce qu'elles devraient être. Des hommes que tout tendrait à réunir se trouvent séparés par la force des conquêtes ou les hasards des événements. D'autres, au contraire, sont réunis malgré la différence profonde des races, des mœurs ou des aspirations, parfois même malgré une mutuelle hostilité.

Le groupement qui constitue la patrie est donc de sa nature variable et, de fait, il a souvent changé. Reportez-vous seulement de quelques siècles en arrière, et voyez, sur toute la surface du globe, combien de profondes modifications ont été apportées dans la constitution des différents peuples, et dans leurs relations mutuelles. Qui pourrait prétendre que l'avenir ne bouleversera pas à nouveau l'ordre actuel?

7. Évolution des nationalités. — Si l'on néglige les circonstances particulières et accidentelles, les résultats des guerres, de la force trop souvent victorieuse et destructive du droit, ou les combinaisons purement arbitraires des hommes, par exemple les réunions et les séparations qui, sous l'ancienne monarchie, résultaient d'arrangements de famille, mariages ou successions, il est aisé de reconnaître que l'évolution des nationalités s'est produite suivant une loi bien définie, et dans un sens toujours identique; qu'elle tend à former des groupes de plus en plus étendus et à nouer entre ces groupes eux-mêmes des liens de plus en plus étroits.

8. Les tribus primitives se sont peu à peu constituées en États. — Les premières sociétés ne comprenaient qu'un nombre tout à fait restreint d'individus ou de familles; c'étaient de petites tribus, ayant chacune leur autonomie, n'entretenant que peu de relations avec les tribus ou les cités voisines, et fréquemment en guerre avec elles. Cet état n'a pas été seulement celui des peuplades sauvages des premiers âges, comme il est encore celui de certaines races inférieures, demeurées jusqu'ici dans la barbarie; il a subsisté même à des époques de civilisation assez avancées, notamment dans l'Égypte ou dans la Grèce ancienne. Le développement des moyens de communication et d'échange, et l'intelligence des intérêts communs ont amené peu à peu le rapprochement de ces petites communautés, qui se sont constituées en provinces ou en États.

9. Les États eux-mêmes se sont élargis et groupés. — Puis les États eux-mêmes ont tendu à devenir toujours plus vastes. Les plus grands ont absorbé les plus petits, le plus souvent par la force, en imposant aux peuples voisins leur autorité, leurs lois, et par suite leurs coutumes et leur langue. De leur côté, les petits États étaient amenés à rechercher les avantages que pouvait leur offrir l'alliance de voisins plus puissants, tant au point de vue de leur sécurité, qu'en raison des facilités données pour l'industrie et le commerce.

Ainsi peu à peu se sont élargies les bornes primitives de la patrie. Ainsi, par degrés, les relations se sont étendues et multipliées entre les hommes; ainsi le progrès même de la science et de la civilisation tend sans cesse à éloigner et à abaisser les barrières qui, dans les premiers siècles de l'histoire de l'humanité, séparaient entre elles les nations.

LECTURES

I. — L'IDÉE DE PATRIE.

La patrie exige une communauté de compréhension, de volonté et de vibration; il faut, comme base de la personnalité morale dont il s'agit, la même conception de la vie publique, le consentement au moins tacite des associés, et enfin tout un ordre spécial d'affections mutuelles et de dévouement au même idéal. Salluste a dit quelque part : *Eadem velle, eadem nolle, id demum firma amicitia est* (vouloir les mêmes choses, ne pas vouloir les mêmes choses, c'est précisément la solide amitié). Cette définition pourrait s'appliquer à notre sujet. Le nœud qui lie ensemble toutes les forces, toutes les générations d'un même peuple, c'est l'harmonie des sympathies et des antipathies, c'est la même manière d'entendre et de pratiquer l'existence collective, c'est la poursuite d'un même but. Cette parité de but et de vie peut s'accommoder de bien des diversités; les dissentiments peuvent aller jusqu'à des dissidences sur des points aussi capitaux que la religion ou la forme du gouvernement. Mais il faut de toute nécessité qu'on ait les mêmes pensées, les mêmes tendances, les mêmes aspirations sur un certain nombre de points essentiels, et que cette similitude, qui peut beaucoup varier soit cependant suffisante pour inspirer à tous les compatriotes la résolution de rester unis entre eux et distincts des autres nations.

L'idée de patrie dérive donc de la notion même de

liberté. Elle exprime et elle constate le besoin qu'ont les êtres humains de vivre à leur guise, de se diriger suivant leur tempérament, suivant leur façon personnelle de concevoir le bonheur et le devoir. Elle répond à l'instinct indestructible qui les pousse à se grouper, à s'associer, à s'organiser à part, à se consacrer à quelque chose qu'ils aiment. Quand les peuples se répartissent en nations indépendantes, ils obéissent à une impulsion, à une inspiration analogue à celle des individus, lorsque ceux-ci se marient pour fonder des familles. Une patrie est dans l'ordre international ce qu'est un foyer dans l'ordre domestique ; c'est-à-dire un refuge pour la liberté, un centre d'action originale, un asile pour les plus saintes affections.

L. Legrand, *L'Idée de Patrie*.
(Hachette et Cie, éditeurs.)

2. — L'ÉVOLUTION DU PATRIOTISME.

Très lentement et au milieu d'erreurs et d'excès qui dissimulent encore leur ascension, les patries *s'humanisent*, c'est-à-dire tendent à s'identifier avec l'espèce en sympathisant davantage entre elles par les qualités essentielles qui la définissent.

Les patries tendent à communier dans l'espèce, mais leur mutuelle assimilation ne saurait devenir complète, parce que les différences climatologiques et, par suite, ethnologiques sur lesquelles s'est fondée leur diversité, sont des faits indépendants de leur progrès vers l'unité morale, vers l'unanimité ; loin de se plier à ce progrès, ces faits le conditionnent. Il s'agit donc, non pas de supprimer toutes les frontières psychiques et physiques, tracées entre les patries par la nature et par l'habitude invétérée (seconde nature greffée sur la première), mais d'abaisser peu à peu toutes les barrières purement artificielles, tout ce qui n'est pas irréductible dans les obstacles à ce progrès si désirable. Il s'agit de concilier ainsi, dans toute la mesure du possible, la fixité de ces frontières avec l'expansion de la sympathie fraternelle, si bien exprimée par le mot *humanité* pris dans son sens affectif. Il est permis à un individu de souhaiter pour sa patrie l'honneur d'une haute entreprise ou d'une grande découverte, de regretter que cet honneur revienne à une autre ; mais désirer que l'œuvre échoue afin que nulle autre n'en ait la gloire, ce serait trahir les intérêts de l'espèce entière au profit d'une variété, ce serait un crime de lèse-humanité. Dans la concurrence entre les patries pour la conquête du vrai, de l'utile et du beau, celle qui, au lieu de ne songer qu'à soi, travaille pour toutes les autres en même temps, par cela même les surpasse toutes en dignité et sa gloire efface la leur. Le type du parfait patriote me semble être notre immortel Pasteur. Il a illustré la France par des découvertes à la fois merveilleuses et bienfaisantes, qui forcent l'admiration et la reconnaissance universelles pour son génie et l'hommage de toutes les nations au pays qui a engendré et nourri de ses traditions l'esprit et le cœur de ce grand homme. Mais Pasteur n'a jamais oublié le berceau de sa grandeur : il avait le culte du foyer, l'amour du sol natal, et, si l'hommage du monde lui a été doux comme une récompense de ses travaux, il a dédaigneusement repoussé comme un affront à la pensée française les insignes offerts à son œuvre par la violence triomphante. Son patriotisme pourrait se formuler ainsi : « A l'Humanité mon amour, à la France ma prédilection. » Devise irréprochable, parce que la prédilection ne risque point ici de dégénérer en fétichisme exclusif aux dépens de la prospérité des autres hommes. Leur droit à l'évolution progressive de l'espèce est sauvegardé.

SULLY-PRUDHOMME, *Patrie et Humanité.*
(*La Revue.*)

3. — LE ROLE DE LA FRANCE.

Si tous les grands peuples ont un rôle à remplir, est-ce une présomption exagérée, est-ce une illusion de la piété filiale de penser que celui de la France est particulièrement nécessaire ? Il n'est point de pays dont l'histoire se confonde au même degré avec celle de la civilisation. Si cette histoire ne fut pas toujours exempte de superbe et d'excès, le plus souvent notre action a eu pour origine des impulsions généreuses, et habituellement elle a servi la cause du progrès universel.

Toutes nos évolutions ont fait sa part à l'humanité, et une part consciente et réfléchie. Un besoin mystérieux de propagande est au fond de notre tempérament ; il faut penser qu'il y a là pour nous une vocation, car toutes nos commotions ont eu des contre-coups au dehors, et l'expansion rapide de nos idées atteste leur caractère sympathique.

Ce n'est pas pour ses seules idées que la France sait lutter, c'est aussi pour celles d'autrui. Quel est le peuple qui en a aidé un plus grand nombre à parvenir à l'existence ? Les États-Unis, la Belgique, l'Italie sont là pour fournir la réponse. On a pu, en envisageant strictement l'intérêt français, critiquer ces croisades de paladins. Mais on ne saurait se défendre d'en admirer la fière allure.

Outre la noblesse et l'utilité de son rôle extérieur, notre pays, considéré en lui-même, peut être comparé à un foyer dont la lueur et l'attrait ne se contentent pas de charmer ses enfants, mais à la flamme duquel le monde entier s'éclaire, s'égaie et se réchauffe.

Le fait est attesté par le témoignage et, mieux encore, par l'affluence de tous les étrangers ; c'est d'eux qu'est venu ce compliment, que tout homme a deux patries : la sienne d'abord, la France ensuite ; nul mot n'affirme mieux le caractère attirant de notre patrie. N'autorise-t-il point à conclure qu'il manquerait quelque chose à l'agrément, à l'éclat de la vie générale, si notre nation venait à disparaître ?

Certains peuples peuvent briller plus qu'elle par d'autres qualités : Il lui a été donné, à elle, avec quelques faiblesses et à travers bien des égarements, de personnifier pourtant un idéal incomparable de logique dans la pensée et de clarté dans l'expression, un idéal de droiture et de bonne humeur, d'esprit et d'élégance, de goût et de mesure, de bon sens et de chevalerie, d'humanité et de justice, et d'en être le gardien, le soldat, non pour elle seule, mais pour l'univers entier.

Aussi, ce ne peut être une vaine chimère des cœurs français d'espérer, de croire qu'en se dévouant pour leur patrie ils collaborent à une œuvre indestructible et que cette antique et glorieuse France qu'ils aiment, qu'ils vénèrent, trouvera indéfiniment d'autres cœurs pour l'aimer, pour la vénérer et pour la continuer. De même que nos aïeux revivent en nous, nous pouvons, après l'avoir bien servie jusqu'à notre dernière heure, rentrer avec confiance dans le sein de cette terre douce et chère, assurés de revivre sans interruption dans des neveux qui perpétueront sa grandeur.

L. Legrand, *L'Idée de Patrie.*
(Hachette et Cie, éditeurs.)

4. — PATRIE ET HUMANITÉ.

Qu'entend-on par une nation? Une personne morale, composée de personnes morales, gouvernée par des personnes morales, d'après certaines idées morales touchant l'homme, la famille, la société, la justice... et non point seulement une société de police, de commerce, de défense naturelle... Au reste, même en ces offices inférieurs (police, commerce, armée, etc.), il y a de la morale : telle police, telle armée peut être fondée sur l'égalité, sur le droit, ou sur l'arbitraire, ou sur la servitude... Toute nation est un être qui aspire à durer, à perpétuer son type. Elle a donc un type, un caractère, un esprit, une conscience. Le langage courant le fait voir : on dit d'une nation qu'elle est frivole, sérieuse, humaine, cruelle, conquérante, pacifique, d'intelligence vive ou lourde, de caractère léger ou réfléchi... etc.

Il est utile qu'il y ait des nations et non pas seulement une humanité.., Ce qui est à un tel degré de réalité et d'intensité, a des raisons d'être, des raisons légitimes, fondées dans la nature des choses (races, climats, histoire, etc.). Les types divers accroissent la richesse spirituelle de l'humanité. Juifs, Grecs, Romains, France, Angleterre, Allemagne, Amérique, etc., etc., de ces éléments si différents naît la vie, avec sa variété, sa souplesse. Chaque nation tire profit pour elle-même, pour son propre type, du mélange avec les autres, sans quoi elle risquerait, à force d'abonder dans son sens, de dégénérer. (Exemple : le roman russe ou anglais, avec son réalisme plus intérieur, plus profondément observateur, influe excellemment sur notre réalisme trop superficiel, trop matérialiste. Autre exemple, notre Alsace, hélas ! où le génie germanique, avec son idéalisme, son honnêteté laborieuse, son sérieux, sa naïveté, son sens du profond mystère des choses, son amour de l'étude, se mariait si heureusement à l'esprit gaulois, brillant, vif, hardi, léger...)

Et toutefois, à cette question : est-il bon qu'il y ait des nations? avant de répondre oui, il faut faire ses conditions. Oui, à la condition que la permanence de ces types divers n'entraîne pas nécessairement la permanence de l'antagonisme guerrier. Ceci est absolu. Avant tout, il faut que l'humanité franchisse ce pas hors de l'état de barbarie, il faut qu'elle dépouille cette habitude fatale de s'entre-déchirer atrocement. S'il était certain qu'une nation ne peut vivre que contre les autres nations, et non pas seulement avec et parmi elles, alors, meurent les nations et vive l'humanité, dût la planète revêtir un aspect de monotone uniformité !

Mais, heureusement, le contraire est certain. Il en peut être, il en sera demain de toute l'humanité, comme il en est dès aujourd'hui de telle ou telle collectivité de peuples et de races diverses qui se nomme une nation, comme il en est, par exemple de notre France, formée d'éléments si divers, Bretons et Basques, Flamands et Gascons, Auvergnats et Provençaux...

Est-ce que ces divers éléments n'étaient pas, hier, en guerre constante les uns contre les autres? Et cependant, ne les voyons-nous pas, tout en gardant chacun son génie propre, s'associer et former ensemble une harmonie, un tout consistant et animé d'une large vie?

Ainsi en sera-t-il de l'harmonie que feront bientôt les nations diverses, lorsque les progrès parallèles de la vie morale et de la science leur auront fait une grande vie commune, une grande âme générale, une grande conscience collective.

Et ceci n'est point un rêve. C'est la certitude, parce que le grand nombre y trouvera intérêt : la masse des prolétaires aux dépens de qui se fait toujours la guerre (même dans les pays à régime démocratique) arrivera vite, elle arrive déjà, par la voie du socialisme cosmopolite, à comprendre qu'il dépend d'elle d'abolir d'un mot, d'un geste, le règne exécrable des rivalités militaires, des conflits armés, et d'inaugurer le règne de la grande fraternité des hommes.

Félix Pécaut, *Quinze ans d'éducation*.
(Delagrave, éditeur.)

CHAPITRE X

DEVOIRS INTERNATIONAUX

ATTACHÉ A SA PATRIE PAR DES LIENS PLUS ÉTROITS, L'HOMME A AUSSI DES DEVOIRS A REMPLIR ENVERS L'HUMANITÉ

1. Patrie et humanité. — Les nécessités de la vie et aussi les penchants naturels de l'homme, après avoir amené la formation de cette société délimitée qu'on appelle la patrie, tendent par une lente évolution à rapprocher de plus en plus les peuples entre eux et à les fondre tous dans une unité supérieure. Les progrès de cette évolution sont faciles à suivre dans le passé. A mesure qu'elles se dégageaient plus complètement de la barbarie, qu'elles prenaient plus nettement conscience de leur intérêt et aussi de leur devoir, les nations ont compris qu'au lieu de se faire incessamment la guerre, ou de s'enfermer dans les étroites barrières d'un patriotisme exclusif, elles serviraient mieux leur propre cause en s'unissant pour la production des objets nécessaires à la vie générale et la recherche du progrès. La force même des événements, le développement incessant, devenu de nos jours si prodigieusement rapide, de la science, du commerce et de l'industrie, tendent naturellement à les rapprocher les unes des autres par des relations de plus en plus fréquentes et intimes, par l'échange des services et la communauté des aspirations.

2. Le lien de solidarité qui unit les membres d'une même nation existe aussi entre les nations elles-mêmes. — Qu'ils le veuillent ou non, tous les hommes sont solidaires les uns des autres. Comme chacun des individus ressent le contre-coup de tout changement heureux ou funeste survenu dans la communauté à laquelle il appartient, de même toute société particulière, toute nation gagne ou perd quelque chose de ce que gagnent ou perdent les autres. Et cela devient plus vrai chaque jour, parce que, les relations internationales tendant sans cesse à se multiplier, les progrès de la science et de l'industrie ne répandent pas seulement leurs bienfaits dans le pays qui les a conçus et réalisés; ils amènent dans le monde entier une amélioration générale des conditions de la vie. La science ne connaît pas les frontières, elle livre généreusement à tous ses découvertes. Si les idées se développent, si les intelligences s'éclairent, si les mœurs s'adoucissent en un point quelconque du globe, on peut affirmer que le bien réalisé retentira dans toutes les consciences humaines. Comme aussi tout désastre national, toute déchéance d'un peuple est un amoindrissement de la civilisation et de la fortune matérielle, intellectuelle et morale, de l'humanité tout entière.

3. L'amour de la patrie se concilie fort bien avec l'amour de l'humanité. — Il n'y a donc aucune contradiction, il y a au contraire un rapport manifeste et une intime harmonie entre ces deux sentiments qu'une conception trop étroite du devoir national a parfois fait opposer l'un à l'autre, l'amour de la patrie et l'amour de l'humanité. S'il est incontestable que le bonheur de l'individu et aussi son perfectionnement moral sont inséparables de la vie sociale, il est également certain que la prospérité et la grandeur d'une nation dépendent dans une très large mesure, des rapports qu'elle entretient avec les autres nations, des richesses de toute nature qu'elle en reçoit et plus encore peut-être des bienfaits qu'elle répand autour d'elle.

4. Devoirs internationaux. Le droit des gens. — Les nations apparaissent ainsi comme les membres d'une grande famille et les liens qui les unissent peuvent être comparés à ceux qui existent entre des frères. Tous les hommes d'ailleurs ne sont-ils pas rapprochés dans la fraternité d'une même origine et d'une même destinée ?

Les devoirs internationaux ne sont donc que l'extension de ceux que nous avons vis-à-vis de notre famille et de notre patrie. Justice, respect mutuel des droits et de la dignité personnelle ; conscience de la solidarité, non moins réelle et bienfaisante entre les peuples qu'entre les individus ; dévouement commun au progrès et à la civilisation.

A vrai dire, nous n'avons rien à ajouter ici à ce que nous avons dit précédemment au sujet des règles de la vie sociale ; *le droit des gens*, l'ensemble des lois qui régissent les rapports entre les nations, ne diffère pas du droit naturel, tel qu'il s'impose aux membres d'une même famille ou d'une même patrie. Dans un cas comme dans l'autre, la raison, en affirmant la pleine indépendance de chacun, donne pour limite à son libre développement le respect de la liberté des autres. Et si un conflit surgit, elle veut qu'il soit résolu, non par la force, mais par l'appel aux lois invariables de la justice.

5. La guerre est un reste de la barbarie primitive. — Ceci suffit à faire comprendre combien la guerre, la prétention de résoudre par la force armée les difficultés internationales, est contraire à l'idéal que la loi morale assigne à l'humanité. Il est permis d'espérer qu'un jour, grâce aux progrès de la conscience publique, elle cessera entre les peuples, comme elle a cessé d'abord entre les individus par l'organisation de la vie sociale, puis graduellement entre les divers groupements ou sociétés particulières, entre les villes et les provinces.

D'ailleurs l'expérience et la raison s'accordent à condamner la guerre, qui est assurément l'institution la plus barbare, la plus injuste et la plus funeste. En causant la mort d'innombrables milliers d'hommes, en soumettant le vaincu aux plus iniques exigences du vainqueur, en répandant partout les ruines, les maladies et les fléaux de toute espèce, elle ne peut servir la cause de la justice : car elle n'est que l'expression et le triomphe de la force brutale. Entre deux peuples qui luttent par les armes, est-ce le bon droit qui décide ?

La guerre ne résout même pas les conflits qu'elle prétend régler. Car elle laisse dans le cœur du vaincu le désir et l'espoir de la revanche. N'est-ce pas le souvenir des guerres passées et des injustices qu'elles ont engendrées qui condamne aujourd'hui les peuples civilisés à entretenir ces formidables armements qui les écrasent et qui les ruinent ? On a dit avec raison que la plus heureuse des guerres est encore un désastre pour le vainqueur. Mais le maintien de cet état de guerre latente, qui se dissimule sous le nom de *paix armée*, coûtera en un demi-siècle plus que la défaite la plus désastreuse. Il y a là un terrible problème, dont la solution ne pourra se trouver que dans l'accord des peuples, devenus enfin conscients de leur devoir et de leur intérêt.

6. Même dans la guerre, l'humanité ne perd pas tous ses droits. — Bien que la guerre, qui n'est en définitive que le retour à l'état barbare, ne semble guère conciliable avec les lois de la morale, elle laisse pourtant subsister certaines obligations que l'honnête homme ne saurait oublier. Ces obligations peuvent se résumer dans ce principe, que les maux et les crimes de la guerre doivent être réduits aux nécessités rigoureuses de la lutte. Tout attentat contre les personnes ou les intérêts des puissances belligérantes, qui ne contribue pas d'une manière directe et efficace à assurer le triomphe de l'un des partis, n'est qu'un acte de brigandage. Malgré l'admiration que provoquent parfois les manifestations de la bravoure individuelle, on ne saurait approuver ni excuser le meurtre de soldats isolés ou de sentinelles perdues. Ceux qui ont pu se vanter de pareils exploits n'avaient évidemment pas conscience de la valeur de leurs actes; car ils avaient agi, non comme des soldats, mais comme des assassins. Il est insensé et criminel de les glorifier.

7. La gloire militaire ne mérite pas toujours notre admiration. — D'ailleurs, il faut bien nous garder de professer pour la gloire militaire une estime dont elle n'est pas toujours digne. Si nous devons notre respect et notre reconnaissance à tous ceux qui se sont dévoués pour la défense de la patrie, nous ne saurions admettre qu'on fît dans l'histoire et dans le culte de l'humanité une place d'honneur à ces grands capitaines, dont les exploits ont coûté tant de sang, pour aboutir le plus souvent à d'épouvantables désastres. Les véritables héros ne sont pas ces hommes dont l'ambition égoïste a jeté les peuples les uns contre les autres; ce sont tous ces savants et ces penseurs, tous ces grands citoyens qui ont travaillé à réaliser, avec les progrès de la civilisation, le bonheur et la liberté du genre humain.

8. L'arbitrage peut réaliser la paix entre les nations. — Si la disparition de la guerre est chose éminemment désirable, de quelle manière peut-on espérer qu'elle se réalisera un jour? Par l'application du même principe qui a mis fin à la violence entre les individus. Pourquoi les nations ne se mettraient-elles pas d'accord pour accepter une autorité, un tribunal chargé de résoudre, suivant les règles d'une justice commune, les conflits qui pourraient naître entre les unes et les autres?

L'idée de recourir à l'arbitrage dans les difficultés internationales n'est assurément pas nouvelle; mais longtemps elle fut traitée de chimère et d'utopie. Des faits récents tendent pourtant à prouver qu'elle est susceptible de passer utilement dans la pratique et de rendre dès aujourd'hui d'incontestables services. S'il a fallu des siècles à l'humanité pour s'élever à une civilisation encore bien imparfaite, n'est-il pas permis d'espérer que ces premiers germes d'entente se développeront un jour et permettront enfin de réaliser l'idéal, entrevu par Kant, de la paix universelle ?

9. Il faut développer en nous et autour de nous le sentiment de la fraternité humaine.— Si nous voulons que cette heureuse transformation ait chance de s'accomplir dans l'avenir, il nous faut travailler de tout notre pouvoir à faire triompher en nous-mêmes et autour de nous le sentiment de la solidarité et de la fraternité humaines, nous débarrasser de tous ces vieux levains de haine qui sont une cause latente, mais perpétuelle, de guerre et nous bien pénétrer de cette idée que la justice n'est ni moins sacrée ni moins douce entre les nations qu'entre les particuliers.

10. Rôle de la femme dans l'œuvre de la pacification universelle. — C'est surtout dans cette œuvre d'apaisement et d'humanité que peut s'exercer utilement le rôle social de la femme. Fille, épouse ou mère, elle est atteinte dans ses plus chères affections par toute menace de guerre ; sa sensibilité plus affinée lui fait aussi plus cruellement sentir les maux de toute sorte qu'entraînent après elles les luttes civiles ou internationales. Elle doit donc en tout temps travailler à la diffusion des idées de justice et de conciliation ; aux heures de crise, user de toute son influence en faveur des solutions raisonnables et pacifiques. Le jour où, comme nous l'espérons, la paix définitive régnera sur la terre, c'est à la femme que le monde en sera surtout redevable.

Si parfois, malgré ses efforts, la raison demeure impuissante en face de la violence, si quelque conflit éclate, si la guerre ne peut être évitée, il lui reste encore un rôle bienfaisant à remplir. Elle doit s'employer à soulager, dans la mesure du possible, les misères et les souffrances. C'est là, d'ailleurs, pour elle autant un besoin qu'un devoir ; et jamais elle n'y a failli.

LECTURES

I. — LA FRATERNITÉ DES PEUPLES.

Souvenez-vous bien qu'à la patrie elle-même vous devez préférer l'humanité : car les peuples ont entre eux les mêmes relations que les familles entre elles et sont soumis aux mêmes devoirs. Le genre humain est un par essence, et l'ordre parfait n'existera, et les maux qui désolent la terre ne disparaîtront entièrement, que lorsque les nations, renversant les funestes barrières qui les séparent, ne formeront plus qu'une grande et unique société.

Le patriotisme exclusif, qui n'est que l'égoïsme des peuples, n'a pas de moins fatales conséquences que l'égoïsme individuel; il isole, il divise les habitants des pays divers, les excite à se nuire au lieu de s'aider; il est le père de ce monstre horrible et sanglant qu'on appelle la guerre.

Quoi de plus opposé à la nature et à ses lois que le nom d'*étranger* ? Ne sommes-nous pas tous frères, et comment le frère serait-il étranger au frère ?

Chaque peuple doit aux autres peuples justice et charité : il doit et respecter leurs droits et, au besoin, leur prêter secours, soit pour les défendre, si on les attaque, soit pour les reconquérir, s'ils en ont été dépouillés. Leurs destinées sont solidaires. Le peuple qui souffre près de soi l'oppression d'un autre peuple creuse la fosse où s'ensevelira sa propre liberté !

Employez donc tous vos efforts pour unir toujours plus les nations entre elles, pour détruire peu à peu les préjugés qui maintiennent leur séparation. Chacune d'elles, suivant son génie, le lieu, le climat qu'elle habite, a sa fonction particulière, que la Providence lui assigne pour le perfectionnement progressif de l'humanité! Loin de lui créer des entraves, toutes la doivent seconder, car elles travaillent pour toutes en travaillant pour soi. Aucune ne saurait se suffire : elles subsistent et se développent par l'assistance qu'elles se prêtent mutuellement. Il n'est pas vrai, comme le répètent ceux qui les trompent pour les asservir, qu'elles aient des intérêts opposés : ils ne le sont qu'accidentellement, par une suite du désordre apporté dans leurs relations naturelles. Rétablissez ces relations, le bien de l'une est le bien de l'autre, comme, en une famille ordonnée ainsi qu'elle doit l'être, le bien d'un de ses membres est le bien de tous, sa prospérité leur prospérité!

Lorsque les pluies viennent à tomber dans le pays où le Nil prend sa source, le fleuve grossit et remonte, et couvre de proche en proche la vallée qu'il féconde. Pour que ses fertiles eaux arrivent aux terres les plus éloignées, ne faut-il pas qu'il arrose d'abord celles qui touchent ses rives?

LAMENNAIS, *Le Livre du peuple.*

2. — LA GUERRE.

Autrefois, les guerres n'étaient ni justes ni injustes. Dans l'insolidarité générale, elles affirmaient la solidarité des uns pour l'attaque, comme la solidarité des autres dans la défense. Aujourd'hui, la guerre injuste, l'agression du fort contre le faible, soulève la conscience universelle. Demain, la conscience universelle réprouvera toute guerre comme injuste, et elle saura unir tous les efforts pour imposer la paix à quiconque voudrait la troubler. En ce moment où la force triomphe et où leurs divisions laissent les peuples impuissants, on a besoin d'une telle espérance pour ne pas voir disparaître les plus essentielles notions morales. Mais croyons fermement que la conscience universelle ne s'est pas émue en vain. Répétons nous avec Guyau que le signe de la vraie moralité est l'union du vouloir et du pouvoir. L'Europe veut la fin des guerres injustes ; de nombreux signes nous annoncent cette volonté, en dépit de manifestations contraires qui sont les dernières et désordonnées convulsions d'esprits encore enlisés dans le passé. Demain son vouloir sera un pouvoir, et les peuples se donneront la paix que les gouvernements leur refusent encore.

FOURNIÈRE, *La Morale d'après Guyau.*
(Alcan, éditeur.)

3. — LA DERNIÈRE BATAILLE.

Ah ! la dernière guerre, la dernière bataille ! Elles furent si terribles, que les hommes, à jamais, en ont brisé leurs épées et leurs canons... C'était au début des grandes crises sociales qui viennent de renouveler le monde, et j'ai su ces effroyables choses par des hommes, dont la raison avait failli se perdre, au milieu de ce choc suprême entre les nations. Dans la crise affolée des peuples, gros de la société future, une moitié de l'Europe s'était jetée sur l'autre, et les continents avaient suivi, des escadres se heurtaient sur tous les océans, pour la domination des eaux et de la terre. Pas une nation n'avait pu rester à l'écart, elles s'étaient entraînées les unes les autres, deux armées immenses entraient en ligne, toutes brûlantes des fureurs ancestrales, résolues à s'écraser, comme si, par les champs vides et stériles, il y avait, sur deux hommes, un homme de trop...

Et les deux armées immenses de frères ennemis se rencontrèrent au centre de l'Europe, en de vastes plaines, où des millions d'êtres pouvaient s'égorger. Sur des lieues et des lieues, les troupes se déployèrent, suivies d'autres troupes de renfort, un tel torrent d'hommes, que, pendant un mois, la bataille dura. Chaque jour, il y avait encore de la chair humaine pour les balles et les boulets. On ne prenait même plus le temps d'enlever les morts, les tas faisaient des murs, derrière lesquels des régiments nouveaux, intarissables, venaient se faire tuer. La nuit n'arrêtait pas le combat, on s'égorgeait dans l'ombre. Le soleil, à chacune de ses aurores, éclairait des mares de sang élargies, un champ de carnage où l'horrible moisson entassait des cadavres en meules, de plus en plus hautes... Et, de partout, c'était la foudre, des corps d'armée entiers disparaissaient dans un coup de tonnerre. Les combattants n'avaient pas même besoin de s'approcher ni de se voir, les canons tuaient de l'autre côté de l'horizon, lançaient des obus dont l'explosion rasait des hectares de terrain, asphyxiait, empoisonnait. Du ciel lui-même, des ballons jetaient des bombes, incendiaient les villes au passage. La science avait inventé des explosifs, des engins, capables de porter la mort à des distances prodigieuses, d'engloutir brusquement tout un peuple, comme un tremblement de terre...

Et quel monstrueux massacre, au dernier soir de cette bataille géante ! Jamais encore un pareil sacrifice humain n'avait fumé sous le ciel. Plus d'un million d'hommes étaient couchés là, par les vastes champs dévastés, le long des rivières, au travers des prairies. On pouvait marcher pendant des heures et des heures, toujours on rencontrait une moisson plus large de soldats égorgés, les yeux grands ouverts, criant la folie humaine de leurs bouches béantes et noires...

Et ce fut la dernière bataille, tellement l'épouvante glaça les cœurs, au réveil de cette ivresse affreuse, et tellement la certitude vint à chacun que la guerre n'était plus possible, avec la toute-puissance de la science, souveraine faiseuse de vie, et non de mort.

ÉMILE ZOLA, *Travail.*
(Fasquelle, éditeur.)

CHAPITRE XI

L'ÉVOLUTION SOCIALE

PAR LE PROGRÈS DE LA SCIENCE ET DE LA MORALITÉ LA SOCIÉTÉ HUMAINE TEND A DEVENIR TOUJOURS PLUS JUSTE ET MEILLEURE.

1. **La vie sociale, comme la vie morale, a pour fin l'amélioration progressive de l'homme.** — L'étude des conditions essentielles de la vie morale nous avait amenés à cette conclusion que l'homme puise dans la raison, dans la connaissance qu'il acquiert peu à peu de lui-même et de la nature et dans la faculté que lui donne cette connaissance de prévoir et de préparer l'avenir, la puissance et la volonté de tendre, par un progrès continu, vers une vie meilleure, tout à la fois plus parfaite et plus heureuse. La considération des formes diverses sous lesquelles se manifeste notre activité morale, la détermination des lois qui règlent et notre vie individuelle et nos relations avec nos semblables, confirment la vérité de cette conclusion, en établissant que toujours et partout l'homme est tenu de poursuivre une même fin, l'amélioration de sa propre nature et celle du milieu social.

2. **La loi de l'humanité est une loi de progrès.** — Si vous vous pénétrez de cette idée, si vous êtes bien

convaincus que la loi de l'humanité est une loi de progrès, c'est vers l'avenir que se tourneront toutes vos pensées, pour l'appeler et pour le préparer. Au lieu de vous attarder dans le regret et l'amour du passé, de ses traditions, de ses croyances, de ses mœurs et de son esprit, vous marcherez avec votre siècle; vous serez pour la science et pour la raison, contre l'ignorance et la superstition.

Il faut que vous ayez foi dans le progrès, que vous soyez remplis de confiance dans la valeur de la raison, dans le pouvoir de la science et du travail, dans l'efficacité de vos efforts vers le bien, si vous voulez comprendre le sens et la portée de la vie, si vous voulez être des hommes utiles et de bons citoyens. Quand vous travaillez, quand vous cherchez à vous instruire et à vous perfectionner, quand vous luttez contre l'erreur et le mal, dites-vous bien que rien de tout cela ne sera inutile, que tout progrès réalisé est acquis à jamais. Cette assurance vous remplira de courage et vous rendra forts pour les luttes de la vie.

3. Le progrès se manifeste par l'amélioration continue de la vie individuelle. — L'histoire de l'humanité vous est un sûr garant que cet espoir d'un avenir meilleur, cette confiance dans la puissance de la raison n'est pas une vaine chimère. Songez encore une fois à la triste condition de nos premiers ancêtres, faibles et dénués de tout, impuissants à se protéger contre les dangers et les attaques, réduits à se procurer au prix des plus pénibles efforts les objets indispensables, ayant à peine conscience de leur dignité morale et de leur destinée; et mesurez le chemin que l'homme a dû parcourir pour devenir ce qu'il est aujourd'hui.

En même temps que la science et le travail réalisaient les merveilleuses créations de l'art et de l'industrie, améliorant de jour en jour les conditions matérielles de la vie, la conscience s'éclairait peu à peu; la personnalité morale s'affirmait, s'affranchissant par degrés des liens de l'animalité. Les rêves et les passions du sauvage grossier, ignorant et cruel, se transformaient par une lente évolution pour faire place à un idéal de sagesse de justice et de bonté, qui tend à devenir la règle de notre conduite.

4. Le progrès s'affirme aussi par la transformation de la vie sociale. — Si la vie morale s'est ainsi dégagée peu à peu des instincts aveugles et de l'égoïsme brutal de l'humanité primitive, une transformation analogue s'est produite dans la vie sociale. Isolés au début et toujours prêts à se traiter mutuellement en ennemis, les hommes se sont rapprochés et unis, à mesure que les leçons de l'expérience et les progrès de la raison les amenaient à mieux apprécier les bienfaits de la concorde et les avantages de l'association. Mais ces sociétés primitives, dont quelques peuplades sauvages peuvent aujourd'hui encore nous offrir une image, ne se proposaient d'autre fin que les intérêts communs de la défense et la recherche des objets indispensables à leur subsistance. Groupés pour la chasse et surtout pour la lutte contre les tribus voisines, les individus restaient en somme étrangers les uns aux autres et indifférents à tout progrès.

5. Le travail est le principe de l'organisation sociale. — Seul le travail amena entre les hommes une entente durable et féconde. Quand ils eurent appris à cultiver le sol, à se construire des abris, à fabriquer des instruments, à élever des animaux, à confectionner des tissus, ils en vinrent tout naturellement à échanger les produits de leur travail et des règles de plus en plus précises présidèrent dès lors à leurs relations mutuelles. Se connaissant mieux, ils éprouvèrent les uns pour les autres des sentiments nouveaux de confiance et de sympathie; ils cherchèrent d'un commun accord les moyens d'améliorer leur misérable vie.

6. Pendant de longs siècles la force et la violence ont régné sur la terre. — Pourtant longtemps encore la force demeura la loi souveraine des sociétés humaines. Le plus souvent elle s'imposait par la violence, les individus les plus hardis, les plus riches ou les plus habiles, soumettant à leur tyrannie et dépouillant sans scrupule les plus faibles. C'est ainsi, par exemple, que les héros tant vantés de la Grèce ancienne, ceux-là mêmes dont la superstition populaire fit plus tard des dieux, n'étaient vraisemblablement que de simples brigands qui régnaient par la terreur. Les nations ou les tribus n'hésitaient pas davantage à attaquer et à piller les nations voisines, quand elles se croyaient assez fortes pour le faire impunément.

7. Les sociétés anciennes n'avaient qu'une idée fort étroite de la justice et du droit. — Parfois aussi la force cherchait à dissimuler ses abus sous l'apparence d'une fausse justice. L'esclavage, qui fut la plaie et la honte des civilisations anciennes et réduisait sous l'impitoyable domination de quelques privilégiés une foule innombrable d'hommes a été excusé et défendu par de prétendus sages. On invoquait tantôt le droit du vainqueur de disposer de la vie du vaincu, tantôt la supériorité d'une race ou d'une caste, tantôt l'intérêt supérieur de l'humanité. Au fond, la société antique connaissait le droit et la justice ; mais elle les réservait à une minorité ; c'est-à-dire qu'elle avait pour fin et pour idéal le bonheur de quelques-uns, non celui de la communauté tout entière.

8. L'idéal de la société moderne. — A vrai dire, cette conception étroite et fausse de la vie sociale s'est perpétuée à travers les siècles. Au moyen âge et même dans les temps les plus glorieux de la monarchie, les mêmes abus subsistent. Ce sont les nobles qui détiennent seuls le pouvoir et tous les privilèges, tandis qu'une foule obscure et misérable travaille et souffre pour leur assurer une vie oisive et luxueuse. Le christianisme avait bien tenté, au début, de réagir, de revendiquer la justice et la fraternité; mais il avait été impuissant à réformer les iniquités sociales. La voix de la raison, des philosophes de la Renaissance et du XVIIIe siècle, fut plus forte et peu à peu fit pénétrer dans les esprits la pensée qu'une Révolution était indispensable, pour revendiquer les droits de la personne humaine méconnus et violés. C'est la gloire de la France de la Révolution d'avoir proclamé à la face du monde la liberté et l'égalité de tous les citoyens. Formés à son école, nous commençons à prendre conscience de la solidarité qui rattache l'individu à la communauté en imposant à la communauté elle-même l'obligation de le défendre et de le soutenir. Nous condamnons l'égoïsme des civilisations anciennes, constituées au profit exclusif de quelques privilégiés et nous aspirons à réaliser la justice et le bonheur pour tous.

9. La devise républicaine. — L'idéal poursuivi par la Révolution se résume avec une grande netteté dans les trois mots de la devise républicaine : Liberté, Égalité, Fraternité.

Liberté, c'est-à-dire droit pour chaque citoyen d'user en toute indépendance de ses facultés et de sa puissance naturelle, sans autre restriction que l'obligation de respecter la liberté des autres ; condamnation de l'esclavage sous toutes ses formes, de l'arbitraire et de la tyrannie; affranchissement du travail, de la conscience et de la pensée.

Égalité, c'est-à-dire participation de tous aux avantages et aux charges de la vie sociale ; égalité devant la loi, devant la justice et devant l'impôt ; égalité non seulement dans le droit et dans la liberté, mais dans la répartition des biens que crée l'œuvre commune.

Fraternité, c'est-à-dire union intime entre tous les citoyens en vue de la réalisation du bien général ; substitution à la vieille loi d'oppression, de guerre et de violence, d'une loi de paix, de concorde et de justice sociale.

10. L'évolution sociale se poursuivra indéfiniment. — L'œuvre n'est pas achevée; mais les immenses résultats déjà conquis nous permettent d'avoir pleine confiance dans l'avenir. Le développement de l'instruction distribuée libéralement à tous les citoyens, la libre discussion des idées, le recul des superstitions et des préjugés devant les progrès de la science, la guerre faite à tous les abus et à toutes les iniquités, la conscience publique plus éclairée et plus ferme, la souveraineté rendue à la nation, c'est-à-dire la raison devenant de jour en jour plus puissante et l'homme plus maître de lui-même, ce sont là des garanties assurées de l'avènement d'une société meilleure, plus juste et plus pacifique.

11. Il faut travailler à l'œuvre du progrès moral et social. — C'est à cette œuvre qu'il vous faut travailler; c'est à elle qu'il faut vous dévouer. La raison qui, en inspirant et en dirigeant les efforts persévérants de tous les siècles, vous a élevés au rang que vous occupez, vous fait un devoir de poursuivre sa lente ascension vers l'idéal. L'humanité qui vous a légué les trésors accumulés par le travail, par la science et par l'effort désintéressé des générations antérieures, qui vous donne l'inappréciable concours de toutes les forces sociales, vous demande, en retour, d'y ajouter votre contribution personnelle, de prendre part à la lutte engagée par elle contre la misère et la souffrance, contre l'ignorance et l'erreur, contre toutes les iniquités et toutes les violences. Si vous avez conscience des obligations que vous imposent votre dignité d'homme et votre mission civique, vous ferez votre devoir généreusement. Vous marcherez sans hésitation, sans faiblesse, sans arrière-pensée d'égoïsme, vers l'avenir de lumière, de liberté, de justice et d'universelle solidarité que la raison nous permet d'entrevoir.

LECTURES

I. — LES DEUX HUMANITÉS.

Deux grands courants politiques emportent les masses, en mêlant et confondant toutes les anciennes divisions et les anciennes distinctions de partis. La direction contraire de ces deux courants d'opinions me paraît être déterminée par une différence fondamentale dans la conception que nous nous formons, les uns et les autres, du monde et de l'humanité.

Certains se représentent l'humanité comme une personne d'un âge avancé, qui a reçu dans son enfance l'enseignement de la vérité morale, mais qui s'est pervertie au cours de sa longue existence, et pour le bien de qui on ne peut que souhaiter son retour aux vieilles règles et aux saines traditions oubliées.

Aussi, vous connaissez le sourire d'amertume supérieure avec lequel ils accueillent quiconque ose parler devant eux d'affranchissement, de progrès, d'un avenir meilleur de paix et de justice. « Les hommes, disent-ils, seront toujours en guerre les uns contre les autres, on ne peut combattre l'inégalité, puisqu'elle est voulue par la nature elle-même, et tout effort est, non seulement chimérique, mais criminel, qui tend à l'affranchissement, alors que la vérité et le salut sont dans la soumission. »

Pour d'autres esprits, dont nous sommes, la lutte est, en effet, la condition première de l'humanité, et tout son effort fut d'abord pour assurer sa conservation et perpétuer sa durée. Mais c'est qu'elle n'avait reçu aucun enseignement. Elle a appris toute seule, et jour à jour, par une dure expérience, le peu qu'elle sait.

Et l'état de lutte a cessé d'être le fait universel; il a commencé à se restreindre, pour se réduire de plus en plus dans l'avenir, lorsque les hommes se sont avisés que, pour assurer leur conservation, il ne leur était pas toujours nécessaire de combattre les uns contre les autres, qu'ils pouvaient, quelquefois, plus utilement combattre les uns avec les autres et qu'il était, quelquefois, moins avantageux de s'entre-détruire que de s'associer.

Au cours de l'œuvre ainsi faite en commun, dans l'association des individus d'abord, puis des familles, des clans, des provinces et des peuples, certains sentiments se sont développés en eux, de sympathie, de pitié et de justice. Si bien que, en cherchant simplement leur conservation et leur bien-être, ils ont découvert la loi morale.

Et le travail incessant par lequel ils sont parvenus à se formuler à eux-mêmes ces vérités morales et sociales que nous affirmons aujourd'hui, a demandé des centaines de siècles, qui, quelle que puisse être notre durée future, ne représentent que l'enfance de l'humanité.

Pour nous, donc, l'humanité, — et je ne parle même que de celle qui est la plus avancée en civilisation, — l'humanité n'est pas une personne d'un grand âge, elle est une personne toute jeune encore.

Nous nous refusons à admettre que les bûchers et les tortures, et toute la barbarie dont nous sortons à peine, — car cent cinquante ou deux cents ans ne font qu'un jour de notre durée, — soient le fait de l'être arrivé au plein développement de sa personnalité et de sa raison. Nous ne voyons là que des gestes hagards de l'enfance inconsciente.

Nous pensons que depuis hier à peine l'humanité a atteint son âge de raison, que c'est hier seulement que la France l'a émancipée par le grand acte de quatre-vingt-neuf.

Et, maintenant, elle n'a certes pu rompre entièrement d'un coup avec son passé d'ignorance, mais, de plus en plus maîtresse d'elle-même, elle abandonne le rêve de force dans lequel, enfant, comme tous les enfants, elle a vécu jusqu'ici, et pensive et attendrie, le cœur gonflé d'espérance, elle murmure certaines paroles de justice sociale, de paix et de solidarité humaine, qui, à peine sorties de ses lèvres, se font flamme pour éclairer radieusement devant elle, dans l'avenir infini, les voies de son destin.

Combien cette conception n'est-elle pas plus moralisatrice que l'autre, et plus consolante ! C'est parce qu'il en est ainsi, que le nombre croît toujours des esprits qui pensent avec nous et qui viennent renforcer notre effort.

C'est pourquoi aussi la République est chaque jour plus triomphante en France, et, c'est pourquoi la France de la

Révolution et de l'émancipation est chaque jour plus aimée et respectée dans le monde.

E. Bruni, *Discours à la Jeunesse républicaine.*

2. — L'ÉVOLUTION DE L'IDÉE DU DROIT.

De 1860 à 1864, les États-Unis furent à feu et à sang, parce que la moitié de leur population refusait encore d'admettre l'abolition de l'esclavage. Il y a quarante ans de cela ; or, aujourd'hui, personne n'oserait plus défendre l'esclavage ; et quand nous apprenons que, dans quelque possession d'outre-mer, des colons tentent de le rétablir d'une manière détournée, nous voyons dans ce fait un crime qui soulève une indignation générale. Ainsi, en moins d'un demi-siècle, une institution qui avait existé de tout temps, que l'on considérait comme légitime et nécessaire, est devenue un objet de scandale.

Que dire de l'égalité devant la loi, de la liberté du travail, de l'abolition de la torture, de la liberté de conscience? Dans la seconde moitié du siècle dernier, ces idées étaient le privilège du petit groupe d'utopistes auquel nous devons l'Encyclopédie. Il fallut vingt années pour publier ce monument du progrès humain : son dernier volume parut en 1772, et dix-neuf ans plus tard, les rêves des utopistes étaient réalisés, à la fois aux États-Unis (*Déclaration des Droits ou « Amendements à la Constitution »* proposés en 1789 et ratifiés le 15 décembre 1791) et en France (*Déclaration des Droits de l'homme et du citoyen*, 5-14 septembre 1791).

Aujourd'hui, ces principes sont à la base du droit public de toutes les nations civilisées ; s'il arrive que leur rayonnement s'affaiblisse parfois, tantôt dans un pays, et tantôt dans un autre, nous savons qu'il ne peut s'agir là que de régressions momentanées, d'oscillations inévitables de la courbe du progrès : ceux mêmes qui sont disposés à les violer ne manquent pas de leur rendre un hommage hypocrite et de s'en réclamer, tant ils savent que ces idées sont dès maintenant profondément imprimées dans la conscience universelle.

Ainsi, l'égalité devant la loi, l'abolition de la torture, la liberté de conscience ont été des utopies pour le bisaïeul d'un homme de notre génération et des vérités réalisées pour son grand-père. De même, l'abolition de l'esclavage était une utopie pour nos grands-pères, et nos pères l'ont vu réaliser. Et, bien certainement, le rétablissement des castes, de la torture, de la religion d'État et de l'esclavage, de ces institutions naguère considérées comme voulues par toutes les lois divines et humaines, nous semblerait aujourd'hui une entreprise à la fois criminelle et chimérique.

G. Moch, *L'Ère sans violence.*
(Alcan, éditeur.)

3. — L'ÉVOLUTION SOCIALE.

Chaque passage d'une phase sociale à une autre est accompagné de grandes perturbations, de souffrances et de pertes partielles qui ne se réparent pas. Ainsi, l'esclave perd la sécurité de sa subsistance, et l'homme de corporation, la solidarité de garantie. Mais, quelles que soient ces pertes, elles ne prévalent jamais sur les satisfactions qui proviennent du nouvel ordre de choses ; et jamais les hommes ne cherchent à rentrer dans les conditions dont ils se sont affranchis, et ne font, pour les reconquérir, ce qui leur serait bien facile, les mêmes efforts qu'ils firent pour les briser.

Un célèbre économiste, M. de Sismondi, tout en reconnaissant que l'industrie moderne était bien plus puissante à produire, a pensé que l'industrie ancienne était meilleure pour l'homme qui en vivait et le mettait à l'abri de ces cruelles souffrances qui visitent si souvent tantôt l'une, tantôt l'autre des classes laborieuses. Il n'y a pas à fermer les yeux sur ces souffrances ; il n'y a pas à dissimuler ce qu'avait de bon le régime ancien, détruit par le développement naturel ; mais il n'y a pas non plus à méconnaître que tout retour vers le passé est impraticable. Les modifications survenues dans la société moderne ont fait à l'ouvrier une position qu'il n'abdiquera jamais. D'ailleurs, voici ce qui se passe : les classes ouvrières, par leur nombre, par les lumières qui y pénètrent, par les commotions ou révolutions auxquelles elles se sont associées, sont devenues une puissance effective qui ne peut pas être négligée. En second lieu, les gouvernements, renonçant graduellement à leur empirisme et appelant autour d'eux les conseils de la science, y puisent une clairvoyance et une impartialité qui les subordonnent au soin des intérêts généraux. Enfin l'industrie elle-même prend, dans son organisation moderne, un caractère d'utilité générale qui est d'augmenter sans cesse l'abondance et le bon marché. Si les objets de première nécessité affluent et baissent de prix, si les salaires, loin de décroître, tendent à monter, si les gouvernements interviennent dans le règlement des heures de travail, de l'âge des travailleurs et des conditions de salubrité, si l'éducation devient accessible, on reconnaîtra que l'industrie moderne n'a point failli, et qu'en rendant tout plus abondant pour la société totale, elle fait simultanément aux classes ouvrières une position dépassant celle qu'elles avaient dans le régime antérieur ou des corporations.

LITTRÉ, *Fragments de philosophie positive.*

CONCLUSION

LA DESTINÉE HUMAINE

C'EST DANS L'ACCOMPLISSEMENT DU DEVOIR QUE NOUS TROUVONS LE VÉRITABLE BONHEUR

1. La vie ne vaut que par l'accomplissement du devoir. — Parvenus au terme de notre étude, jetons un coup d'œil en arrière. Nous verrons que de toutes les pages se dégage une même conclusion : la vie n'a de sens et de valeur qu'autant qu'elle est remplie tout entière par le devoir, par l'attachement au bien et par l'amour de l'humanité.

Éclairé par la raison, connaissant le bien et le mal, capable de prévoir les conséquences de ses actes, et maître ainsi de les adapter au but qu'il s'est proposé, l'homme conscient et respectueux de sa dignité morale doit consacrer tous ses efforts, toute la puissance de ses facultés, à la poursuite de l'idéal, à la réalisation d'une vie meilleure et plus parfaite. Héritier de toutes les conquêtes faites par l'humanité, depuis sa première origine, sur l'ignorance, sur la misère et sur la force brutale, il a l'obligation de travailler à son tour à l'œuvre commune de civilisation, de progrès et de moralité.

2. La vie est un effort perpétuel vers le bien. — Si vous écoutez la raison, vous vivrez donc avec l'unique pensée de réaliser le bien en vous et autour de vous, par la connaissance et l'amour de la vérité et de la justice. Sans doute, sa voix vous paraîtra un peu sévère. Quand vous lui demandez ce que vous pouvez espérer de la vie, elle vous parle surtout de travail, de sagesse, de vertu et d'abnégation. Elle vous enseigne la nécessité de lutter sans cesse contre vos propres passions, de vous soumettre à la loi morale, de vous oublier, de vous dévouer pour le bien et pour l'humanité.

3. Il ne faut pas escompter une récompense à venir. — Et pour tous ces efforts, pour tous ces sacrifices qu'elle vous demande, pour tout le bien que vous aurez accompli, que vous promet-elle en échange? Cet avenir meilleur auquel vous aspirez et qu'elle assigne comme fin à votre vie tout entière, ne vous sera-t-il pas donné d'y participer vous-mêmes ? Si le progrès indéfini est la loi du genre humain, faut-il que tout espoir vous soit interdit d'y être associés? Faut-il que votre pensée se renferme dans les étroites limites d'une vie si courte et sujette à tant d'épreuves et de souffrances?

A cette grave question, si angoissante pour nous, il serait consolant de répondre, suivant la douce croyance qui a bercé tant de générations d'hommes, que tout ne se termine pas à la tombe, que la récompense d'une vie bonne et utile, consacrée tout entière à l'accomplissement du devoir, se trouvera dans un autre monde où chacun sera traité selon ses œuvres; où, réunis à ceux que nous avons perdus, affranchis de la douleur et de la mort, nous jouirons d'une félicité sans bornes et sans fin. Mais il faut bien reconnaître que ni la science, ni la raison ne semblent justifier cette espérance; qu'elle s'enveloppe de mystères, d'obscurités et de difficultés sans nombre, et qu'elle tend à s'évanouir, à mesure que l'homme connaît mieux la nature et les lois de sa propre destinée.

4. Le bonheur ne saurait résider que dans la conscience du devoir accompli. — Devons-nous donc renoncer à tout espoir d'une vie heureuse, et la raison nous trompe-t-elle quand elle conçoit un rapport en quelque sorte nécessaire entre la vertu et le bonheur? N'en croyez rien ; car l'expérience est ici d'accord avec la raison. Elle témoigne que le véritable bonheur se trouve non dans le plaisir ou le repos, mais dans le travail et dans l'action, dans l'effort incessant vers le bien et vers l'idéal, c'est-à-dire dans la vertu ; qu'il ne faut pas le demander aux jouissances grossières de l'égoïsme, mais bien plutôt aux joies pures et désintéressées du devoir courageusement accepté et généreusement accompli. De l'honnête homme qui s'est consacré tout entier au travail, à sa famille, à ses devoirs sociaux, et de l'homme de plaisir qui s'est donné pour tâche unique de jouir et de s'amuser, quel est le plus heureux ? Toutes les satisfactions de la fortune ou du pouvoir ne valent pas la paix réservée à la conscience droite et à la bonne volonté.

5. Dans la vie morale, une part peut être faite au désir légitime du bonheur. — Si nous savons l'apprécier à sa juste valeur, si nous savons surtout en faire bon usage, nous reconnaîtrons que la vie, avec ce mélange de joies et de tristesses qu'elle apporte à chacun, vaut encore la peine d'être vécue, et que la somme du bien l'emporte sur celle du mal. En lui donnant pour but la poursuite du bien et de la perfection, nous n'excluons aucune des joies légitimes qu'elle peut nous offrir. Si la morale enseigne qu'il n'est permis à l'homme de chercher le bonheur que dans la pratique du devoir, la raison démontre qu'il ne saurait espérer le trouver ailleurs; car le mal, c'est le désordre, et le désordre ne peut engendrer que la souffrance.

De ce que l'individu ne doit pas vivre pour lui-même, ou du moins pour lui seul, il ne s'ensuit pas que la vie ne lui réserve que souffrance, abnégation et sacrifice. S'il lui est ordonné de travailler pour les autres, ne profite-t-il pas en retour de tout le travail des générations antérieures et des ressources de toute nature que la société met à sa disposition ? En collaborant au progrès général, il progresse et se développe lui-même ; il devient sans cesse plus raisonnable et meilleur. Il devient aussi plus heureux, parce qu'il a conscience du bien ainsi réalisé en lui et tout autour de lui.

6. La loi morale ne condamne pas le plaisir. — D'ailleurs, la loi morale ne condamne pas le plaisir, ni la recherche de ce qui peut rendre la vie plus facile et plus agréable. Toute satisfaction est légitime et bonne, qui n'offense pas le devoir. Les joies de la famille, les délassements du jeu, les récréations, les voyages, la musique et le théâtre, les réunions et les fêtes, tout cela s'accorde fort bien avec la pratique de la vertu. La raison voudrait seulement qu'une part de ces biens fût réservée à tous. Elle veut aussi qu'on se souvienne que dans la vie, il y a place pour autre chose, et que le plaisir ne saurait la remplir tout entière. La vie est faite pour l'action, et celui qui n'agit pas ne tarde pas à sentir combien tout le reste est vain et stérile. Il ne faut pas envier, il faudrait plutôt plaindre ceux qui ne pensent qu'à s'amuser.

7. La forme supérieure du bonheur est dans le don de soi-même. — Il y a si peu contradiction entre la vertu et le bonheur que, s'il fallait dire quelle est la forme la plus haute du bonheur et la plus solide, c'est dans l'accomplissement des règles les plus austères du devoir qu'on la trouverait encore, dans le désintéressement et le dévouement, dans le don de soi, poussé parfois jusqu'au sacrifice de la vie elle-même.

Voyez cette mère qui se dévoue tout entière à son enfant, ce médecin qui risque cent fois la mort pour secourir ses semblables, décimés par une redoutable épidémie; ce savant qui donne son temps, ses forces, sa santé même, pour servir l'intérêt commun ; ce citoyen qui combat pour la vérité et pour la justice. Et dites si ceux-là voudraient céder à d'autres la part qui leur a été réservée ! Qui comprendra jamais les joies sublimes du dévouement et du sacrifice, s'il n'a su s'élever jusqu'à elles ?

8. La vie et la mort même sont plus douces à celui qui toujours reste fidèle au devoir. — Certes, il ne faut pas que vous attendiez de la vie, même au prix d'une constante et courageuse fidélité au devoir, un bonheur complet et sans mélange qu'elle ne saurait vous donner. L'homme est trop faible et trop imparfait, la nature lui ménage trop d'épreuves et de traverses, pour qu'il puisse jamais espérer d'échapper à toute souffrance. N'y eût-il pour le tourmenter que la poignante certitude des séparations à venir, cela seul suffirait à mêler tous ses plaisirs d'amertume. Mais du moins par la sagesse et la vertu il est assuré d'obtenir tout ce que la vie peut lui offrir de joie véritable, comme il trouve aussi en elles le plus sûr remède à toutes les déceptions et à toutes les douleurs.

Et lorsqu'enfin sa dernière heure est venue, l'honnête homme a encore cette suprême consolation de se dire qu'il a fait de sa vie le meilleur usage et qu'il a accompli dignement une œuvre qui a son prix. Car s'il a bien rempli sa mission, s'il a été bon, s'il a servi la vérité et la justice, il sait que le bien qu'il a semé lui survivra. Il est heureux d'avoir travaillé pour le bonheur de ceux qui viendront après lui, s'acquittant ainsi de la dette contractée envers ceux qui travaillèrent pour lui dans la suite des siècles passés. S'il ne quitte pas sans regret tout ce qu'il a aimé, il se résigne en pensant à ceux qu'il laisse et qui poursuivront à leur tour la tâche qu'il s'était donnée.

Ainsi, de génération en génération, l'humanité marche vers le progrès, vers une vie meilleure, vers la justice et la fraternité. Et, si les personnes passent et s'effacent, leur œuvre demeure, comme une sorte de prolongement indéfini de ce qu'elles avaient en elles de plus grand et de plus précieux.

LECTURES

I. — LA VIEILLESSE DE L'HOMME DE BIEN.

Quand la vieillesse est arrivée, je l'ai trouvée incomparablement moins amère que vous ne prétendiez. Oui, si je ne craignais de passer pour paradoxal, je dirais que les années que vous m'annonciez comme le comble de la misère et de la détresse, ont été pour moi plus douces que celles de la jeunesse. Plus vous m'aviez épouvanté de cette dernière station de l'existence, plus j'ai été surpris de ce qu'elle m'a offert à chaque pas.

Je m'attendais à une cime glacée, déserte, étroite, noyée dans la brume; j'ai aperçu, au contraire, autour de moi, un vaste horizon qui ne s'était encore jamais découvert à mes yeux. Je voyais plus clair en moi-même et en chaque chose. Ce n'était plus cette attente désespérée d'une clarté qui me fuyait. Dans ma longue route, j'avais recueilli quelques vérités qui, chaque jour, devenaient plus certaines. Elles étaient pour moi comme le fruit de la vie; sans penser que l'on ne puisse en acquérir de plus précieuses, j'en jouissais comme d'un bien assuré, ce que je n'avais jamais pu dans les heures angoissantes où je me cherchais moi-même.

Ne dites pas que cette paix avec moi-même et avec les choses est un rassasiement de l'existence, une satiété de la pensée, un engourdissement par lequel je donne moins de prise à la douleur. Non. Expliquez-moi bien plutôt, comment le souvenir de tel jour qui date d'un demi-siècle, si par hasard il se réveille, si l'occasion le rappelle, si un mot le ressuscite, expliquez-moi comment ce jour, ce moment, se précipite sur moi avec la même force qu'au commencement de ma vie, comment la douleur est la même, comment l'obsession est la même; vous ajouteriez des années aux années, l'intensité de cette pensée ne diminuerait pas. Si le vertige de la douleur prend une fin, ce n'est pas que la vie diminue, c'est qu'il s'y mêle quelques vérités dont l'âme a fait provision; elle ne se ronge plus elle-même dans le vide et le désert.

Vous affirmez que les sentiments s'émoussent en vivant. Moi, je sens très bien que je vivrais un siècle, je ne m'accoutumerais jamais à ce qui me révolte aujourd'hui. Mensonges à outrance, clameurs d'hommes de proie, défis à la justice, endurcissement dans l'iniquité, perversité tranquille, parce qu'elle se sent impunie, légèreté dans la cruauté, ricanement dans la barbarie, cela me sera aussi nouveau, aussi exécrable dans mille ans qu'aujourd'hui.

De même, les âmes belles que j'ai entrevues sur la terre ne s'effaceront jamais pour moi. Elles m'apparaîtront toujours telles que je les ai aperçues dans l'heure radieuse.

La vie humaine n'est point ce que vous dites; elle n'est pas une chute continue de la jeunesse à l'âge mûr; de l'âge mûr à la vieillesse; j'ai senti tout autrement l'existence. Ma jeunesse a été triste, mon âge mûr meilleur, ma vieillesse heureuse. La première lueur est devenue lumière; la lumière, vérité; la vérité, repos, paix, bonheur. Voilà quelles ont été pour moi les époques de la vie : une ascension vers la lumière.

Ed. Quinet, *Extraits.*
(Hachette et Cie, éditeurs.)

2. — LA VIEILLESSE DE L'HOMME DE PROIE.

S'il existe, à ce moment de notre planète, un homme qui ait voulu sa vie, réalisé son rêve et fait plier la destinée humaine sous sa loi, c'est bien le petit hobereau magdebourgeois Otto de Bismarck-Schœnhausen, devenu prince de Bismarck, duc de Lauenbourg, ou plus superbement encore, Bismarck, le chancelier de fer.

Ne comprenant que la force, il allait, à rebours de son siècle, orienté vers la justice et le droit : son siècle, sous l'effort a rebroussé chemin. Toute sa volonté fut de prendre : il a pris. Il a pris les duchés danois, il a pris l'Allemagne, il a pris de la France, et, dans la galerie des glaces de Versailles, au bruit du canon de Paris assiégé, les princes allemands accourus à ses ordres, ont couronné l'empereur en qui se résumait sa gloire.

Il a connu toutes les joies de la souveraine puissance, vécu tous les triomphes, tenu l'Europe dans sa main. Il a parlé, il a agi en maître de la terre, abusant à son gré de la victoire, achevant de sa lourde raillerie les vaincus, arrêté seulement par la bassesse humaine, qui souvent dut le désarmer de dégoût.

Maintenant, il vieillit, comblé de biens et d'honneurs. Plus heureux que Napoléon, il peut savourer dans la paix, avec chaque minute qui s'écoule, la débordante volupté de succès inouïs sans revers. Les villes se disputent ses statues ; et tous les foyers, son image. De prodigieuses funérailles le conduiront aux portes de l'histoire. C'est le père de la patrie, le rude forgeron qui la façonna par le fer et le feu. Hosanna dans les hauteurs ! Qu'il soit mis au rang des Dieux !

Dans cette apothéose, que pense l'homme cependant ? Il va nous le dire lui-même. Peuples prosternés, relevez la tête pour écouter la parole de celui que votre infirmité juge l'un des plus grands parmi les humains :

« Je suis fatigué, non pas malade : c'est que je n'ai aucun goût à la vie. Mon existence n'a plus aucun but. Je n'ai plus de devoirs, de fonctions. Ce que je vois en spectateur ne me cause aucune joie. Si je continue à vivre, il en sera ainsi de plus en plus. Je suis seul, j'ai perdu ma jeunesse, et mes fils s'occupent de leurs propres affaires. Avec l'âge, j'ai perdu l'intérêt à l'administration de mon domaine et de mes forêts. Je ne parcours plus guère la campagne et les bois ; je ne trouve plus de plaisir depuis que j'ai cessé de monter à cheval, de chasser et d'errer à mon gré dans les buissons. Peu à peu, la politique elle-même commence à m'ennuyer. Je vous le répète : j'ai perdu le goût de vivre : voilà ma maladie, si j'en ai une. »

Eh bien ! dites, maintenant, vous qui fûtes vaincus par cet homme, et vous aussi, qui fûtes par lui vainqueurs, que pensez-vous de ce cri de détresse d'une âme à bout de forces, au bord du gouffre insondable ? C'est le victorieux qui clame sa défaite, c'est l'impitoyable qui demande pitié. Il faudrait un Bossuet pour faire jaillir l'éclair du choc de cette vie extrême à cette rencontre du néant.

G. Clemenceau, *Au Fil des jours.*
(Fasquelle, éditeur.)

3. — SUR LA MORT.

La nécessité de mourir est la plus amère de nos afflictions. (Vauvenargues.)

Qui parle ainsi? Un officier qui a bravé la mort cent fois et qui, d'ailleurs, se voit atteint de maladies graves, réduit à l'inaction : il a toutes les raisons d'accepter la mort sans tant de regrets... Mais non!

Observez la phrase. Il ne dit pas « la mort », « mais la nécessité de mourir », la loi, la fatale obligation de mourir. Nécessité d'autant plus amère que la vie est plus intense, c'est-à-dire à la fois plus active et plus consciente, que l'on est plus occupé et à de grands objets, et que cette interruption inévitable apparaît plus clairement à tous les moments de la vie... Oui, Vauvenargues a raison, c'est la plus amère affliction, non par la peur de l'au-delà, de ce qu'il y a après, mais en raison de la vie, de l'activité coupées chez nous, êtres raisonnables et conscients, tout comme chez les êtres inconscients.

Qui le nierait, n'a pas réfléchi, n'est qu'un rhéteur.

Mais, d'autre part, est-il nécessité plus bienfaisante? Représentez-vous l'histoire de l'humanité, de la pensée humaine, combien différentes sans cette nécessité de mourir, qui, en nous imposant le plus redoutable des problèmes, nous a contraints d'extraire à grand labeur de notre mortelle nature tout ce qui y sommeillait d'immortalité... Sans parler du rapprochement entre les hommes opéré sous cette formidable pression; et de l'orgueil des forts maté, de l'égoïsme dompté; seule, la mort est assez forte pour arracher aux griffes de l'égoïsme des forts, des puissants, des riches leur proie. La mort est la mère de l'humanité.

Félix Pécaut, *Quinze ans d'éducation.*
(Delagrave, éditeur.)

4. — LE COURAGE EN FACE DE LA MORT.

Autant le stoïcisme avait tort lorsque, devant la mort d'autrui, il ne comprenait pas la douleur de l'amour, condition de sa force même et de son progrès dans les sociétés humaines, lorsqu'il osait interdire l'attachement et ordonnait l'impassibilité ; autant il avait raison quand, nous parlant de notre propre mort, il recommandait à l'homme de se mettre au-dessus d'elle. De consolation, point d'autre que de pouvoir se dire qu'on a bien vécu, qu'on a rempli sa tâche, et de songer que la vie continuera sans relâche après vous, peut-être un peu par vous ; que tout ce que vous avez aimé vivra, que ce que vous avez pensé de meilleur se réalisera sans doute quelque part, que tout ce qu'il y avait d'impersonnel dans votre conscience, tout ce qui n'a fait que passer à travers vous, tout ce patrimoine immortel de l'humanité et de la nature que vous aviez reçu et qui était le meilleur de vous-même, tout cela vivra, durera, s'augmentera sans cesse, se communiquera de nouveau sans se perdre ; qu'il n'y a rien de moins dans le monde qu'un miroir brisé ; que l'éternelle continuité des choses reprend son cours, que vous n'interrompez rien. Acquérir la parfaite conscience de cette continuité de la vie, c'est par cela même réduire à sa valeur cette apparente discontinuité, la mort de l'individu, qui n'est peut-être que l'évanouissement d'une sorte d'illusion vivante.

Guyau, *Pages choisies.*
(A. Colin, éditeur.)

DÉCLARATION

DES DROITS DE L'HOMME ET DU CITOYEN

Suivie de l'explication de chacun des articles

Le 20 juin 1789, c'est-à-dire quelques semaines seulement après la réunion des Etats généraux, les membres du Tiers-Etat, réunis dans la salle du Jeu de Paume, firent le serment de ne pas se séparer avant d'avoir donné une constitution à la France. Il fut entendu que le texte de cette constitution serait précédé d'une déclaration formulant les droits essentiels et imprescriptibles de l'homme et du citoyen. Le projet de la déclaration, soumis à l'Assemblée constituante par le marquis de La Fayette (1) fut discuté du 20 au 26 août, définitivement adopté le 2 octobre et accepté par le roi le 5 octobre de la même année. Il fut plus tard inscrit en tête de la Constitution de 1791.

La déclaration des droits résume en quelque sorte toute l'œuvre de la Révolution. Elle n'est d'ailleurs que la solennelle proclamation des idées que la philosophie du XVIIIe siècle, notamment avec Voltaire et Rousseau et aussi, avec les auteurs de l'*Encyclopédie* (2), d'Alembert

---

(1) Des déclarations assez analogues, bien que d'une conception moins large et d'une moindre portée, avaient été publiées dans les Etats nouvellement affranchis de l'Amérique où La Fayette en avait eu connaissance.

(2) L'*Encyclopédie*, œuvre puissante et originale où, dans une suite de 37 volumes, se trouvait condensée toute la science humaine d'alors, avait été rédigée avec la préoccupation d'établir et de défendre la souveraineté de la raison.

et Diderot, s'était attachée à propager : idées de justice et de tolérance, de liberté et de progrès; affirmation du droit inaliénable de tout peuple à ne relever que de lui-même.

Elle forme en quelque sorte l'explication et la justification des réformes accomplies par la Constituante. Et cela suffit à faire comprendre l'intérêt qui s'attache à ces quelques articles dont devait sortir une société nouvelle.

Sans doute, en les lisant, vous jugerez la plupart des principes énoncés si simples et si incontestables, qu'il n'y avait guère, semble-t-il, de mérite ni d'importance à les formuler. Mais songez qu'alors ils contenaient toute une révolution. Si aujourd'hui tous les Français et ceux-là même qui sont le moins autorisés à se considérer comme les fils de la Révolution sont d'accord pour s'en réclamer, c'est que la raison a triomphé des préjugés et des abus qu'ils condamnaient. Mais son triomphe eût été sans doute bien difficile, si des hommes sages et courageux n'avaient revendiqué ses droits.

Nous devons donc l'hommage de notre admiration et de notre reconnaissance à ceux qui bravant l'opposition et les menaces du roi, de la noblesse et du clergé, coalisés en vue de maintenir l'ordre de choses établi à leur profit depuis des siècles, ont proclamé à la face du monde les droits de l'homme et du citoyen.

PRÉAMBULE

Les représentants du Peuple français, constitués en Assemblée nationale, considérant que l'ignorance, l'oubli ou le mépris des droits de l'homme sont l'unique cause des malheurs publics et de la corruption des gouvernements, ont résolu de rétablir, dans une déclaration solennelle, les droits naturels, inaliénables, imprescriptibles et sacrés de l'homme, afin que cette déclaration, constamment présente à tous les membres du corps social, leur rappelle sans cesse leurs droits et leurs devoirs ; afin que les actes du Pouvoir législatif et ceux du Pouvoir exécutif, pouvant être à chaque instant comparés avec le but de toute institution politique, en soient plus respectés ; afin que les réclamations des citoyens, fondées désormais sur des principes simples et incontestables, tournent toujours au maintien de la Constitution et au bonheur de tous.

En conséquence, l'Assemblée nationale reconnaît et déclare, en présence et sous les auspices de l'Être suprême, les droits suivants de l'homme et du citoyen.

L'intention des auteurs de la Déclaration est nettement formulée dès le début. Ce qu'ils se proposent, c'est d'éclairer la conscience publique en rappelant à tous les droits et les devoirs de l'homme, droits et devoirs dont la méconnaissance peut seule engendrer la corruption, le désordre et tous les maux qui en dérivent. Ils veulent mettre sous les yeux des législateurs de l'avenir un modèle, une règle et un idéal. Enfin, ils entendent justifier, en leur donnant une base solide, les revendications des citoyens, résolus à n'obéir qu'à des lois reconnues par eux-mêmes équitables et nécessaires. En un mot, ils proclament comme un principe fondamental et universel que la seule autorité légitime, la seule devant laquelle peut et doit s'incliner l'homme, affranchi tout à la fois de la servitude de l'ignorance et de celle de la tyrannie, est l'autorité de la raison et de la justice; de la raison qui lui confère des droits, de la justice qui lui dicte ses devoirs.

Dans la Déclaration il ne s'agit pas, on le voit, de mesures législatives à prendre, mais de vérités générales à établir. Ce sont des vues théoriques et philosophiques sur lesquelles on veut se mettre d'accord, parce qu'elles serviront ensuite de base à tout le système des lois et de règle souveraine pour en apprécier la valeur.

ARTICLE PREMIER. — **Les hommes naissent et demeurent libres et égaux en droits. Les distinctions sociales ne peuvent être fondées que sur l'utilité commune.**

Ce qui fait toute la grandeur et toute la dignité de l'homme, c'est qu'il est une personne morale, c'est-à-dire un être intelligent et maître de sa destinée, capable de concevoir un idéal, une règle de vie et d'y conformer sa conduite.

De cette idée fondamentale dérivent immédiatement deux conséquences : tous les hommes sont libres, et tous les hommes sont égaux.

Ils sont libres en fait et en droit : car la faculté de prévoir l'avenir et les conséquences de leurs actes leur donne le pouvoir de les adapter au but qu'ils ont choisi; et comme ce pouvoir constitue essentiellement leur caractère et leurs privilèges d'hommes, qu'il est inséparable de la personne elle-même, aucun individu, aucune autorité, aucune loi ne peuvent légitimement les en dépouiller.

Ils sont égaux en droits: car la raison, principe de la personnalité, est identique chez tous. Hommes au même titre, possédant les mêmes facultés et soumis à une même destinée, ils ne sauraient ni revendiquer des privilèges, ni prétendre à une supériorité qui ne reposerait en définitive que sur la force.

Et si en fait des inégalités sont inévitables, elles ne peuvent se justifier qu'autant que l'intérêt général n'en souffre pas, mais qu'il l'exige plutôt. Car dans une société organisée il est à désirer que chaque membre remplisse un rôle en rapport avec ses aptitudes pour le plus grand bien de tous.

ART. 2. — **Le but de toute association politique est la conservation des droits naturels et imprescriptibles de l'homme ; ces droits sont la liberté, la propriété, la sûreté et la résistance à l'oppression.**

L'homme ne peut vivre seul. En formant avec ses semblables une société régie par des lois communes, il s'assure à lui-même, en même temps qu'une protection contre les violences et les dangers de toute sorte auxquels il serait exposé, un surcroît inappréciable de puissance. Mais la vie sociale n'implique en aucune façon l'abdication des droits naturels, puisqu'elle a précisément pour objet d'en garantir à chacun la libre jouissance. Ces droits sont imprescriptibles, c'est-à-dire qu'ils ne peuvent être ni détruits par la contrainte, ni annihilés par un contrat et que l'individu lui-même ne saurait s'en dépouiller; car ils sont essentiellement attachés à sa nature d'être raisonnable. Par conséquent, la loi fondamentale de toute société organisée conformément à la raison et à la justice consistera dans le respect mutuel de la liberté et des droits des personnes.

L'étude de ces droits simplement énumérés à l'article 2 de la Déclaration fait l'objet de tous les autres articles.

Art. 3. — **Le principe de toute souveraineté réside essentiellement dans la Nation; nul corps, nul individu ne peut exercer d'autorité qui n'en émane expressément.**

Librement associés en vue du bien général, les hommes ne perdent pas, par le fait de cette association, le droit imprescriptible de se diriger suivant la règle et l'idéal qu'ils ont choisis. Ils mettent simplement en commun leur puissance et leur volonté. Et c'est la loi fixée par l'accord de toutes ces volontés qui devient la règle et l'idéal communs. Ils ne deviennent donc ni sujets, ni esclaves, puisque l'autorité à laquelle ils se soumettent émane en définitive d'eux-mêmes.

Toute puissance qui ne dériverait pas de la volonté générale est illégitime et sans autorité, car elle ne repose pas sur la raison, mais sur la force.

Art. 4. — **La liberté consiste à pouvoir faire tout ce qui ne nuit pas à autrui; ainsi l'exercice des droits naturels de chaque homme n'a de bornes que celles qui assurent aux autres membres de la société la jouissance de ces mêmes droits. Ces bornes ne peuvent être déterminées que par la loi.**

La liberté, en tant qu'elle est la manifestation du pouvoir qu'a toute personne morale de se diriger elle-même et du droit qui en résulte, est naturellement égale à la puissance de chacun et la raison ne lui assigne pas de limites. Mais l'organisation de la société, en mettant en contact les individus, rend nécessaire l'existence d'une règle qui établisse entre eux l'harmonie et la paix. Autrement il se produirait d'inévitables conflits où la victoire ne pourrait être assurée que par la force.

Ainsi, dans la vie sociale, la liberté de chacun a nécessairement des limites ; elle cesse d'être un droit, lorsque son expansion devient inconciliable avec la liberté des autres. L'individu est donc tenu de sacrifier une partie de sa puissance naturelle au profit de la communauté, sacrifice largement compensé d'ailleurs par les garanties qu'il en retire pour lui-même et par les avantages de toute nature que la société lui procure.
La limite des droits de chacun ne peut dépendre de sa volonté arbitraire, ni de la volonté non moins arbitraire des autres. Elle ne peut être fixée que par la raison qui détermine la part légitime de l'individu dans la répartition des biens et des charges de la communauté, par la loi qui ne doit être que l'expression de la volonté générale ou de la raison.

Art. 5. — **La loi n'a le droit de défendre que les actions nuisibles à la société. Tout ce qui n'est pas défendu par la loi ne peut être empêché, et nul ne peut être contraint à faire ce qu'elle n'ordonne pas.**

La loi a pour objet de garantir les droits de tous les citoyens ; elle ne peut, d'autre part, assurer le respect de ces droits qu'en apportant certaines restrictions à la puissance de chacun. Mais puisqu'elle a pour but de défendre la liberté, les restrictions qu'elle y apporte ne sont évidemment légitimes que dans la stricte mesure où l'intérêt général les exige.
L'intervention de l'autorité sociale ne serait donc pas justifiée, si la loi interdisait des actes dont l'accomplissement ne peut être nuisible à la communauté, ou bien si elle prétendait imposer à l'individu des actes que ne commande pas l'intérêt général.

Art. 6. — **La loi est l'expression de la volonté générale ; tous les citoyens ont le droit de concourir personnellement ou par leurs représentants à sa formation. Elle doit être la même pour tous, soit qu'elle protège, soit qu'elle punisse. Tous les citoyens, étant égaux à ses yeux, sont également admissibles à toutes les dignités, places et emplois publics, selon leurs capacités et sans autre distinction que celle de leurs vertus et de leurs talents.**

La loi n'ayant d'autre but que la sauvegarde de l'intérêt commun ne peut avoir de fondement légitime que dans la volonté générale. Elle suppose le libre consentement des individus, se soumettant à des règles jugées par eux-mêmes nécessaires pour le maintien de la concorde et de la paix. Elle n'est donc juste que si en fait chacun des citoyens a été appelé pour sa part à concourir, personnellement ou par les représentants qu'il a librement choisis, à sa formation. Ainsi conçue, la loi est vraiment l'expression et la consécration de la liberté civique.

Pour les mêmes motifs, parce qu'elle représente la raison et la volonté générale, la loi doit être l'affirmation et la sauvegarde de l'égalité de tous les citoyens. Elle est donc la même pour tous, sans distinction de caste, de fortune ou de puissance. Sa protection doit s'étendre à tous ; tous aussi doivent être soumis à ses prescriptions et aux sanctions qui en garantissent l'observation.

Égaux devant la loi, par la part qu'ils prennent à sa formation, par la soumission et le respect qu'ils lui doivent, les citoyens le sont encore dans leur droit à participer aux dignités et à la puissance publique. Les fonctions et les emplois doivent être répartis suivant le mérite, l'aptitude et la vertu de chacun, sans privilège ni restriction.

Art. 7. — **Nul homme ne peut être accusé, ni arrêté, ni détenu, que dans les cas déterminés par la loi et selon les formes qu'elle a prescrites. Ceux qui sollicitent, expédient, exécutent ou font exécuter des ordres arbitraires, doivent être punis; mais tout citoyen. appelé ou saisi en vertu de la loi doit obéir à l'instant; il se rend coupable par la résistance.**

Si tous les hommes étaient raisonnables et justes, ils s'inclineraient spontanément sous l'autorité de la loi. Mais il en est qui, mettant leur intérêt particulier au-dessus de l'intérêt général, pourraient s'insurger contre ses prescriptions, il faut bien que la loi dispose du moyen de les contraindre à la soumission. D'où la nécessité de sanctions. Le citoyen en révolte contre le droit et la volonté générale peut être puni, privé même de la liberté, s'il en fait usage contre l'intérêt de tous.

Mais ce droit de punir ne peut s'exercer que suivant la justice et les règles déterminées par les lois elles-mêmes. Sauf dans le cas où il s'est rendu coupable d'un crime ou d'un délit prévu par la loi, le citoyen ne peut être l'objet d'aucune mesure coercitive. La loi doit fixer avec précision les cas où la personne peut être arrêtée ou poursuivie et, pour assurer à chacun toutes les garanties désirables, elle doit même déterminer les formes auxquelles sera soumise l'action de la justice.

Toute atteinte portée à la liberté d'un citoyen, en dehors des cas rigoureusement prévus par la loi, constitue un acte arbitraire et criminel. Les auteurs de ce crime et tous ceux qui ont aidé à le commettre doivent en rendre compte à la société; la raison et la justice exigent qu'ils en subissent le châtiment.

Quand au contraire la loi commande, tous sont tenus d'obéir: et celui qui a encouru un châtiment doit s'y soumettre sans résistance. Car la justice lui fait un devoir de reconnaître, même quand elle le frappe, l'autorité de la loi sans laquelle ne pourrait subsister la société dont il est membre.

ART. 8. — **La loi ne doit établir que des peines strictement nécessaires et nul ne peut être puni qu'en vertu d'une loi établie et promulguée antérieurement au délit et légalement appliquée.**

La liberté étant le droit commun et la punition ne se justifiant que par les nécessités de la sécurité générale, la loi ne peut frapper que dans les cas seulement où n'existe aucun autre moyen de défendre l'ordre social; et les châtiments qu'elle applique doivent être uniquement calculés en vue de cette nécessité, sans cruautés ou rigueurs inutiles.

D'autre part, la justice s'oppose à ce qu'un citoyen puisse être puni en vertu d'une loi établie ou promulguée postérieurement à la faute qu'il a commise, d'abord parce qu'il ignorait alors le châtiment que cette faute lui ferait encourir; ensuite, parce que la loi, qui doit toujours énoncer une règle générale, pourrait dans ce cas être établie en vue d'un acte particulier, ce qui lui ferait perdre le caractère d'impartialité et d'universalité qu'elle doit avoir.

ART. 9. — **Tout homme étant présumé innocent jusqu'à ce qu'il ait été déclaré coupable, s'il est jugé indispensable de l'arrêter, toute rigueur qui ne serait pas nécessaire pour s'assurer de sa personne, doit être sévèrement réprimée par la loi.**

En principe, nul ne devrait être privé de sa liberté avant d'avoir été jugé et condamné; mais il y a des cas où l'intérêt général veut qu'on s'assure de la personne d'un citoyen soupçonné de quelque crime. La simple équité exige alors qu'il soit présumé innocent jusqu'à ce que la preuve de son crime ait été faite régulièrement, suivant toutes les formes prescrites par la loi. Jusque-là on se contentera de le garder à la disposition de la justice sociale, sans lui infliger aucun châtiment ni aucune rigueur inutile.

ART. 10. — **Nul ne peut être inquiété pour ses opinions, même religieuses, pourvu que leur manifestation ne trouble pas l'ordre public établi par la loi.**

La liberté du citoyen ne doit pas être seulement respectée dans ses manifestations extérieures, dans le droit qui lui appartient de disposer de son corps, de sa vie et de sa puissance. Elle est tout aussi inviolable et peut-être plus respectable encore dans la conscience, dans l'idéal qu'il s'est formé, dans l'affirmation de sa pensée, de ses croyances et de ses aspirations. De toutes les formes de la liberté, la liberté de conscience est la plus précieuse à l'homme, puisque seule elle sauvegarde ce qu'il y a de plus intime et de plus vraiment personnel en lui, la règle et la direction qu'il a assignée à sa vie.

La société n'a donc aucun droit d'intervenir pour imposer ni pour interdire à ses membres une opinion ou une foi philosophique, politique ou religieuse. Toutefois la même réserve s'impose toujours. La loi peut et doit prévenir toute manifestation de nature à troubler l'ordre public, qu'elle a pour objet de sauvegarder.

ART. 11. — **La libre communication des pensées et des opinions est un des droits les plus précieux de l'homme; tout citoyen peut donc parler, écrire, imprimer librement, sauf à répondre de l'abus de cette liberté dans les cas prévus par la loi.**

La liberté intime de la pensée ou de la conscience ne serait ni entière ni suffisante, si elle n'impliquait pour l'homme le droit de faire connaître, de défendre et de propager par la parole et par le livre ce qu'il considère comme l'expression de la vérité. Ce droit n'a d'ailleurs rien d'attentatoire à la liberté des autres, puisqu'il appartient au même titre à tous les citoyens, chacun pouvant ainsi combattre pour le triomphe de ses idées et de ses croyances. S'il arrive toutefois qu'un individu abuse de la liberté qu'il a de parler et d'écrire pour faire tort à un autre, la loi doit assurer à la victime le moyen de se faire rendre justice et lui garantir, quand il y a lieu, une compensation en rapport avec le dommage qu'elle a subi.

ART. 12. — **La garantie des droits de l'homme et du citoyen nécessite une force publique; cette force est donc instituée pour l'avantage de tous et non pour l'utilité particulière de ceux auxquels elle est confiée.**

Des principes énoncés précédemment il résulte que la loi n'a pas pour objet ni pour effet de supprimer ou d'amoindrir la liberté individuelle, qu'elle en doit être, au contraire, la sauvegarde et la garantie. Mais elle ne peut assurer efficacement la protection des personnes que si elle dispose d'une puissance ou d'une force effective, capable de s'imposer même à ceux qui seraient disposés à lui résister. La force publique est donc une nécessité sociale; mais cette force établie pour faire respecter la loi, c'est-à-dire l'intérêt général, ne saurait sans injustice être mise au service d'intérêts particuliers, ni servir d'instrument à ceux qui en ont la direction. Les agents qui en disposent ne peuvent le faire qu'en vue de la sécurité des citoyens et conformément aux prescriptions établies par les lois.

ART. 13. — **Pour l'entretien de la force publique et pour les dépenses d'administration, une contribution commune est indispensable; elle doit être répartie entre tous les citoyens, en raison de leurs facultés.**

La loi assure à tous les citoyens la libre jouissance des mêmes droits; tous participent ou doivent participer au même titre aux avantages de l'organisation sociale. Il est donc juste que tous aussi contribuent pour leur part aux charges que représente cette organisation. Nul ne peut en être dispensé par faveur ou par privilège.

L'impôt doit être également réparti entre tous les citoyens, conformément à la loi d'égalité qui domine tout l'ordre social. Mais l'égalité véritable ne peut être ici qu'une proportion. Chacun doit payer suivant ses ressources. La raison et l'équité exigent qu'il en soit ainsi.

ART. 14. — **Chaque citoyen a le droit de constater, par lui-même ou par ses représentants, la nécessité de la contribution publique, de la consentir librement, d'en suivre l'emploi, d'en déterminer la quotité, l'assiette, le recouvrement et la durée.**

L'impôt étant justifié par les nécessités de l'organisation sociale, c'est aux citoyens ou à leurs représentants qu'il appartient de le déterminer. Il conserve ainsi le caractère de libre contrat qu'il doit avoir, l'individu consentant les sacrifices indispensables en échange des avantages qu'il tire de la vie commune et des services publics. Le droit des citoyens à cet égard est imprescriptible et permanent. La loi doit donc régler l'importance de l'impôt et sa durée, suivant les nécessités auxquelles il répond; elle fixe également la manière dont il est réparti et perçu, l'affectation spéciale qu'il reçoit et détermine toutes les mesures qui assureront l'exact accomplissement de la volonté générale.

ART. 15. — **La société a le droit de demander compte à tout agent public de son administration.**

Toute puissance et toute autorité résident dans le peuple et ceux qui en détiennent une part quelconque ne l'exercent qu'en vertu d'une délégation. La société est donc toujours en droit de leur demander compte de l'usage qu'ils en ont fait.

ART. 16. — **Toute société dans laquelle la garantie des droits n'est pas assurée, ni la séparation des pouvoirs déterminée, n'a point de constitution.**

On appelle constitution l'ensemble des lois fondamentales sur lesquelles repose l'organisation de la société civile. Mais la vie sociale ayant précisément pour objet de garantir à tous les citoyens la paisible jouissance de leurs droits essentiels, il s'ensuit que la condition première à laquelle doit répondre la Constitution est d'assurer cette garantie par des dispositions nettes et précises. Il est donc exact de dire qu'un État où la loi ne remplirait pas cette condition serait livré à l'arbitraire et soustrait à l'empire de la raison.

Or une des plus sûres garanties du respect des droits individuels réside dans la séparation des pouvoirs. Si les mêmes personnes ou les mêmes assemblées se trouvaient investies tout à la fois du triple pouvoir de faire la loi, d'en assurer l'exécution et de punir les citoyens coupables de l'avoir violée, il est manifeste que leur autorité serait absolue, sans limites et sans contrôle. Aussi est-il conforme à la sagesse et à l'intérêt général de répartir entre des personnes distinctes le pouvoir législatif, le pouvoir exécutif et le pouvoir judiciaire.

ART. 17. — **La propriété étant un droit inviolable et sacré, nul ne peut en être privé, si ce n'est lorsque la nécessité publique, légalement constatée, l'exige évidemment et sous la condition d'une juste et préalable indemnité.**

Le droit que la personne a de disposer librement d'elle-même, de sa puissance naturelle, de son intelligence et de son travail, implique par une conséquence nécessaire le droit de disposer aussi du fruit de ce travail. Il serait manifestement contraire à la raison et à la justice qu'elle pût être dépouillée par la violence de ce qu'elle a en quelque sorte créé en le transformant. La propriété constitue donc comme une sorte d'extension de la personne elle-même, et à ce titre elle participe de son inviolabilité.

La faculté réservée à la société de priver l'individu de sa propriété, moyennant une juste indemnité, n'est en aucune façon la négation du droit du propriétaire, puisqu'elle lui accorde une compensation égale à la privation imposée. Elle est d'ailleurs restreinte aux cas où l'intérêt public exige l'expropriation.

Les auteurs de la Déclaration n'apportent donc au fond aucune réserve, ni restriction au droit de propriété ; infidèles sur ce point, semble-t-il, à la pensée de Rousseau qui s'élevait avec une si vigoureuse éloquence contre les abus dont ce droit a été la source ou le prétexte.

*
* *

En résumé, les grandes idées qui se dégagent de la Déclaration des Droits de l'Homme, et qui en ont inspiré tous les articles, peuvent se ramener à quelques principes très simples où il est facile de retrouver en son essence la pensée des philosophes du XVIIIe siècle, tous d'accord pour affirmer la suprématie de la raison, de qui seule dérive toute règle et toute autorité. L'idée dominante est celle du droit à la liberté, considérée comme le privilège imprescriptible et inaliénable de la personne humaine. L'organisation sociale a pour but la sauvegarde des libertés individuelles ; la souveraineté réside dans les citoyens disposant librement d'eux-mêmes ; la loi tient d'eux toute son autorité. La liberté est revendiquée sous toutes les formes : liberté de la personne et de la conscience, de la parole et de la presse. Toutes sortes de précautions et de garanties sont réclamées contre l'arbitraire et les abus de pouvoir.

L'égalité elle-même est en quelque façon rattachée à la liberté ; car c'est l'égalité des droits que la Déclaration affirme et consacre.

L'ordre public n'est pas sacrifié à la liberté individuelle, mais la loi qui assure l'ordre et le pouvoir qui agit au nom de la loi sont jalousement maintenus dans des limites étroites sous le contrôle de la souveraineté des citoyens.

C'est que le premier besoin de tous ces hommes, assemblés pour donner au pays une constitution conforme à la justice et à la raison, devait être de s'élever contre les abus et les iniquités du passé, contre les caprices et la tyrannie d'un pouvoir qui trop souvent s'était inspiré de toute autre préoccupation que celle de l'intérêt général, contre les atteintes portées à la liberté individuelle, contre l'intolérance des Eglises, contre les privilèges d'une noblesse qui prétendait se réserver tous les avantages de l'organisation sociale dont elle rejetait toutes les charges sur la bourgeoisie et le peuple, contre une magistrature qui ne s'inspirait pas toujours du seul amour de la justice ni du respect des lois, contre des impôts qui frappaient impitoyablement les petits et dont une large part servait à enrichir des collecteurs avides.

La Déclaration des Droits de l'homme et du citoyen, protestation calme et fière de la conscience publique contre des abus consacrés par la tradition et défendus par le pouvoir, méritait les sentiments d'admiration et d'enthousiasme qu'elle a provoqués. Aujourd'hui même nous la saluons encore avec respect.

Il serait facile assurément de signaler les nombreuses lacunes que nos consciences éclairées par un siècle de libre discussion et de progrès scientifiques y découvrent. Notre idéal, s'il procède de celui de la Révolution, est plus large et plus haut encore. Nos pères ont revendiqué pour tous les citoyens la liberté, l'égalité civile et politique. Préoccupés avant tout de défendre l'indépendance et la dignité des citoyens contre l'arbitraire et les caprices du pouvoir personnel, ils ont peut-être abouti à isoler trop complètement l'individu, en n'attribuant à la communauté que l'unique mission de le protéger contre toute oppression.

Conscients aujourd'hui des devoirs plus larges qui s'imposent à une démocratie, nous jugeons que le gouvernement populaire doit servir la cause et les intérêts de ceux qu'il représente : que l'Etat, expression de la volonté générale, est tenu de travailler au bien général et que, si chacun doit être libre, tous néanmoins doivent se sentir solidaires les uns des autres. Nous demandons à la société d'aider les faibles, de soutenir ceux qui succombent sous la charge, d'assurer entre ses membres plus de justice et d'harmonie, de faire régner la paix et de réaliser dans la mesure du possible le bonheur de tous par le concours et le travail de tous.

Mais, en portant plus loin et plus haut nos espérances et nos revendications, nous ne détruisons pas l'œuvre accomplie par la Révolution ; nous travaillons à la poursuivre, continuant ainsi l'effort qui depuis les premiers siècles porte l'humanité vers le progrès indéfini.

TABLE DES MATIÈRES

PREMIÈRE PARTIE

LA LOI MORALE

CHAPITRE PREMIER

L'ÉVOLUTION DE L'HUMANITÉ

CHAPITRE II

LA SCIENCE ET LA MORALITÉ

CHAPITRE V

LA LOI MORALE

CHAPITRE VI

LE DROIT ET LA JUSTICE

DEUXIÈME PARTIE

LES DEVOIRS DE L'HOMME

CHAPITRE PREMIER

LA VIE MORALE

CHAPITRE II

LE DEVOIR DE VIVRE

CHAPITRE III

LE RESPECT DE SOI-MÊME

CHAPITRE IV

LA RECHERCHE DE LA VÉRITÉ

CHAPITRE V

L'EFFORT VERS LA PERFECTION

CHAPITRE VI

LE MARIAGE

CHAPITRE VII

L'ENFANT

CHAPITRE VIII

LA FAMILLE

TROISIÈME PARTIE

LES DEVOIRS DU CITOYEN

CHAPITRE IV

LA SOLIDARITÉ SOCIALE

CHAPITRE V

LES DROITS DU CITOYEN

LECTURES

CONCLUSION

LA DESTINÉE HUMAINE

LECTURES

DÉCLARATION DES DROITS DE L'HOMME ET DU CITOYEN

Paris. — Imprimerie Alcide Picard et Kaan, 192, rue de Tolbiac. 01965.

www.ingramcontent.com/pod-product-compliance
Ingram Content Group UK Ltd.
Pitfield, Milton Keynes, MK11 3LW, UK
UKHW020431200726
13857UKWH00002B/379